ENGINEERING
INSURANCE

# 工程险
## 判例汇编

主　编◎陈惠新
副主编◎陆荣华　张 臻　苏 戟　陈士俊

中国金融出版社

责任编辑：王雪珂
责任校对：刘　明
责任印制：陈晓川

**图书在版编目（CIP）数据**

工程险判例汇编/陈惠新主编. —北京：中国金融出版社，2021.6
ISBN 978-7-5220-1220-9

Ⅰ. ①工… Ⅱ. ①陈… Ⅲ. ①建筑工程—保险法—判例—汇编—中国
Ⅳ. ①D922.284.5

中国版本图书馆CIP数据核字（2021）第117158号

工程险判例汇编
GONGCHENGXIAN PANLI HUIBIAN

出版
发行 中国金融出版社
社址 北京市丰台区益泽路2号
市场开发部 （010）66024766，63805472，63439533（传真）
网 上 书 店 www.cfph.cn
（010）66024766，63372837（传真）
读者服务部 （010）66070833，62568380
邮编 100071
经销 新华书店
印刷 保利达印务有限公司
尺寸 169毫米×239毫米
印张 20.25
字数 296千
版次 2021年7月第1版
印次 2021年7月第1次印刷
定价 69.00元
ISBN 978-7-5220-1220-9

# 编委会

# 序言

国内工程保险纠纷案件不少，其中有些案件诉诸法院，经过一审、二审，甚至上诉至高院。案件纠纷的原因是各种各样的，如未履行保险合同的约定、未正确理解合同条款、未履行《保险法》的如实告知义务。上海全顺保险经纪有限公司编写的《工程险判例汇编》一书，收集了38个工程险判例，并作出了专业分析和评判，希望对保险合同当事方有一定的借鉴作用。通过对案例的学习，研究如何避免类似事件的发生，如何解决已发生的纠纷案件，还可以根据法庭的判案方式和逻辑来确定是否必须通过法庭来解决争议问题。

上海全顺保险经纪有限公司是国际咨询工程师联合会（FIDIC）会员、中国工程咨询协会会员和上海灾害防御协会常务理事，长期从事工程保险经纪工作，在工程保险风险评估、保险安排及保险索赔等方面积累了丰富的实践经验。该书的出版将在一定程度上促进我国工程建设以及工程保险的发展，希望今后有更多类似的书籍能够与读者见面。

复旦大学风险管理与保险学系主任

中国保险与社会安全研究中心主任

博士

2021年6月

# 前言

《工程险判例汇编》一书收集了38篇工程险案例，其中33篇是法庭判例，它们详细描述了原告（上诉人）和被告（被上诉人）是如何就保险索赔争议事件在法庭上起诉、抗辩、举证、质证，以及法院是如何审理和判决的。

目前，编者所能收集到的案例主要涉及道路、桥梁、市政工程以及环境绿化等基础设施工程保险项目。此类项目大多涉及自然灾害造成的工程物质损失以及第三者责任，定损难度较大。还要考虑与损失相关的各种因素，如是否在保险期间（保证期）内发生，造成损失的原因是否属于保险责任范围，公估结果是否双方认可，是否足额投保以及合同双方是否都履行了如实告知义务等。此外，国内流行的建安工险条款是工程保险的一般性条款，对上述基础设施工程项目存在适用性问题。这些因素极易造成保险责任纠纷。另外，法官在审理案件时往往从条款的合理性考虑，而忽略了，甚至不熟悉保险行业惯例，部分判决结果可能存在争议。

除了有助于保险从业者在工程险业务开展、承保和理赔上规范操作、规避风险之外，本书的另一个目的是警醒保险行业应当重视法院判例对工程保险实务操作的影响。比如，关于法律规定的，投保时保险人必须将除外或限制性条款对被保险人作出提示及明确说明的义务问题。保险人的一般做法是，让投保人在保险人事先准备好的声明页上盖章，以表示保险人已经履行了该义务。但法庭并不认可这种做法，认为保险人必须着实作出提示和说明，否则这种投保人盖章的声明无法律效力。尽管这样做会给保险人增加负担，但可以避免不必要的损失。

关于建安工险保证期内是否承保自然灾害造成损失的问题。建安工险的保证期主要用来承保被保险人因对工程标的进行维修保养时造成保险工程的损失，以及建造期内的施工原因引起的，在保证期内发生的保险工程的损失，自然灾害损失是不保的。可是，法庭往往认为保证期和建造期内的保险责任是一样的，都承保自然灾害造成的损失，这种判例不胜枚举。因此，保险人应当在条款中明确表示保证期不保自然灾害，以规避法庭错判的风险。

关于保险合同和格式保单之间存在歧义的问题。由于工程保险合同包含工程险条款，前者是非格式合同，后者是格式合同，前者优于后者，而前者的附加条款或特别约定有可能与后者产生冲突。即使附加条款和特别约定中明确表示，如果它们与主险条款相悖，则以附加条款和特别约定为准，但被保险人往往忽视该表述的法律意义而坚持要求法庭作对保险人不利的解释，法庭有时以保险人未明确说明为由，支持被保险人的主张。因此，在包含责任免除或责任限制条款的附加条款或特别约定中应当指出需要删除或替换的主险条款，只表示以附加条款或特别约定为准是不够的。

保险行业要善于从法庭的判例中了解法庭在处理各类保险纠纷案件时的逻辑及倾向，以及检查自身保险条款和实务操作上存在的问题，及时加以纠正、完善，以避免出现类似的纠纷以及对保险公司的不利判决。

被保险人也可以从这些判例中了解工程险保险条款，特别是限制性条款的含义、保险公司开展业务、核保、理赔的惯例和运作程序。被保险人在投保工程险时要善于发现问题，向自己的风险顾问经纪公司或保险公司多问为什么，而不是在一知半解的情况下投保，避免一旦发生事故遭受不必要的损失或只能通过诉讼解决问题。

# 目录

# 一 隐性损坏条款项下处理安装工程设备受损案例

## 案情简介

某公司从国外进口了一套新设备，分别向 A、B 两家保险公司投保了海洋货物运输保险（附加“隐藏条款”）和安装工程一切险，用以转移新设备从国外进口的运输风险和在厂内安装过程中的风险。

设备运至该公司后，并未立刻开箱检验，而是直接入仓，收货单上注明“外包装无异常，内物不详”。

新设备入库后不久，仓库便遭遇暴雨袭击，仓库严重进水，该公司员工将新设备转移，放置在另一仓库。

两周以后，该公司对新设备开箱，准备安装。但开箱后发现，设备有些地方生锈，且中轴出现偏向。

该公司遂向 B 保险公司报案，B 保险公司理赔人员接案后，立刻赶赴现场对受损设备进行查勘。

## 争议焦点

B 保险公司理赔人员经过初步查勘，确认了设备受损情况，但认为，设备并非在仓库存放期间因自然灾害或意外事故受损，而是在运至仓库前就已经受损，即损失是在货物运输过程中发生，应由海洋货物运输保险予以赔偿。

该公司随即向 A 保险公司报案，要求其赔偿设备损失。A 保险公司理赔人员对设备进行查勘后认为，设备受损确有可能是运输过程中造成的，但也不能排除在仓储过程中由于暴雨和转移而致损的可能性。

为确定保险责任，保险公司委托了 C 保险公估公司对此案进行检验和估损。

## 公估意见

公估人员详细查勘了受损设备后认为，其锈损是在仓储过程中因暴雨而导致的。公估人员对设备受损部位、机器底部以及木箱各处都进行硝酸银测试，结果显示是淡水所致，因此排除了运输过程中海水致损的可能性。同时，提单、理货单等资料均显示清洁，没有任何批注，船舶在行驶过程中也未遇到恶劣天气，收货单上写明收货时外包装无异样，进一步排除了运输中受潮的可能性。另外，设备外包装符合标准，内部有干燥剂，能抵御一般的水汽侵袭。查勘表明，设备外包装有水渍，这显然与收货单上写明的“外包装无异样”不符，因此可推定，设备在仓储中因暴雨而受潮过。经向该公司仓库管理人员了解，虽然发生暴雨后他们对设备进行了及时转移，但设备顶部和底部确实有过进水情况。综上所述，公估人判定锈损并非是在运输过程中造成的，不属于货运险保险责任，而属于安工险保险责任。

至于轴承偏向，公估人认为，这是在陆路运输过程中造成的。设备虽在厂内进行过转移，但仅是用叉车从一个仓库转移到另一个仓库，转移过程中未发生任何意外情况。设备内包装做了相应的填充保护，包装符合相关标准。因此可以推断，厂内自行提货运输不足以使设备颠簸受损。经查，得知设备陆路运输路段道路情况恶劣，剧烈颠簸可能造成设备中轴偏向。因此，公估人判定，这部分损失是运输过程中造成的，属于货运险责任。

## 赔偿处理

该公司和 A、B 保险公司对公估人员作出的公估意见，均表示接受。但在赔付金额上，两家保险公司出现争议。

根据原厂报价，受损设备因中轴偏向而产生的维修费用在 10 万元左右，因锈损的维修费用为 20 万元左右，由 A、B 两家保险公司分别承担。但设备需运回原厂检修，相关运输和检测费用，合计 6 万元左右，这部分费用该如何分摊，两家保险公司各执一词。

A 保险公司认为，应按维修费用分摊；B 保险公司坚持，应按保险金额进行分摊。这两种观点均有一定道理，但又都有不合理之处，而现有保险法和相关保险条款对这种情况也没有明确的规定。较为合理的分摊方法是，按照各自在没有另外一张保单的情况下应承担的赔偿金额的比例，即按 10∶20 的比例分摊，计算方式如下：

A 保险公司赔偿金额为：$6\times[10\div(10+20)]=2$（万元）

B 保险公司赔偿金额为：$6\times[20\div(10+20)]=3$（万元）

## 编者评论

海洋货物运输隐藏损坏条款和安工险责任分摊条款，都对进口原材料和设备在运抵目的地后发现的明显或隐性的损坏如何在两份保单项下的处理做了规定。上述进口设备的处理方式符合该两项条款的规定。但是，就设备运回厂家检修的运输费用分摊问题，如果根据 A 保险公司的要求按照维修费用分摊，显然对 B 公司不公平，反之亦然。按照维修费用的比例折中处理，两家保险公司相对都容易接受。另外，维修费用和运输费用关联性较大，运输费用分摊金额以维修费用占比为基础进行计算较为合理。这就是责任保险中在重复保险的情况下“按责任限额比例分摊”的方式，即按各保险人在没有其他保险人重复保险的情况下单独应负责任的限额来比例分摊。

本案的保险公估费按照 10∶20 的比例由两家保险公司分摊。

# 二 安装工程险除外责任下的拒赔案例

## 案情简介

某包装材料公司有一项进口聚丙烯薄膜生产线设备安装工程，保险人承保其安装工程一切险及第三者责任险。2001 年 4 月，被保险人报案，聚丙烯薄膜生产线控制系统发生电压升高导致部分电路板和仪表烧毁，284 件集成电路板全损，报损金额 150 万美元。

调查中发现，在安装过程中，业主方的工程技术人员为赶工期，在生产线配套的变压器未安装就绪的情况下，在工地 315kVA 的临时电源变压器线路中再串联了两个自绕的临时升压变压器（由 380V 升压至 415V 和由 380V 升压至 433V），以便计算机提前对生产线控制系统的子系统进行操作程序加载测试。2001 年 4 月 19 日上午 8 时，工程技术人员再次进行加载测试时，由于安装公司接线工将自绕的临时升压变压器输出线误接入生产线配套的变压器上，致使控制系统的电压，从 433V 再升压至 482V，在超电压的作用下，控制系统部分集成电路板及仪表损坏。

另外，保险公司理赔人员调查和审核生产线设备的进口报关单，发现该全套生产线设备（包括机械、电子控制系统）为旧设备，最早产品生产记录是 1998 年。

## 案情分析及结论

按照安装工程一切险条款的规定："若保险设备是本次安装前已被使用过的设备或转手设备，则自其试车之时起，本公司对该设备的保险责任即行终止。"本案关键是确认被保险设备为二手设备，事故损失是因试车所致。控制系统对子系统加载就是进行高电压通电并向各子系统输入 EWS（工程师工作站）的控制程序调试。电子设备组装完毕后通电进行软件安装，该电子设备就处于功能调试阶段，应归属试车定义范畴。同时，该工程保险单的保险期限为 8 个月，从 2000 年 10 月 15 日至 2001 年 6 月 14 日，其中包括 90 天的试车期，而事故发生在 2001 年 4 月 19 日，已进入投保单确定的试车期间内。保险公司按条款的规定拒绝处理本起索赔。

按照安装工程一切险保险条款的规定，保险人对"由于超负荷、超电压、碰线、电弧、漏电、短路、大气放电及其他电气原因造成电气设备或电气用具本身的损失"不负赔偿责任。被保险人在系统加载过程中提供的电源电压超过额定电压的 11% 以上，且通电时间接近 20 分钟，结果导致控制系统部分电路板及仪表因超压损坏。该事故原因是超电压损坏电气设备，属于安装工程一切险的除外责任，保险公司不负责赔偿。

## 编者评论

本案的借鉴意义：如果旧设备安装后需要试车，而此类试车又是安装工程一切险的除外责任，被保险人在投保时应当与保险公司协商加费购买《试车特别条款》，以防范试车过程中的超负荷、超电压、碰线、电弧、漏电、短路、大气放电等电气或机械故障风险。在很多情况下，保险公司会同意提供该保障，因为它仍然属于意外风险，是可保的。二是在对安装完毕的设备进行试车时，要避免发生此类损失。

# 三 损失是否发生在保险期间以及哪份公估报告作为定损依据

## 案情简介

2010年7月19日至8月23日，濮范高速第九合同段发生特大暴雨，导致路基大面积被冲毁。雨水冲走土方，流入路边的田地，造成路基及路基边田地受损。北京某高速公路有限公司（以下简称原告或被保险人）向某保险支公司（以下简称被告或保险公司）申请理赔，被告以各种借口不予理赔。故原告诉至周口市川汇区人民法院，请求依法判被告赔偿原告各项损失金额1651026元。

被告辩称：

1. 本案事故发生在保险期间外。据双方签订的保险合同第12页第五条第三款规定，保险期间的延展未经过保险公司书面同意无效，因此保险公司不承担赔偿责任。

2. 原告的主张无事实及法律依据。其提供的工程造价鉴定意见书从程序及内容上均不符合相关法律规定，不能作为定损依据。

3. 事故发生后，双方共同委托河南某公估公司（以下简称公估公司）到现场对土方损失的实际数额进行了查勘并确认，原告的实际土方损失为3998.52立方米，修复价值为181580.79元。该结论是双方共同委托的公估机构作出的，该公估事项是双方表示的真实意思，因此该结论是原告损失的唯一依据。综上所述，法院应依法驳回原告的诉讼请求。

原告向法院提交的证据材料包括：

1. 保险合同一份，证明：

（1）原被告之间具有保险权利义务关系。

（2）被告承保的标的区域范围系濮范高速公路第九合同段，线路全长5.5 公里。

（3）原告诉求的因暴雨冲毁路基造成的损失在被告的保险责任范围内。

（4）暴雨冲毁路基的时间为 2010 年 7 月 19 日至 8 月 23 日，在保险合同有效期内。

2. 河南某工程造价咨询有限公司（以下简称造价咨询公司）所作的建筑工程造价司法鉴定意见书一份和地方税务局发票一份，证明：

（1）濮范高速公路第九合同段因暴雨冲毁路基造成的损失为 1651026 元。

（2）为确定本案涉及路段造成损失的实际金额进行司法鉴定所支出的鉴定费为 16000 元。

（3）前两项合计人民币 1667026 元，为被告应赔偿的金额。

3. 濮阳市气象局资料室证明两份，证明：

（1）2010 年 7 月 18 日至 7 月 19 日，濮阳境内出现强降水天气，属暴雨。

（2）2010 年 8 月 19 日至 8 月 26 日，濮阳境内出现强降水天气，属暴雨。

被告对于原告所提交的证据的质证意见：

对证据 1、证据 2 的真实性无异议，对证明目的有异议。对证据 1 的异议为：根据保险合同第 7 项，合同有效期为 2 年，自 2008 年 6 月 6 日至 2010 年 6 月 5 日。依据合同第 12 页第五条第三款规定，保险合同终止后发生的损失，保险公司不承担责任。

对证据 2 的证明目的有异议，认为该鉴定程序及内容均不合法，不能作为定案依据。具体为：

（1）结论不客观。鉴定材料两份，即司法鉴定委托书及保险合同，均不能作为高速公路土方冲毁的证明，也不能凭该材料作出鉴定结论。

（2）鉴定书中显示，2010 年 11 月 29 日，造价咨询公司会同各方人员进行现场勘查时，未表明鉴定人员的身份，被告未参与，造价咨询公司未向被告调取任何鉴定材料，因此在程序上不符合司法鉴定通则的规定。且当时现场已修复，无法看出损失情况。

（3）委托方未提供录像资料，其鉴定依据不存在。

（4）鉴定定额标准错误，应参考工程投标价及监理和施工日志，以及事后保险公司对现场的查勘资料。

（5）被告从未参与鉴定过程，造价咨询公司未听取被告的反馈意见。

（6）被告对工程清单上土方数额有异议，与双方共同确定的损失不符。

综上，该鉴定结论不符合客观事实，不能作为定案依据。对证据3有异议，认为：下雨是事实，但对雨量多少，保险人无法确定，因此无法质证。

被告向法院提交的证据材料有：

1. 投保单一份，证明：

（1）原告投保的保险期间为：建造期24个月，保证期12个月，工程开工时间为2008年6月6日。

（2）双方约定的保险免赔额暴雨20000元，其他5000元。

（3）保险人对免赔条款已按照《保险法》规定履行了明确提示和告知义务。

2. 索赔申请书、现场勘查记录、降雨一览表、公估查勘报告各一份，证明：

在本次事故中，原告被冲毁的土方为3998.52立方米。2010年9月16日，原告索赔申请为350000元，与本次鉴定的损失差额巨大，因此原告请求的损失应以上述索赔申请为基数。

3. 公估报告一份，证明：

（1）原告实际损失数额181580.79元。

（2）被冲毁的土方数额是双方确认的。

（3）委托公估机构进行鉴定，原告是认可的。

（4）该公估报告印证了司法鉴定的不客观性，应当作为定案的唯一依据。

4. 司法鉴定书、鉴定异议书各一份，证明河南某资产评估事务所有限公司（以下简称资产评估公司）及其人员均无鉴定资质。

5.《河南省2010司法鉴定机构人员名单》一份，证明该资产评估公司的业务范围为资产评估司法鉴定，其三名执业人员均为资产评估司法鉴定人员，不具备建筑工程造价的司法鉴定资格。

原告对于被告所提交的证据有异议，认为：

（1）该证据不能证明工程开工时间。

（2）即便开工时间为2008年6月6日，因保险期间为2年建造期，加上1年保证期，涉诉事故也处于合同的保险期间内。

（3）对约定的免赔额及保险金额无异议。

对证据2有异议，认为：

（1）索赔申请书上的数额只是初步估计，不是实际损失。事实上，原告遭到暴雨冲毁路基两次。

（2）证据2中的材料只反映其中的一次损失，原告实际上损失2次。现场勘查记录只是初步测量的数据，对其真实性有异议。

对证据3有异议，认为：

公估报告未在举证期间内提交，已超过举证期限，对该证据不予质证。

对证据4真实性无异议，对其证明目的有异议，认为：

该司法鉴定应当合法有效，能作为定案依据。

对证据5有异议，被告认为：

资产评估司法鉴定人员不具备建筑工程造价的司法鉴定资格的理由不成立。

## 法院意见及判决

法院经庭审认证后认为，原告提交的证据1、证据3，被告提交的证据4的司法鉴定书内容真实、形式合法，与本案有关联性，属有效证据。关于原告提交的证据2，因被告申请重新鉴定，已经法院审查准许，故对其证明效力法院不予采用。对于被告提供的证据1、证据2的真实性，法院予以采用，但其不能达到被告的证明目的。被告提供的证据3是被告单方委托大河公估公司作出的公估报告，原告未在该公估公司聘请合同上签字或盖章，因此对该证据法院不予采信。关于被告提供的证据4中司法鉴定异议书以及证据5，该鉴定是经过被告申请后法院委托进行的，鉴定机构及其鉴定人员均具有鉴定资质，被告主张该鉴定机构及其鉴定人员无本案的鉴定资质证明效力不足，因此对被告的证明目的不予采纳。

依据上述有效证据及庭审查明，法院可以确认以下案件事实：

2008年6月6日，原告向被告投保了道路工程建筑工程一切险及第三者责任险。保险合同约定：投保区域范围为濮阳至范县高速公路工程土建施工第九合同段，线路全长5.5公里。保险金额：道路工程建筑工程一切险的保险金额110420130.61元；第三者人身险及财产损失险累计赔偿限额为1000000元，其中每次事故赔偿限额，财产损失险限额为500000元，人身损失赔偿限额为500000元。承保方式：由承包人和业主共同作为被保险人。保险期间：按照《工程承包合同》中规定的合同工期确定，由承建商开始施工，直至工程完工通车试运行，另加12个月的保证期。若实际工期延后，保险期间将自动按照工程需要延展。延期及保证期的保险内容及相应条款与合同约定相同。免赔额适用于物质损失，其中暴风、暴雨造成的损失每次事故免赔额为20000元。

2008年6月19日，原告一次性交纳保费290092.34元。2010年8月19日16时至8月26日期间，濮阳市范县境内杨集乡出现强降水天气，降水量达到111.8毫米，导致原告投保的濮阳至范县高速公路工程土建施工第九合同段，全长5.5公里路基大面积被冲毁，被雨水冲走的土方流入路边的田地，造成路基及路基边田地受损的保险事故。

2010年8月30日，原告向保险公司报案。9月3日，被告派员到现场了解受灾情况，进行事故查勘，并拍下影视资料。原告和被告协商理赔，被告未予理赔。

起诉后，原告申请对施工第九合同段因暴雨冲毁路基造成的损失及第三者损失数额进行评估鉴定，经河南建兴工程造价咨询有限公司鉴定，濮范高速第九合同段土建施工工程因暴雨冲毁路基造成的损失金额为1651026元。鉴定费用16000元，由原告支付。被告对此鉴定结论不服，申请重新鉴定，经法院审查后予以准许。经法院委托上述资产评估公司对因暴雨冲毁路基造成的损失及第三者损失金额进行了重新评估鉴定，其评估价值为1558392元。重新鉴定费用为15600元，由被告支付。

法院认为，原告将该道路建筑工程及第三者责任向被告保险公司投保，被告同意承保并签发了保险单，表明双方财产保险合同关系已经成立，该合同对双方当事人均具有约束力。合同签订后，原告投保的工程项目在保险期间内发生被暴雨冲毁的财产损失事故，被告应在保险合同约定的范围内进行理赔。原告工程项目的损失金额小于其投保的建筑工程一切险的保险金额。根据保险合同约定，暴风、暴雨造成的损失每次事故免赔额为20000元，因此在原告损失范围内应当扣除该免赔数额。综上，原告要求被告承担保险赔偿责任，支付保险赔偿金的诉讼请求的合理部分，法院予以支持。被告辩称内容无有效证据证明，法院不予支持，现判决如下：

一、被告于判决生效之日起十日内支付原告保险赔偿金1558392元。若逾期不履行，则双倍支付迟延履行期间的债务利息。

二、驳回原告的其他诉讼请求。

案件受理费19660元，鉴定费31600元；被告承担案件受理费18646元，鉴定费15600元；原告承担案件受理费1014元，鉴定费16000元。

## 编者评论

本案的焦点在于保险事故是否发生在保险期间内以及保险损失金额是否合理。合同双方对保险事故是否发生在保险期间存在争议。保险人认为根据保险合同所载，保险期间为两年，自2008年6月6日开始至2010年6月5日为止。但是，被保险人和法院都认为，根据投保单要求，保险期间为建造期24个月，保证期12个月，工程开工时间为2008年6月6日。案例陈述中并未说明投保期限与保险合同所载的不一致的原因，法院判决结果为“若实际工期延后，保险期间将自动按照工程需要延展。延期及保证期的保险内容及相应条款与合同约定相同”，但保险合同第 12 页第五条第三款规定“保险期间的延展未经过保险公司书面同意无效，因此保险公司不承担赔偿责任”。法庭的判决只是保险合同中的一般性表述，但该表述要受保险合同第 12 页第五条第三款的限制，被保险人如需延展应当向保险人申报，保险公司将根据延展的合理性作出是否同意延展的决定。保单上的保险期间应当与投保单保持一致，因此，2010 年 8 月 19 日至 8 月 26 日的暴雨事件是发生在保证期期间。

另外，暴雨对建造中的高速公路造成的损失由三个单位进行查勘定损：一是原告和被告共同委托的公估公司（根据法院陈述，原告未在保险公估机构聘请合同上签字或盖章），定损金额为 181580.79 元；二是工程造价咨询有限公司，定损金额为 1651026 元；三是资产评估公司，定损金额为 1558392 元，资产评估公司由法院指定。法院确定的最终损失金额为资产评估公司定损金额 1558392 元。虽然公估公司的定损金额与资产评估公司的定损金额差距很大。但按照法律规定，法院的正式委托具有法律效力。

该案对保险公司的启示是：虽然，建筑工程一切险的三个保证期扩展条款，在保证期内，保险人是不负责自然灾害对保险标的造成的损失，但是，法院却认为保证期内的保险责任与建设期相同。所以，在涉及道路工程、绿化工程这种容易因自然灾害遭受损失的标的，保险人应当对保证期内不承担自然灾害对保险标的造成的损失在投保单上明确告知。

# 四 为施工工程搭建的便桥的损失是否属于建设工程一切险项下的保险责任

## 案情简介

原告：某建筑工程公司

被告：某保险公司

2007年5月，某建筑工程公司（以下简称原告）因承建钢管混凝土中承式拱桥工程，在某保险公司（以下简称被告）处购买了“建筑工程一切险”，保险期间为两年，保险金额为8768万元。

2008年8月，因夏季洪水灾害，使得原告为承建该工程而搭建的一处临时工程——便桥以及工作平台被洪水冲垮。由于围堰模板被冲走，造成围堰渗漏，原告重新修复，加上施救人工和材料费等共计损失250余万元。原告向被告发出了出险通知，要求被告就该损失向原告赔偿。但被告派人到现场查勘后，认为原告主张的是为施工工程所搭建的便桥被冲毁的损失，不属于被告所承保的标的项目，因此拒绝赔偿。原告不服，遂向法院提起诉讼。

原告诉称：原告向被告提交投保申请书，被告同意承保后向原告出具《建筑工程一切险》保险单，投保申请书及保险单上均注明了“投保项目：第一部分物质损失项目是建筑工程（包括永久和临时工程及所用材料）”。洪水发生前，原告已采取紧急措施，组织施工人员对所有工程进行加固，但终因洪水过大过猛，导致临时工程——便桥及工作台被冲毁，事后原告还及时通知了保险公司查勘。为此，根据保险合同约定，被告应当赔偿原告因此遭受的损失，包括便桥损失、围堰修复费、施救费用、重新搭建施工便桥、工作平台费用共计 250 万余元。

被告辩称：被告不应当承担赔偿责任，理由是：首先，原告承建的工程是通过公开招投标进行的，根据原告与项目业主签订的《建设工程施工合同》，约定工程内容为：新建钢管混凝土中承式拱桥 1 座，又约定：标价的工程量清单为合同的组成部分，工程造价为 8768 万元，与保单金额一致。而工程量清单中并没有包括原告所主张的临时工程及所用材料等，因此原告投保的标的仅限于工程量清单所列细目（工程内容），并不包括便桥这一临时工程，保险金额 8768 万元也不包括搭建便桥的费用。因此，原告索赔的便桥及工作平台损失及相关费用不属于保险责任范围，其索赔无法律依据。另外，根据被告提供的建设工程一切险及第三者责任险条款内容，保险人不负责赔偿桩基所需的所有机械设备的损失、各种打捞费用、措施费用，以及为恢复设备状态而进行的修正案设计、修理作业、研究检查等费用。保险人对每一保险项目的赔偿责任均不得超过保险单明细表中对应列明的分项保险金额以及保险单特别条款或批单中规定的其他适用的赔偿限额，原告主张的相关费用也不应由被告赔偿。

## 编者评论

编者认为，原告的索赔请求应当得到支持：

第一，根据《保险法》第十三条规定："投保人提出保险要求，经保险人同意承保，保险合同成立。保险人应当及时向投保人签发保险单或者其他保险凭证。保险单或者其他保险凭证应当载明当事人双方约定的合同内容。依法成立的保险合同，自成立时生效"。所以，保险单是保险合同的一种合法的形式。该案例中，原告、被告对保险合同成立均无异议，对保险单所载明的内容也不持异议。因此，该案中为承建工程而搭建的便桥应属于保险单上注明的“投保项目：第一部分物质损失项目是建筑工程（包括永久和临时工程及所用材料）”，为被保险标的，被告应予以赔偿。

第二，被告认为，根据原告编制的投标文件以及签订的建设工程施工合同，原告编制的工程量清单中不包括临时工程及所用材料，工程造价是工程量清单的细目单价之和，工程造价 8768 万元中不包括临时工程及所用材料的费用。但编者认为，被告方提供的证据投标文件以及建设工程施工合同等，都是原告为了投标所承建的工程而编制的文件资料。这些都是确定原告与项目业主单位之间的权利义务关系的有效依据，但并不能由此断定原告与被告之间的权利义务关系也必须受这些招投标文件及施工合同的约束。尤其是在有书面保险单的前提下，原告、被告之间的权利义务关系应当以保险单为依据，而不应以原告与第三方之间的签署的文件合同为依据。该案例中，因保险单中已经明确了投保项目是建筑工程（包括永久和临时工程及所用材料），不管原告与第三方（项目业主单位）签订的施工合同及投标文件如何，足以表明被告已经确认了自己所承保的项目包含了永久和临时工程及所用材料，保险金额 8768 万元也确认了被告愿以此金额来承保永久和临时工程及所用工程材料。因此，被告应当对本案发生的保险事故承担赔偿责任。

第三，被告认为其提供的建设工程一切险及第三者责任险条款内容，已经说明了其不应当承担有关费用的赔偿责任。根据《保险法》第十七条规定，“订立保险合同，采用保险人提供的格式条款的，保险人向投保人提供的投保单应当附格式条款，保险人应当向投保人说明合同的内容。对保险合同中免除保险人责任的条款，保险人在订立合同时应当在投保单、保险单或者其他保险凭证上作出足以引起投保人注意的提示，并对该条款的内容以书面或者口头形式向投保人作出明确说明：未作提示或者明确说明的，该条款不产生效力”。第十九条规定：“采用保险人提供的格式条款订立的保险合同中的下列条款无效：（一）免除保险人依法应承担的义务或者加重投保人、被保险人责任的；（二）排除投保人、被保险人或者受益人依法享有的权利的”。因此，保险法对格式条款保险合同作了明确规定，即保险人必须对投保人就这些免除保险人责任的条款予以明确说明，且是否予以明确说明的举证责任在保险人一方，否则该格式条款对投保人不产生法律效力。

本案原告和被告对被洪水冲毁的，为承建拱桥工程所搭建的便桥及工作平台的损失是否属于保险责任产生争议。原告认为，投保申请书及保单上均注明，物质损失项目（包括永久和临时工程及所用材料）；被告则认为，在原告编制的表述工程量清单中并没有包含临时工程及用工材料，工程造价以及保险金额 8768 万元的构成也不包括便桥及工作平台费用。因此，可以认为便桥和工作平台不包括在建筑工程一切险的保险标的范围内，其财产损失不应由保险人负责。根据保险行业的惯例，建筑工程一切险保单所附的保险项目清单载明了保险单所承保的具体项目及保障程度，清单上的项目与建设工程合同约定的工程项目一致。如果保险清单上的项目不在工程合同约定的范围内，表明被保险人不打算投保这些项目。保险合同上关于“物质损失项目是建筑工程（包括永久和临时工程及所用材料）”的表述是一种通常表述，具体保险项目需要通过保险清单以及清单项目对应的保险金额确定。

至于工程一切险及第三者责任险项下的施救以及相关费用问题，如果这些费用仅与便桥及平台损失相关，保险人也不用负责；保险人需要负责的是与所承保的工程损失相关的施救费用。

为了避免出现上述纠纷，保险人应当在保险合同上载明，保险项目及其保险金额仅以所附清单上的项目为准，保险人不负责对未投保的、非清单项目损失的赔偿责任。

公路建设类工程险之所以理赔纠纷多，主要在于工程险中被保险财产变更多，具有临时性、移动性特点。因此，对于被保险财产需要及时确认清单，以投保清单明细作为投保和承保的依据，诸如“物质损失项目是建筑工程（包括永久和临时工程及所用材料）”这种表述只是定性的约定，意思是临时性工程财产也可作为投保标的，但不能作为该临时性标的是否已投保的依据。工程保险严格意义上存在概算、预算、决算几个阶段，过程中需要对投保清单进行批增。总保费最后需要按照实际造价进行决算。该案例的提示是：工程险投保的资产需要细化约定和提供详细的明细清单，以避免投保人与保险人产生赔偿纠纷。

# 五 在未征得保险人同意的情况下任意改变工程设计、施工方式导致工程事故遭拒赔的案例

## 案情简介

这是个春夏之交，某保险公司接到某公路施工隧道塌方事故的报案。被保险人称：隧道施工掘进与支护系按照设计要求进行，施工中根据对地质情况变化的了解，被保险人事先采取了缩小进尺、超前小导管注浆等工艺强化措施。事故发生前正在对隧道拱壁初喷，发现掌子面掉块，判断有塌方可能，立即指挥工人撤离，随后塌方事故发生。被保险人对事故原因的分析为：

1. 地质报告有一定偏差，原勘查认为该处为弱风化层，实际是强风化层。

2. 事故发生点对应于山体凹处，覆盖层较薄。

3. 冬季降水多，致裂隙水较大。

## 事故查勘、分析及处理

接到报案后，保险人迅速委托公估人查勘。公估人到达现场时，塌方现场尚在封闭状态，只了解到隧道采用新奥法分上下两步施工，事故发生时施

工人员正在上层掘进。由于事故点及附近被土、石等完全封堵，公估人无法进入，便通过其他方式了解情况：从施工图和了解到的情况，可以明确本案事故发生于隧道掘进位置（掌子面）附近，该位置垂直覆盖面系山体凹处，图上标明该位置及附近为断裂带；公估人注意到被保险人正在制作的格栅所用钢材规格与设计要求不符，遂提出质疑。被保险人回答，正在制作中的格栅非该处隧道所用，否认了公估人的质疑。公估人另外做了必要的询问。

查勘结束后，公估人要求被保险人在现场清理后立即通知复勘，并明确需要对实际应用格栅钢材勘查，要求被保险人注意保留证据。

初次查勘结束后，公估人几次联系被保险人询问现场清理情况，要求复勘，但是被保险人均报称现场未清理完。由于感到时间已经较长，公估人自行决定并到现场做第二次查勘。当查勘人员到达现场时，看到被保险人实际上早已将本案事故发生时的塌方现场清理完毕，隧道的正常挖掘工作正在进行。经询问得知，本案事故原发现场的实物证据均没有保留，特别是公估人初次查勘后要求被保险人保留的事故发生段的格栅，也被告知已经处理完毕，没有保留。通过第二次查勘工作，公估人确认了塌方段位置和深度；对事故发生位置附近格栅间距做了测量，并与被保险人共同认定了测量数据，从而确认本案事故发生前隧道施工所实际安放的格栅的间距大于1000mm，不符合设计所规定的800mm的要求。

根据查勘了解的情况和被保险人主张依据，保险人对本案拒赔，理由为：

1. 被保险人在隧道塌方事故现场清理后，未通知查勘人及时查勘，从而影响了对案发前施工实际情况的确认。初期查勘时在现场看到的是制作格栅所用螺纹钢规格为直径22mm，而不是设计要求的直径25mm，虽然被保险人否认该格栅用于事故发生段，但无证据支持。

2. 虽然被保险人分析认为地质报告有一定偏差，但是地勘资料和施工图都清楚标明事故发生点处于断层附近，并且由于被保险人没有提供隧道施工通过断层的设计或工艺措施方案，使得其报称“隧道施工掘进与支护系按照设计要求进行”这一情况缺乏依据。

3. 隧道施工实际执行的格栅间距明显违反设计规定，大幅度降低了设计要求。

4. 依据保单除外责任约定："因原材料缺陷或工艺不善引起的保险财产本身的损失以及为置换、修理或校正这些缺点错误所支付的费用。"本案事故原因属保险除外责任。

经沟通，本案被保险人接受了保险人拒赔意见。

## 案件处理结果的分析

在本案的处理上，公估人查勘较为细致，对照施工图排除了被保险人分析认为的"地质报告有一定偏差，原勘查认为该处为弱风化层，实际是强风化层"这一事故原因。查勘人员不仅发现并提出了螺纹钢使用与设计要求不同的问题，而且坚持要求复勘求证材料实际应用情况，强化了被保险人举证责任；通过实际测量确定了被保险人加大格栅间距这一违反设计要求的施工行为，给事故原因定性提供了较有说服力的证据。公估人的工作证明了施工方违反设计减少工、料投入的故意行为，同时认定其行为减弱了隧道施工支护强度，有理有据地以施工材料、工艺"违反设计要求"定性本案事故原因，被保险人无以反驳。

从对本案处理的结果看，拒赔处理无疑是正确的，但是保险责任分析中，应用保险除外责任中"因原材料缺陷或工艺不善引起的保险财产本身的损失以及为置换、修理或校正这些缺点错误所支付的费用"这一条款，其适用性值得商榷：

1. 格栅间距的加大不应归于"工艺不善"，因为施工方此行为并非工艺技术缺陷，而是以减少工、料投入的方式，通过降低设计保险系数、牺牲工程施工安全性的手段谋取额外利润，其结果是工程安全系数降低而风险增加。

2. 根据查勘质疑，被保险人格栅制造中违反设计要求，以直径 22mm 螺纹钢代替直径 25mm 螺纹钢这一事实如果成立，同样不是材料存在缺陷，所以不应归于“材料缺陷”原因。

由上述分析可以看出，本案事故保险处理拒赔依据“原材料缺陷”和“工艺不善”不够准确。

另外，本案分析可否归于“被保险人及其代表的故意行为或重大过失行为”这一除外责任。从工程施工管理一般情况看，对施工主材螺纹钢规格以22mm替代25mm不做设计更改，而且不经高层领导批准可能性不大；至于格栅间距，如果仅仅是局部小幅度超差，除有证据外，可能是施工过程控制原因，但像本案这种成规模的将格栅距离增加25%，经过领导层同意（或授意）的可能性则比较大。当然，这些分析需要证据支持。

综上所述，根据《保险法》和保险合同的约定，笔者认为本案依据应是建筑工程一切险约定中“投保人、被保险人义务”项下关于“在保险期间内，被保险人在工程设计、施工方式、工艺、技术手段等方面发生改变致使保险工程风险程度显著增加或其他足以影响保险人决定是否继续承保或是否增加保险费的保险合同重要事项变更……被保险人未履行通知义务，因上述保险合同重要事项变更而导致保险事故发生的，保险人不承担赔偿责任”的约定，和《保险法》第五十二条规定：“在合同有效期内，保险标的的危险程度显著增加的，被保险人应当按照合同约定及时通知保险人，保险人可以按照合同约定增加保险费或者解除合同……被保险人未履行前款规定的通知义务的，因保险标的的危险程度显著增加而发生的保险事故，保险人不承担赔偿保险金的责任。”

长期以来，工程建设以吞噬建设工程的安全保证为手段，追逐非法利润，危害工程安全，进而危害社会的恶性事故屡有发生。作为保险从业的各方面，都应当从承担社会责任的角度抵制这种行为。站在保险业的角度，仅仅满足于责任分析是不够的，应考虑加强对施工过程的风险查勘，及时发现问题，做好防范工作。这里提请对一个角色加以注意，那就是工程监理。如何对监理公司、监理人员的工作进行监督。在工程保险合同中，一般把监理人列为被保险人，但是对其责任、义务少有约定，此问题值得研究。本案事故中监理人的工作效果就值得考量。

## 编者评论

该案公估人员在事故现场查勘过程中发现，造成隧道塌方事故的原因是格栅间距超标以及主材螺纹钢规格不符合规定，得出该结论表明该公估人员具备一定的专业水平和认真的工作态度，是值得称赞的。对于是以原材料缺陷或工艺不善还是以被保险人在工程设计、施工方式、工艺、技术手段等方面发生改变作为拒赔理由，编者认为后一种理由更为贴切。该案的借鉴意义是，在发生原因复杂、无法直观判断的工程事故时，专业以及负责任的公估人员的作用不可或缺。在安排类似隧道项目的建工一切险时，经纪人应当向客户阐明原材料及工艺符合规定，以及改变工程设计、施工方式、工艺、技术手段之前必须事先征得保险人同意的重要性。但是，本案中由于格栅间距超标以及主材螺纹钢规格不符合规定之外的其他保险风险事故造成的损失，保险人仍然需要赔偿。

# 六 如何理解建工一切险中的“工程完工部分扩展条款”的含义

## 案情简介

某工程所有人就拟建高速公路向保险公司投保了建筑工程一切险，保险主条款采用通用的“建筑安装工程一切险保险条款”，并在不降低风险保障和不增加保险费的情况下，保险公司通过一些附加条款扩展保险责任，其中包括“工程完工部分扩展条款”。该条款的表述为，“本保险扩展承保本保险单明细表中物质损失项下被保险财产在保险期间内施工过程中造成已验收或已交付使用部分的损失”。保险期间内，在建的高速公路部分工程已经验收完毕，但在其他工程施工过程中，暴雨突降对已验收完毕的工程造成损失。该部分已验收的工程的损失是否在保单项下赔偿，保险公司和被保险人产生了争议。

## 争议焦点及分析

被保险人和保险公司之间争议焦点在于如何理解“工程完工部分扩展条款”的含义。它涉及保险合同条款的解释规则问题。

《保险法》第三十条规定，“采用保险人提供的格式条款订立的保险合同，保险人与投保人、被保险人或者受益人对合同条款有争议的，应当按照通常理解予以解释。对合同条款有两种以上解释的，人民法院或者仲裁机构应当作出有利于被保险人和受益人的解释。”根据该规定，如果在按通常理解的情况下仍然产生两种以上解释的，才适用“有利于被保险人和受益人”解释原则进行解释，而不是当保单词语出现歧义时就作对被保险人有利的解释。《合同法》第一百二十五条第一款则规定，“当事人对合同条款的理解有争议的，应当按照合同所使用的词句、合同的有关条款、合同的目的、交易习惯以及诚实信用原则，确定该条款的真实意思”。它表明，合同条款的通常理解首先应建立在对合同条款的字面含义理解的基础上，也就是扩展条款所承保的“……物质损失项下被保险财产在保险期间内施工过程中造成已验收或已交付使用部分的损失”的含义是什么。

以上条款的表述是十分清晰的，从一位普通的、有阅读理解能力的人的角度来看，该条款应当理解为，该条款扩展承保：（1）保险期间内已验收或已交付工程部分的损失；（2）由被保险财产在施工过程中造成的损失。其他原因造成的已验收或已交付工程部分的损失不在保险责任范围内。比如，在施工过程中的楼房发生火灾，将附近已验收的另一座楼房烧毁，该扩展条款就要负责后者的损失。

尽管暴雨造成的建筑工程的损失，属于一切险项下的保险责任，但不属于该扩展条款所承保的风险，因为暴雨并非由施工过程中的财产造成，而是一种自然现象。如果被保险人坚持认为暴雨造成已验收工程的损失属于该扩展条款的保险责任范围，那么，就应证明暴雨是该争议合同项下明列的被保险财产，显然他无法做到这一点。

## 编者评论

尽管《合同法》规定，合同双方对合同条款的争议作对草拟者不利的解释，但采用这种解释方法是有一定的前提的。首先有歧义的保险条款要按照理性之人的标准去解释。如果这种解释不能消除歧义，就必须对其他先决条件进行检查，直到所有的检查结束后，才能采用“与保单草拟者不利的规则”。该案例的借鉴意义是，保险人在草拟保险条款时应根据一般理性之人认为该条款所指的含义来表述，任何词语上的歧义都可能造成对其不利的法庭判决。

对被保险人的借鉴意义是，在签署保险协议时，被保险人需要认真理解条款的约定，存在异议的，需要请保险人解释，避免事后发生纠纷遭受损失。

# 七 修建公路工程大桥所建围堰及围堰便道是否属于保险标的以及是否发生保险事故案例

## 案情简介

2011 年 6 月 21 日，威远路桥公司（以下简称威远公司）与 A 保险公司及 B 保险公司签订了青海省共和县至玉树（结古）公路一期 GYI–SGA9 标段工程施工建设一切险保险合同。该合同由合同文本及补充协议、出单指示及批改通知、保险单及批单、共保协议、招标文件及保险谈判文件、投标文件、形成合同的其他文件七部分组成。双方合同约定，此工程保险的承保项目仅指该工程预期中标价所确定的建筑施工范围，包括永久和临时工程及材料，也就是保险工程完成时的总价值（工程总造价）。主要包括原材料费用、建造费、安装费、运保费、关税、其他税项和费用以及由工程所有人提供的原材料和设备使用费用，主险费率千分之三。物质部分的免赔条款中对于暴风、暴雨、洪水、滑坡、泥石流导致的损失，每次事故绝对免赔人民币 40 万元或损失金额的 15%，两者以高者为准。A 保险公司承担保险责任的 55%，B 保险公司承担保险责任的 45%，投保金额为 466028333.33 元。合同期限为 2011 年 6 月 29 日 0 时起至 2014 年 6 月 28 日 24 时止。合同签订后，威远公司依约交纳了保险费 1401585 元。2012 年 4 月 26 日，威远公司提出了玛多黄河大桥施工围堰及围堰便道施工申请，2012 年 5 月 26 日，该工程实际交工。另庭审中，威远公司放弃对 B 保险公司的诉求。

## 一审法院认为的争议焦点及一审判决结果

一审法院总结本案的争议焦点为围堰及围堰便道是否属于承保范围以及是否发生了保险事故和索赔数额应否支持的问题。一审法院认为，根据双方签订的保险合同，工程量清单中虽然没有围堰及围堰便道这一项目，但修建玛多黄河大桥必须修建围堰。监理单位的监理日志显示，玛多黄河大桥施工围堰及施工围堰便道的申请时间是 2012 年 4 月 25 日，审查通过时间是 2012 年 4 月 26 日，交工时间是 2012 年 5 月 26 日，证实威远公司确实修建了围堰及围堰便道。因此，围堰及围堰便道包含在双方签订合同时确定的工程总造价中，属承保范围。

一审法院还认为，根据威远公司提供的黄河水利委员会西宁水文资源勘测局 2012 年 9 月 20 日至 30 日的水位及流量过程信息，黄河水位平稳，不能证明在 2012 年 9 月 26 日发洪水，且围堰及围堰便道已于 2012 年 5 月 26 日交工，不存在正在施工的事实。故威远公司主张因洪水导致保险事故发生的事实，证据不足。同时，对于索赔数额，威远公司不能提供合法有效的证据证实工程损失，应承担举证不能的法律后果。依照《中华人民共和国民事诉讼法》第六十四条、第一百三十四条第一款、第一百四十二条，最高人民法院《关于民事诉讼证据的若干规定》第二条的规定，判决：驳回威远公司的诉讼请求。案件受理费 28335 元，由威远公司负担。

一审法院宣判后，威远公司不服，向青海省高级人民法院提起上诉，请求撤销一审判决，改判 A 保险公司赔付损失 1480515.15 元，B 保险公司赔付损失 1211331.15 元。

## 上诉人和被上诉人在二审法庭上的诉辩

上诉人声称：一审法院认定事实不清导致适用法律不当。一审法院认定

“围堰及围堰便道已于2012年5月26日交工，不存在正在施工的事实”不清。威远公司承包的公路施工工程中包含有玛多黄河大桥的桥梁建设，围堰及围堰便道属于建设大桥的临时附属设施。5月26日的交工属于中间交工，下一步工序是建设黄河大桥，必须利用该附属设施。正在施工架设黄河大桥而将已经中间交工的附属设施围堰及围堰便道冲毁，不能理解成“不存在正在施工的事实”。

一审法院认为黄河水位平稳，不能证明发生洪水这一事实，但2012年平均水流量为48.9$m^3$/s，而9月26日水量增大到114$m^3$/s，平均流量增大一倍，足以证明水流增大。威远公司2012年9月26日电话报案，次日民太安保险公估公司陕西分公司人员胡振华等人到现场查勘。被上诉人否认上诉人电话报案事实，否认胡振华身份，违反行业起码的诚信。威远公司索赔的金额也是依据2012年9月27日《现场查勘记录》中冲毁的围堰、主线围堰和波纹管涵方量、米数乘以对应单价扣除部分免赔额得出。综上所述，请求二审法院查明案件事实，维护上诉人合法权益。

被上诉人辩称：A保险公司和B保险公司答辩认为，威远公司上诉请求没有证据支持，其不能提供证据证明围堰及围堰便道属于承保范围，即使在承保范围内也应当提供损失属于保险责任以及计算的依据和方式，投保的工程量清单中没有围堰及围堰便道的对价。因此，威远公司的上诉请求及理由不成立，请求维持原判。

## 二审法院的事实认定

二审法院经审理查明，2012年9月26日，A保险公司委托民太安财产保险公估有限公司（以下简称民太安公估公司）进行公估。该公估公司于2012年9月27日及2013年3月26日，两次到共和至玉树一期工程GYI-SGA9标段对本次事故进行现场查勘调查，并主要依据被保险人提供的《建工一切险保单》《出险通知书》《现场查勘记录》《相关施工记录及设计图纸》《相关水文资料》《现场查勘照片》等有关资料，于2014年7月15日出具《保险公估报告》。该报告中对保险责任的认定载明：

1. 本次事故发生于 ×××× 年 ×× 月 ×× 日，在保单有效期限内。

2. 本次事故出险标的查勘地址与保单约定的保险标的地址一致。

3. 被保险人投保方式是严格按照投标工程量清单方式投保。受损项目围堰及围堰便道属临时工程范畴，经查阅投标文件、工程量清单及单项概算表，并未体现该部分费用，即在工程投保中围堰及围堰便道存在漏项。依据保单承诺方式及投标工程量清单，核定受损项目非本保单承保的保险标的。

4. 本次事故原因不成立。该公估公司分析认为，本次事故不属于本保单约定的保险责任范围。法庭查明其他事实与一审法院查明事实相同。

## 二审法院认为的争议焦点及分析结论

综合当事人诉辩主张，二审法院认为，该案的争议焦点在于案涉财产损失是否属于保险责任范围及 A 保险公司和 B 保险公司应否承担保险理赔责任的问题，并分析认定如下：

A 保险公司和 B 保险公司与威远公司签订的建筑工程一切险保险合同系各方当事人真实意思表示，内容不违反国家法律法规的规定，合法有效。案涉保险合同约定的承保项目为该工程预期中标价所确定的建筑施工范围，也就是保险工程完成时的总价值（工程总造价）。而该案投保的工程为共和至玉树公路（一期工程）施工 GYI–SGA9 合同段，根据施工合同的约定，系以工程量清单方式计价。该施工合同工程量清单详细列举了所需完成的工程，包括路基、路面、桥梁、涵洞等总价合计 515953000 元的全部工程项目。本案讼争的用于修建大桥所需临时搭建的围堰及围堰便道并没有在工程量清单的科目中体现。威远公司认为，工程量清单中“抛填片块石”的量包括修建围堰及围堰便道所用的片块石。然而，该工程量清单项下的“抛填片块石”明确编列于路基工程项下，且用于“水塘、积水坑路基”，而非编列于桥梁、涵洞项下。另外，用于修建临时工程围堰及围堰便道中，威远公司报损的片块石量达到了 12915m$^3$，占整个投保工程的工程量清单中“抛填片块石”总量26746$m^3$的近50%，明显不符合常理。因此，威远公司认为围堰及围堰便道的工程量包含于投保工程的工程量清单中，围堰及围堰便道属于投保范围的主张，与事实不符，法庭不予采信。一审法院以修建黄河大桥必须修建围堰，且威远公司确实修建了围堰及围堰便道为由，认为围堰及围堰便道属于承保范围，依据不足，认定事实不当，应予纠正。

二审法院还认为：威远公司以黄河水利委员会西宁水文水资源勘测局出具的《黄河沿水文站2012年9月20日至9月30日期间流量过程》为证据，证明2012年9月的流量达到108~114$m^3/s$，远远大于2012年年平均流量48.9$m^3/s$，能够证明水流增大的事实。对此，公估公司经实地调研及比对数据在公估报告中认为：该水域在2012年9月26日事故发生当日前后水文及流量无明显涨幅及落差，不能证明威远公司所认为“9月26日突发洪水持续将围堰及围堰便道冲毁”的事实。

威远公司在2012年9月26日事故发生后，通知了保险公司。A保险公司委托民太安公估公司对案涉项目事故进行了调查公估。民太安公估公司出具的公估报告对于保险责任认定为，“核定受损项目非本保单承保的保险标的”“受损项目不属于本保单所保标的且事故原因不成立，本次事故不属于保险责任范围”。威远公司虽然不认可公估报告，但其在事故发生并知晓保险人委托民太安公估公司介入进行公估调查后，没有对公估公司的主体资质以及公估调查过程提出异议。《中华人民共和国保险法》第一百二十九条规定，保险活动当事人可以委托保险公估机构等依法设立的独立评估机构或者具有相关专业知识的人员，对保险事故进行评估和鉴定。案涉工程保单中也约定，“经双方同意，在工程出险后，如双方对事故的保险责任或损失金额不能达成一致时，保险公司同意由被保险人在下列公估公司中自由选择一家协助认定责任和金额，聘请公估人的费用由保险人支付”。该案出险后，保险人和被保险人均认可双方为事故原因和赔偿数额等问题多次协商未能达成一致。被保险人威远公司本可依上述法律规定和合同约定，选择公估公司协助认定责任，然而至2012年9月出险后至今，威远公司并没有委托任何第三方对事故原因、责任和损失进行专业性鉴定。因此，根据《最高人民法院关于民事诉讼证据的若干规定》第七十二条的规定，一方当事人提出的证据，另一方当事人认可或者提出的相反证据不足以反驳的，人民法院可以确认其证明力。威远公司虽然不认可民太安公估公司出具的公估报告，但并无充分证据反驳公估报告的证据效力。民太安公估公司作为保险公估人，依据被保险人提供的主要材料，由其专业人员通过客观的查勘、评估，对保险事故的原因、责任提出的建议和意见，其证明效力在无相反证据足以推翻的情况下，应予采信。

## 二审判决结果

根据以上结论，二审法院认为，威远公司提供的证据不足以证明案涉围堰及围堰便道损失属于保险责任范围和保险事故损失，且不能推翻第三方出具公估报告的证明力，其上诉主张和理由缺乏充分的事实依据和证据证明，不能采信和支持。除一审法院部分事实认定有误外，其余事实认定清楚，处理结果并无不当，根据《中华人民共和国民事诉讼法》第一百七十条第一款第（一）项的规定，作出驳回上诉，维持原判的判决。

## 编者评论

该案中，二审法院认为工程量清单中并未包含围堰及围堰便道，故围堰及围堰便道不属于被保险财产。在实践中，为建设大桥而临时搭建的附属设施经常不包含在《建设工程施工合同》的工程量清单以及保险金额的构成中（见本案例集第四《为施工工程搭建的便桥的损失是否属于建设工程一切险项下的保险责任》案例）。尽管对该附属设施是否属于建工险的保险标的存在不同的看法，但作为建筑施工企业，仍须从该案中吸取经验教训。在与保险公司签订建工险合同时，应当通过特别约定将这些附属或临时设施明确列为被保险项目，以避免在保险事故发生时产生争议。保险经纪公司在为客户安排保险时也应当提醒客户，是否将临时附属设施作为被保险项目，以及如果未予以明确这一点可能会给被保险人带来的不利后果。同样，当保险人或经纪人发现投保人并未将建造大桥所必须搭建的临时附属设施作为保险标的，也应当作出善意的询问，并核对在施工合同或预算清单中的临时附属设施金额。

该案中，公估公司的公估报告对保险事故的定性起到了决定作用。因公估公司往往与保险公司利益接触较多，在保险公司向投保人推荐公估公司以供后者选择确认时，施工企业应当对该公估公司的主体资格、资质等进行详细审查，并对其独立性和公正性作出判决。此外，施工企业人员应谨慎签署各类报告、勘察记录、询问笔录等保险资料，对内容有异议时，应及时提出、反馈、沟通。保险公司在投保时应当事先与投保人确定在发生保险损失时参与定责、定损的经纪公司，以避免双方在临时选择公估公司上存在分歧。

该案中，法院并未根据被保险人威远公司的证据认定存在洪水这一自然灾害。威远公司应当在开庭前就意识到自己提交的用来证明发生洪水的证据与公估报告的结论存在证据对抗性。由于其未继续补充证据佐证，导致法院对保险事故的定性完全与其主张相悖。保险事故的定性至关重要，这就要求施工企业在提交定性资料时一定要客观、全面，以证明事故在保险责任范围内。具体而言，对于洪水、暴雨等自然灾害，不应简单地以无法提供有效的气象水文证明而被认定保险责任不成立或难以证明成立。被保险人既可以从其财产受损的情况进行分析、寻找有效证据，也可以在周边地区走访、调查，了解事发时的天气状况，通过各种形式或载体形成有价值的、统一的证据链或证明体系。

该案的核心要点就是工程险所投保财产必须以清单形式列明，施工过程中增加的项目必须及时通知保险人。

# 八 如何区分施救费用和清理残骸费用

## 案情简介

某高速公路工程指挥部于2002年3月5日向某保险公司投保建筑工程一切险，保险金额为人民币2亿元，保险期间为一年。2002年7月31日，因该地区普降暴雨，该公路一个正在掘进的隧道因位置较低，造成被山洪灌井（该隧道掘进了一半，约500米，尚未贯通）事故。经过抢救后，被保险人向保险公司索赔人民币80余万元，其中抽水费10万元，清出淤泥费50万元，淤泥运输费20万元。

## 争议焦点

保险公司在处理本案过程中，经查阅保险单后，发现该公司并未承保清除残骸费用，因此在理赔过程中就如何赔偿产生争议。争议涉及以下三种意见：

1. 认为本案中没有承保清除残骸费用，除抽水费用外，其余的费用属于清除残骸费用，不予赔偿。

2. 认为本案中发生的三项费用均为对保险标的的施救费用，应全部赔偿。

3. 认为本案中发生的费用中，除淤泥运输费外，其余两项费用（抽水费用、淤泥清出费用）均应赔偿。

## 案件分析

在工程保险中，发生保险事故时，经常发生场地的清理费用，有时这项费用很大，如化工项目的清理费用等。在土建项目中，事故发生后，清除残骸费用也是经常发生的一项费用。投保人往往在投保工程项目时，为了节约费用而不投保此项费用，结果发生保险事故时经常引起纠纷。

该案中，保险标的本身并没有遭受损失，但由于洪水灌入尚未贯通的隧道，同时带来了大量的泥沙。经过抽水，尽管隧道中的水少了，但仍留下很厚的淤泥（0.2~1.0 米），人员仍无法进入。为了确保隧道中的淤泥能够尽早清除干净，确保隧道的安全以及能够继续施工，被保险人不得不从外面运来大量的干燥泥土，与淤泥混合后，将淤泥清出来、再运走。这就是淤泥清出费用较高的原因。

上述三种意见中，第一种意见虽然清理残骸费用未承保，但忽视了部分清理残骸费用属于施救费用的事实；第二种意见忽视了施救费用和清除残骸费用的差别，所以都不正确。第三种意见中，将抽水费用、淤泥清出费用作为对保险标的的施救费用处理，将淤泥清运费用作为清除残骸费用看待。这样，既比较符合条款规定，又较合理，客户容易接受。

## 编者评论

在工程险实务中，因未保清除残骸费用而发生纠纷的事故较多。为了避免这方面的纠纷，首先，保险公司应当在承保时尽可能动员客户加保此项费用；其次，如不承保此项费用，最好是以特别条款的方式予以说明，避免在发生事故时引起歧义；最后，在理赔时应本着合情合理的原则，注意区别施救费用和清除残骸费用的区别。经纪公司在安排工程保险的时候，也应当通过案例向客户解释投保清理残骸费用的重要性。

施救费用是保险事故发生时，为了减少保险标的的损失而支付的合理、必要的费用，属于主险保险责任范畴；而清理残骸费用是保险事故发生后清理保险标的残骸的费用，需要通过附加险扩展，两者并不相同。清理因保险事故而产生的非保险标的的残骸，也有专门的扩展条款可供投保。

本案中，隧道中的积水和淤泥如果不及时清理，会影响隧道安全及施工进度，故它们的清理费用作为施救费用看待，但运输费用并不属于事故现场施救范畴，而是与清理残骸相关。由于清理残骸费用未保，故保险公司不予负责。实际上，清理残骸费用条款是标准的附加条款，费率并不高，被保险人不投保可能会因小失大。

# 九 防止事故再次发生的费用保险公司不赔

## 案情简介

原告中铁集团某公司负责承建商洛高速公路第五合同段的施工任务。2010年3月，原告与被告某保险公司签订了工程保险合同。合同约定，施工过程中发生暴雨、泥石流等造成的直接损失及施救费用由保险人负责赔偿。该施工项目保险金额为7800万元。保险合同还约定，为防止事故损失扩大，被保险人可以对施工现场进行相应的加固或修理，对此，保险人的施救费用赔偿金额以300万元为限。此外，保险合同还约定，自事故损失确定后，保险人应于十日内支付全部赔偿款，否则逾期按每日百分之一的标准支付违约金。

2010年10月，由于暴雨突然造成山体水土流失，导致大面积滑坡，造成滑坡区域相应部位隧道内出现坍塌。事故发生后，被保险人立即组织进行抢险，对事故现场完成了清理、修复工作。同时，根据监理部门出具意见，原告花费200万元对滑坡施工现场两侧的山体进行了灌浆加固，以防止事故再次发生。

事故发生后，原告和被告共同委托公估公司对事故损失金额进行评估。2011年5月10日，经初步评估，本次事故造成直接损失约130万元，被保险人支付清理费用220万元。但被保险人对评估结果持有异议，认为清理费用评估金额过低。因此，公估公司一直未出具正式报告，双方不能就损失金额达成一致。原告将被告诉至法院，请求被告支付直接损失130万元，清理费用 500 万元，加固费用 200 万元，迟延付款违约金 480 万元。

围绕上述争议焦点，被告提出如下答辩意见：

1. 原告所主张的预防费用不属于合同约定的施救费用。该案中，原告自行支出的 200 万元费用系为了预防山体再次滑塌而产生的费用，并非为了减少本次事故损失的扩大，请求法院驳回此项诉请。

2. 原告主张的迟延支付赔款违约金缺乏法律和事实依据。本次事故损失金额尚未确定，故被告尚不负有支付保险赔偿款的义务，合同约定的迟延支付保险赔偿款的条款当然不发生效力，要求法院驳回此项诉请。

## 法院判决

经双方共同委托的公估公司的评估，本次事故造成直接损失约 130 万元，清理费用 220 万元，对该两部分损失，被告应予负担。原告所主张的预防费用，缺乏事实及法律依据，不予支持。对于违约金的主张也不予支持。但是，对于直接损失 130 万元及清理费用 220 万元，可视为根据已有证明和资料可以确定的数额，被告应于 60 日之内支付原告。但被告未及时履行支付义务，应当承担原告应获得资金的成本损失，对此法院根据银行同期贷款利息予以酌定。

## 案例分析

1. 合同的履行应当符合合同签订的目的。财产保险合同签订是为了在保险事故发生后，被保险人遭受的损失能得到足额赔偿，确保其能够尽快地及时恢复生产和正常生活。保险损失补偿原则的另一个重要目的是防止被保险人因保险事故而获得超出其实际损失之外的不当利益。该案中，根据保险合同签订的目的，保险人应当赔偿的是被保险人所遭受的损失，以及为了减少该损失而产生的必要、合理的费用。只有在被保险人采取的措施有效，成功减少了保险人本应当赔偿的金额，保险人才能根据合同约定对为减少损失所产生的费用予以赔偿，任何非因减少损失所支付的费用，都不属于保险责任范围。被保险人支出的200万元费用并非为了减少事故损失，而是为了预防山体再次滑塌所额外支出。因此，如果原告的该项支出获得赔偿则构成不当得利。

2. 合同的履行应当具备履行条件。合同款项支付义务的履行应当以款项金额的确定为前提，如果付款金额尚未确定，则付款条件未成就，付款人就无法实施自己的付款义务。

该案中，因双方未能就最终赔偿金额达成一致，即付款金额尚未确定，合同约定的因迟延付款而支付违约金条款当然不生效。但是，根据法律规定，保险人自收到赔偿请求及有关证明、资料之日起60日内，对其赔偿数额不能确定的，应当根据已有证明和资料可以确定的数额先予支付。公估机构做出初步评估结论，对公估结论保险人并无异议，对公估机构所确定的赔偿金额，应视为根据已有证明和资料可以确定的金额，此时，付款条件已成就，保险人应当及时支付。

## 案例启示

该案的启示有以下两点：一是诉讼的关键在于抓住争议焦点。该案中，被告紧紧围绕预防再度发生损失的费用是否符合合同目的，以及双方是否就损失金额达成一致这两个焦点问题展开抗辩，说理透彻清晰，分析简洁有力，事实证据充分，最终说服法官接受己方观点，取得了对己方有利的判决。保险公司参与法律诉讼，重要的是要善于抓住争议焦点，围绕争议焦点收集证据材料，表达控辩意见，集中优势资源在关键问题上取得压倒性优势，说服法官接受己方观点，才能通过诉讼手段最大限度维护自身合法权益。在复杂的诉讼案件中，问题千头万绪，思路错综复杂，但是，总有一两个关键的争议焦点，起到“牵一发而动全身”的效果。在争议焦点上取得突破，整个案件其他的问题也就水到渠成。

二是善于运用法律为公司创造价值。法律是整个社会最基本、最主流的规范体系，全方位规范和调整社会经济关系。作为经营者，要善于运用法律为公司创造价值。法律为企业创造价值主要体现在两个方面：其一是维护合法权益不受侵犯，减少不当损失。该案中，被告方正是通过自身积极参与诉讼的行为避免了企业不当损失的发生，间接为公司带来了经济效益。其二是规范企业行为，防止法律风险。按照法律法规来梳理规范企业行为，可以有效防范法律风险。该案中，被告方未按照法律规定于60日内支付可以确定损失的金额，因此，被判决按照贷款利息支付原告资金成本损失。如果保险公司在设计理赔流程时充分考虑了法律规定，对每个赔案设置先行支付赔款提醒，就可以避免相关损失的发生。

## 编者评论

该案中，原告花费200万元对滑坡施工现场两侧的山体进行了灌浆加固，其真正目的不是防止损失扩大，而是防止事故再次发生，取得一劳永逸的效果。如果原告在滑坡地点采用防护网这种临时性的措施，其费用是可以在该保险项下获得赔偿的。防止事故损失扩大和防止事故再次发生是有本质的区别的。

《保险法》第二十五条规定，“保险人自收到赔偿或者给付保险金的请求和有关证明、资料之日起六十日内，对其赔偿或者给付保险金的数额不能确定的，应当根据已有证明和资料可以确定的数额先予支付；保险人最终确定赔偿或者给付保险金的数额后，应当支付相应的差额。”这条规定往往被保险公司的理赔人员所忽略。对类似工程险涉及损失金额较大的案件，保险公司应当在规定的60天内赔偿被保险人已经证实了的损失金额，否则要承担由于延迟支付所应承担的利息损失。

# 十 保险公司理赔迟延的认定标准是什么？理赔迟延应承担何后果？

## 案情简介

2013 年 5 月 23 日，甘肃省某公路建设管理公司（以下简称公路建设管理公司）向某保险分公司（以下简称保险公司）投保建筑工程一切险附加第三者责任险，并签订《建筑工程一切险附加第三者责任险保险合同》。合同约定：保险项目为十堰至天水高速公路甘肃段项目 ST02 标段；施工总承包商为中铁十七局，投保人为甘肃公路集团；保险期间自 2012 年 8 月 1 日 0 时起至 2015 年 5 月 31 日 24 时止；投保范围包括物质损失：特种危险类——地震、海啸 41363.84 万元，土建项目 51204.80 万元，总保险金额为 92568.65 万元，以及第三者责任赔偿限额和特别约定；免赔额中关于暴风、暴雨、洪水风险导致的损失，每次事故免赔额 10 万元或损失金额的 14%。甘肃公路集团将上述保险索赔的权利转让给了中铁十七局第一公司（以下简称中铁十七局）。

2013 年 6 月 20 日，涉案高速公路施工路段发生洪灾，保险公司承保的 1 标段、2 标段、4 标段因在河道上施工而受损。保险公司进行现场勘查，经双方协商，1 标段保险赔偿金额 338 万元，4 标段赔偿金额 399 万元，并形成现场勘查记录，但关于 2 标段的损失确定未达成一致，定损工作陷入困境。

2014 年 11 月 9 日，保险公司通过保险经纪公司和中铁十七局形成了 2

标段理赔会议纪要，确认 2 标段的损失项目为：19 根钻孔桩、4 个钢筋笼、承台两个、墩柱 1 个，便道便桥部分受损需提供证据（后期保险公司复勘时对便道便桥进行了修复），现场材料、施救费需提供证据。

该案中，在双方对保险事故的发生和保险责任的承担已经达成一致的前提下，其核心争议点在于：第一，中铁十七局认为，保险公司存在故意推脱、定损不及时、不予理赔的情形（事实上，从事故发生到一审法院立案，其间已经经过了两年零三个月）；第二，双方就定损范围和定损金额未能达成一致，保险公司主张应当按照现场查勘记录和理赔会议纪要确定损失，中铁十七局主张的损失则超出前述两个文件所确定的金额。

## 法院审裁

原告诉求：一审原告中铁十七局将保险公司起诉至兰州铁路运输中级法院，请求判被告向原告支付保险赔偿金 15209699 元；被告向原告支付以 15209699 元为基数计算自 2013 年 8 月 20 日起至实际支付日止（按中国人民银行同期同类贷款利率计算）的迟延付款损失；该案鉴定费 18.6 万元由被告承担。

法院审理：本案经过一审、二审和再审程序。

一审法院兰州铁路运输中级法院作出（2015）兰铁中民初字第 40 号民事判决，判被告保险公司向原告中铁十七局支付保险赔偿金 8168544.88 元；被告向原告支付延迟付款损失（以 4084272.44 元为基数自 2013 年 8 月 20 日起至实际支付时止按中国人民银行同期同类贷款利率计算）；驳回其他诉讼请求。

二审法院甘肃省高级人民法院作出（2017）甘民终 124 号判决，判决驳回双方上诉人的上诉请求，维持原判。

最高人民法院作出（2017）最高法民申 5103 号裁定：驳回保险公司的再审申请。

争议焦点：本案保险公司理赔不及时的判断标准是什么？未按时履行赔

付义务是否应向被保险人支付迟延付款利息?

当事人观点：该案一审原告中铁十七局在原审中提交了其于2013年6月20日向保险公司提交的出险通知书及索赔资料等证据，已按照被告的要求提交了相关理赔资料。但原告多次向被告要求赔偿，被告以各种理由推脱不予理赔。

该案一审被告保险公司认为，2013年6月20日是中铁十七局的出险时间，不是申请理赔的时间，此种计算方式完全错误。且根据《保险法》第二十五条规定，保险人“收到被保险人的赔偿或给付请求……”才负有先行赔付的义务。本案自事故发生后，中铁十七局就损失项目和范围一直无法和保险公司达成一致，即便是在会议纪要中，中铁十七局也没有向保险公司提出赔偿或给付请求。中铁十七局也没有提供要求保险公司先行赔偿的书面申请，保险公司根据法律规定不负有先行赔偿的责任，而且保险公司当时也不知道应当按照原判决金额的50%进行先行赔付。

法院观点：一审法院认为，保险合同约定“当发生本保单责任范围内的损失时，被保险人提出申请，保险人可以预先支付部分赔款，金额限于每次事故损失金额的50%。”根据《中华人民共和国保险法》第二十五条规定：“保险人自收到赔偿或者给付保险金的请求和有关证明、资料之日起六十日内，对其赔偿或者给付保险金数额不能确定的，应当根据已有证明和资料可以确定的数额先予支付；保险人最终确定赔偿或者给付保险金的数额后，应当支付相应的差额。”该案原告于2013年6月20日向被告提交理赔申请后，被告就负有及时核定损失、确定赔偿数额的义务。当保险责任确定而赔偿数额不能确定时，被告就应在2013年8月20日向被保险人先行支付部分赔偿款，这是保险法设计先行赔付制度保护弱势群体、维护社会公平之价值所在。然而，被告以赔偿数额不能确定为由，在保险事故发生后至今仍迟迟不履行该项义务，有违诚实信用原则。原告要求被告承担迟延付款损失的诉讼请求，不违反法律规定，法院予以支持。

二审法院认为，中铁十七局于2013年6月20日向保险公司提交财产保险出险通知书及洪水事故索赔资料后，保险公司就负有在法定期限内核定损失、确定赔偿数额的义务。如果赔偿保险金数额不能确定，保险公司就应当根据已有证明和资料可以确定的数额先予支付，并及时委托双方认可的公估机构对涉案事故损失进行理算。保险公司收到中铁十七局提交的出险通知书及洪水事故索赔资料后，未能在法定期限内核定损失、确定赔偿数额，也未按照双方合同约定预先支付部分赔款，未委托公估机构对涉案事故损失进行理算，其行为既违反《中华人民共和国保险法》的规定，又违反双方的合同约定，未积极履行赔偿义务，具有明显过错，应当承担过错责任，向中铁十七局承担迟延付款损失。故一审法院判决保险公司向中铁十七局承担迟延付款损失正确，应予以维持。

最高人民法院认为，由于保险公司不认可中铁十七局申请理赔的损失项目和范围，故一直未对中铁十七局的涉案损失进行理赔。从该案的证据可以看出，双方对如何理赔进行过现场勘查以及会议商谈，只是未能达成一致意见。故保险公司认为中铁十七局在洪水事故发生后一直未向其提出理赔申请不属实。根据涉案保险合同“当发生本保单责任范围内的损失时，被保险人提出申请，本公司可以预先支付部分赔款，金额限于每次事故损失金额的50%”的约定，保险公司应在中铁十七局提出理赔申请后在约定期限内先行支付一半的损失理赔金。由于保险公司并未支付任何理赔费用，扩大了中铁十七局基于涉案洪水事故发生的损失，故原判决认定保险公司应支付迟延付款的损失，不存在认定基本事实缺乏证据证明以及适用法律错误的问题。

## 编者评论

该案存在两个争议焦点问题：

1.《保险法》有关保险公司理赔义务之规定

《保险法》第二十二条至第二十五条规定了保险公司的理赔义务，其中第二十二条规定了理赔资料的一次性补充通知义务。第二十三条规定了法定的最长核定期间，即除非合同特别约定，否则即使情形十分复杂，保险公司也应当于收到被保险人理赔请求后三十日内核定是否属于保险责任；第二十三条还规定了赔偿金额确定后最长十日的保险金给付期间；对于未按照法定或约定时间核定责任或支付保险赔款的，保险人要赔偿被保险人因此受到的损失。

《保险法》第二十四条规定了保险公司核定不属于保险责任后的法定通知义务，即三日内通知被保险人。第二十五条规定了先行赔付义务，即“保险人自收到赔偿或者给付保险金的请求和有关证明、资料之日起六十日内，对其赔偿或者给付保险金的数额不能确定的，应当根据已有证明和资料可以确定的数额先予支付”。

由此可见，一是《保险法》对于是否属于保险责任的核定时间是强制性的，除非保险合同另有合理约定，否则应在三十日内作出核定；二是《保险法》虽未强制规定理赔金额的确定时间，但规定了六十日的先行赔付时间，尽管保险公司可以以理赔金额尚未确定为由进行抗辩，但是从合理预期的角度来看，确定理赔金额的时间不宜过长。由于实践中理赔金额之确定往往较为复杂，一刀切的强制性虽然能够保护被保险人的利益，但对保险公司来说有时是过重的负担。

2. 本案是否存在延期理赔之情形

原被告争议焦点在于“被保险人是否提出理赔申请”？被保险人认为提交出险通知书和索赔资料时间等同于申请理赔时间，而保险公司则坚持认为出险通知并非《保险法》第二十五条规定的“理赔申请”。对此，最高人民法院指出“保险公司认为 2013 年 6 月 20 日只是出险时间而非中铁十七局第一公司申请理赔时间，但并未提交证据证明其主张，故本院不予支持”。可见，法院倾向于认为出险通知与索赔资料之提交时间等同于理赔申请提出时间。我们认为法院之观点更接近情理，被保险人对保险公司内部理赔程序不甚了解，若保险公司认为出险通知不等于理赔申请，则应及早告知，而不应在长期拖延理赔之后再以此作为抗辩理由。

值得关注的是，最高人民法院认为，保险公司未证明申请理赔时间而应承担不利的法律后果。从证明责任理论与实践来看，主张适用某法律规范之当事人应就该法律规范要件之存在承担证明责任。适用《保险法》第二十五条之先行赔付的规定是原告之主张，本应由原告证明，而从判决书上显示内容来看，本案原告并未提交“其已提交理赔申请”之证据，最高人民法院将此证明责任交由被告保险公司承担似乎不尽合理。然而，我们认为法院是运用自由心证规则认为被保险人一方已经完成了举证责任，其已提交了理赔申请，即出险通知与索赔资料提交可视为理赔申请。而保险公司“未能在法定期限内核定损失、确定赔偿数额，也未按照双方合同约定预先支付部分赔款，未委托公估机构对涉案事故损失进行理算”，明显属于未积极履行理赔义务。

从证明原理来看，同一要件事实不能同时由双方当事人承担证明责任。此处，法院所谓保险公司未完成证明应指“反证”，即不承担证明责任的一方当事人，在承担证明责任的一方当事人已完成证明责任后，为避免败诉后果而对对方主张的反驳。罗森贝克指出：“反证是对被法院视为已经得到证实的主张的反驳，如果它使得这一主张重新受到怀疑，就被视为已经提出了反证，对不真实的完全证明不是它的目的。”也就是说，反证只需要达到“动摇”法官心证的程度，无须达到一个完全意义上的证明责任。遗憾的是本案保险公司并未提出任何证据“动摇”法官心证。

如前所述，《保险法》对于核定损失、确定赔偿数额并无强制性时间限制。该案保险合同是否存在有关赔付期限的强制性约定，我们不得而知。从判决书上看，合同只规定“可以按照每次事故损失金额的50%”预先赔付。此先行赔付之规定也仅是“可以”之示范性约定，而非“应当”之强制性约定。反观《保险法》之先行赔付也是以“已确定”部分赔付金额为条件，而该案保险公司与被保险人一方就赔偿金额迟迟不能达成一致。即便如此，三审法院均支持了被保险人的延期理赔损失请求。由此可见，对于判断保险公司是否存在延期理赔的问题上，法院的判断是采取“实质大于形式”原则，比《保险法》规定更为严格，不允许保险公司以赔偿金额未定作为拒付或延付保险金之理由。

对于延期理赔之后果，《保险法》规定保险公司“除支付保险金外，应当赔偿被保险人或者受益人因此受到的损失”。根据《保险法》之官方解释，此处之损失通常指直接损失，以利息最为常见。本案法院也支持了原告有关支付延期利息之请求。

对于利息之计算基准，本案三审法院均以“法院认定之理赔金额”8168544.88元为基准，按照保险合同约定之先行给付金额（即50%）计算延期支付利息。

此判断标准初看并不完全符合《保险法》之规定，《保险法》先行赔付是以“已有证明和资料可以确定的数额”为基准的，而本案诉前保险公司认为并不能确定损失金额，并未给予定损。本案三审法院创造性地以“法院认定金额”为准，辅以合同约定确定赔偿基准。我们认为该基准充分体现了司法能动性，值得高度关注，特别是值得保险公司在理赔实务中引以为戒。

## 案例启示

1. 对保险公司的启示

及时理赔是《保险法》赋予保险公司之法定义务，尽管在具体时限上，《保险法》作出了灵活处理，但是在司法实践中，法院倾向于严格认定保险公司的理赔义务，若长期拒不赔付则可能承担更为严重的法律后果。我们建议保险公司严格依据法律规定和合同约定履行理赔义务，对于案情复杂，理赔金额无法短期达成一致的，也应当尽量对能够认定的损失定损，积极履行理赔义务。

2. 对被保险施工企业的启示

相对于工程建设和施工合同来说，施工企业对于保险合同及保险理赔流程是比较陌生的，同时由于理赔事件往往是小概率事件，因此施工企业往往对保险合同不重视，导致一旦出现理赔事件，囿于对保险合同的认识较为浅显，导致无法及时足额获得保险赔偿，进而酿成纠纷。我们建议施工企业应对保险合同引起足够的重视，在签订保险合同时应当通过自身对工程造价和工程量清单计价等的造价专业知识，协助保险公司完善好保险范围的约定，避免出现诸如“便道便桥是否属于保险范围”等方面的争议。在出现理赔事件时，应第一时间按照保险合同的约定履行理赔申请等程序性义务，同时积极就损失进行证据保全，通过照片、视频等证据保存受损现场事实情况。最后，施工企业可以就能够确定的损失与保险公司达成一致，剩余的部分再通过包括争议解决机制在内的其他方式予以解决。

除了上述两个争议焦点（即保险公司理赔不及时的判断标准是什么？未按时履行赔付义务是否应向被保险人支付延迟付款利息？）之外，编者认为还需要明确，什么情况下才算“保险人收到被保险人或者受益人的赔偿或者给付保险金的请求”。“保险索赔”一词的定义是，“保单持有者向保险公司为某一承保的损失或保险事件承担保险责任或进行赔偿的正式要求”，即“正式提出书面索赔”，国外许多法庭判例都支持这一点。

如果被保险人仅仅是口头提出索赔，或者发出保险事故通知，或者仅提供与损失相关的材料，但并未要求被保险人赔偿，都不算是“正式要求”，因为被保险人完全可能直接从致害者那里获得赔偿或改变其索赔初衷。中华联青海分公司一直坚持认为它“并未收到被保险人的赔偿或给付请求”可能正是基于这一点。但是，由于该案一审、二审以及高院都认为中铁十七局向保险公司提交财产保险出险通知书及洪水事故索赔资料就已经构成被保险人向保险人的索赔，这种认定保护了被保险人的利益，但也加重了保险人的负担，因为保险人需要主动邀请被保险人履行保险索赔的必要程序，如填写索赔报告等。该案对保险公司的启示是，一旦收到被保险人的出险通知书以及相关的损失资料（哪怕仅是部分损失资料），就要判断保险公司是否要承担赔偿责任，如果是，就要及时通知被保险人提出索赔，积极履行赔偿义务，而不是因案件复杂，一直拖延未予及时处理，在被保险人起诉并向其索赔因延迟赔偿所遭受的损失时，以被保险人未正式提出索赔作为无效的抗辩理由。此外，如果保险人认为自己没有义务在被保险人未明确表示向保险公司索赔的情况下，主动邀请或催促被保险人向自己提出索赔，就应当在保险条款上对此作出类似表述，“即只有在正式向保险人提交正式书面索赔报告的情况下才被认定为‘保险索赔’，口头上表示索赔意愿或仅提供与索赔相关的材料并不构成‘保险索赔’。”

财产保险出险通知书一般为保险公司制作的格式单证，与之配套的还有损失清单。尽管各家保险公司制作的“出险通知书”的格式和内容并不完全相同，如果“出险通知书”上有“索赔金额”字样并加盖被保险人的公章，即可认为是被保险人已提出保险索赔。如果被保险人自己的出险通知书没有与索赔金额相关的必要内容，保险公司应当主动向被保险人提供“保险索赔”的格式单证，而不是以被保险人未提供具体索赔金额为由认定被保险人并未正式提出索赔。

该案对保险公司的重要启示是，在保险实务中，对于被保险人“提出理赔申请”的定义需要在合同中补充约定。

# 十一 工程险诉讼举证的重要性

## 案情简介

**原告的诉讼请求以及提交的证据**

某集团工程公司（以下简称原告）与某保险公司（以下简称被告）于2009年签订了保险合同。合同约定，原告将其位于a县的公路建筑工程向被告投保公路建筑工程一切险，保险金额为8800万元。2010年，a县发生特大洪灾，导致原告的在建工程严重受损。由于双方对于该工程的实际受损大小存在较大争议，因此未能通过正常的理赔手续理赔。2011年4月，原告向法院起诉，要求被告支付赔款800万元。原告因洪灾损失主要包括路基、桥梁以及被洪水冲走的材料等。

原告用以主张其损失的证据有：《保险合同》《监理指令单》《中间计量表》《压实度实验记录》《收方计量表》《高程测量记录表》等。

**被告的答辩意见以及提交的证据**

被告答辩认为，关于路基部分的损失，根据《压实度实验记录（灌沙法）》对于取样桩号分布和实验结果的确认，双方事实上已经确认了受损路基仅存在于第二段和第四段部分。原告提交的现有证据《监理指令单》系伪造，且由于没有监理工程师的书面签字，不是合法有效的监理指令，不能作为证据采信，不能支持原告其余三段路基受损的诉讼请求；《中间计量表》没有标明时间，无法确定其是否反映的是洪灾发生之前的施工进度，且其反映的施工进度与原告的受损路基并没有关联性，不能支持原告其余三段路基受损的诉讼请求;《高程测量记录表》亦系伪造证据，其反映的第一段、第三段、第五段路基受损并不属实，不能支持原告其余三段路基受损的诉讼请求。此外，由于原告关于路基部分的损失没有及时报案，属于原告的重大过失，根据保险合同的约定及保险法的规定，对于无法确定的原告路基部分的损失，被告不负赔偿责任。

关于桥梁附属工程和材料部分的损失，根据被告于2010年8月22日作出的《现场查勘记录》、现场查勘照片、××大桥的施工图纸及造价，估损金额为35万元；××中桥因系政府泄洪行为，保险人应当免责。原告主张的桥梁附属工程的损失3181099元以及材料部分的损失374456元与客观事实不相符合，且原告也没有在举证期限内提交相关证据对其主张进行证明。至于原告庭审后补交的《k49+835锥坡、护岸工程量收方记录表》和财务凭证，由于没有在举证期限内提出，也不符合新证据的构成要件，原告应当承担证据失权的法律后果，况且补交证据的真实性、合法性、关联性均存在问题，不能作为认定案件事实的依据，原告的诉讼请求没有事实依据和法律依据。

根据保险合同特别约定第五条“物质损失部分”第二项“特殊风险（含暴雨、洪水、泥石流、滑坡、塌方）每次事故绝对免赔80万元或实际损失的20%，以高为准”之约定，被告应当对本次保险事故免赔80万元或实际损失的20%，以高为准。

综上所述，被告认为，原被告双方依法建立了保险合同关系，在保险事故发生后，被告积极履行了自身义务，为了查明受损事实，不但去现场进行了查勘，还委托公估公司对受损现场进行勘验，被告一直在积极履行自身义务。对于该案诉讼过程中原告申请业主方和监理公司作为第三人参与本案诉讼的问题，被告认为，由于被告与业主方无合同关系，对于原告与业主方真实的合同履行情况并不知情，加之原告与业主方存在某种程度的利害关系，业主方作出的对于原告有利的陈述或意见，在多大程度上可以采用，值得法庭斟酌。

被告表示，本着诚实信用的原则和积极解决问题的态度，被告愿意在尊重事实和法律的基础上承担相应的责任，但对于原告主张的确实没有发生、原告也没有证据支撑的诉讼请求，被告没有承担保险责任的依据。

被告方提交的证据有：《压实度实验记录》《保险公估委托书》《现场查勘记录表》《现场查勘照片》《××大桥施工图纸》《证人证言》《公证书》。

## 争议焦点

辩诉双方对于保险合同的约定以及对原告公司投保的建筑工程和材料在洪灾中受损的事实没有异议。该案的争议焦点为：原告投保的建筑工程以及材料因洪水遭受多大损失，以及该损失是如何认定的。

## 法院审理结果

除了保险合同中约定的绝对免赔额没有支持被告的主张外，法院基本采纳了被告的抗辩意见，最终仅判令被告向原告支付赔偿金190万元，减少了被告近六百万元的损失。

## 案例启示

本案被告之所以会胜诉，在某种程度上是因为原告方举证不力，准备不够充分，且存在伪造证据的行为，对原告非常不利。关于绝对免赔的问题，法院之所以没有支持被告方的反驳意见，是由于被告方保险公司的保险合同格式文本设计存在问题，导致保险合同中前后约定的内容相互矛盾，根据保险法对合同草拟人不利的解释原则，法院作出有利于被保险人即原告的解释也合情合理。

## 编者评论

该案中，由于原告无法做到真实和有力的举证，其所主张的损失赔偿金额无法得到法庭的支持。因此，不管是诉方还是辩方，都要本着“谁主张、谁举证”的原则，在法庭诉辩之前做好以下证据准备：

1. 证明双方之间合同关系的证据。

2. 证明己方依约履行合同以及对方违反合同的证据。

3. 证明对方违约行为给己方造成损失的证据。

4. 其他需要证明的内容，如造成工程损失的恶劣天气证明、双方的往来信函等。

同时还要对己方证据进行分析判断，看看证据是否有效、是否充分、是否周密、是否存在缺陷，证据之间是否存在自相矛盾的地方。在证据准备不充分的情况下，匆匆上法庭诉辩，会导致法庭对己方不利的判决结果。

对保险公司的启示是，格式合同与特别约定必须一致。虽然没有看到保单文本，但是从案例陈述和法院判决中可以得出结论，保险公司出具的合同文本中存在对免赔约定的前后不一致或者是文字表述的不准确，导致法院对保险公司关于绝对免赔额约定判定无效。

# 十二 山体塌方属自然灾害还是意外事故

## 案情简介

上诉人（原审被告）：某保险支公司（以下简称保险公司）

被上诉人（原审原告）：陕西某机械施工公司（以下简称被保险人）

原告诉请

2009 年 9 月 16 日，被保险人向岚皋县人民法院起诉称，2008 年 7 月 15 日，其向保险公司为其承包的岚皋县民横公路改造项目投保了建筑安装工程险和第三者责任险，保险期间为 2008 年 5 月 25 日至 2009 年 5 月 24 日。2009 年 3 月 22 日至 4 月 28 日，该投保路段共发生 5 次突发性塌方，造成直接经济损失 77.9008 万元。保险事故发生后，被保险人及时通知了保险公司，保险公司派员对现场进行了勘察、拍照。此后，被保险人多次申请保险公司理赔未果，遂诉至岚皋县人民法院，要求保险公司赔偿保险金 77.9008 万元。

被告辩称

针对被保险人的起诉，保险公司答辩称，该公司与被保险人签订民横公路改造路段保险合同属实，投保路段在保险期间内塌方 5 次属实，但被保险人申请理赔的损失与实际损失不符，保险公司只能按照合同约定赔付。

## 一审审裁

岚皋县人民法院审理查明，2008 年 7 月 15 日，被保险人在保险公司为其承包的岚皋县民横公路改造项目投保了建筑安装工程险和第三者责任险，保险期间为 2008 年 5 月 25 日至 2009 年 5 月 24 日。合同特别约定："因意外事故引起的单次边坡塌方事故（塌方中间无间断）的清理费用免赔额为 5000 元或损失金额的 10%，两者以高者为准。其他保险责任范围以内的事故免赔额为 30000 元或损失金额的 10%，两者以高者为准"。2009 年 3 月 22 日至 4 月 28 日，该保险路段内发生 5 起突发性塌方。保险事故发生后，保险公司派员到现场进行了勘察、拍照。此后，被保险人多次申请索赔，但双方对赔付内容及赔偿金额发生争议，保险公司拒绝理赔，被保险人因此提起诉讼。

在案件审理过程中，保险公司与被保险人就塌方次数、土石方总量及计价达成一致意见，即塌方 5 次；土石方总量按 36000 方计算；计价参照被上诉人与世行贷款岚皋县农村公路发展项目建设管理办公室签订的合同所约定的价格执行，土方按 4 元 /$m^3$、石方按 14.52 元 /$m^3$ 计价，双方对土石方赔付比例及免赔额存在争议。

岚皋县人民法院认为：保险公司与被保险人签订工程保险合同后，陕西机械公司所投保的工程在保险期内先后发生 5 次塌方，保险事故发生后，双方就赔偿金额发生争议。在案件审理过程中，双方主要是对土石方所占比例存在分歧。因塌方路段现已清理完毕，无法对所坍塌土石方的比例进行鉴定。因此，土石方所占比例只能参照被上诉人与世行贷款岚皋县农村公路发展项目建设管理办公室签订的合同执行，即土方占 59%，石方占 41%。双方在保险合同中约定："因意外事故引起的单次边坡塌方事故的清理费用免赔额为 5000 元或损失金额的 10%，两者以高者为准；其他保险责任范围以内的事故免赔额为 30000 元或损失金额的 10%，两者以高者为准。"双方虽对免赔额进行了约定，但对"意外事故"与"其他保险责任"约定不明确。根据《保险法》第三十条规定："采用保险人提供的格式条款订立的保险合同，保险人与投保人、被保险人或者受益人对合同条款有争议的，应当按照通常理解予以解释。对合同条款有两种以上解释的，人民法院或者仲裁机构应当作出有利于被保险人和受益人的解释”。因此，双方所争议的免赔应当定为“意外事故”免赔额以高者为准，应为损失金额的10%。被保险人另要求保险公司赔付土石方的挖掘及运输费用，因保险公司所赔付的费用中包含该两项费用，故不予支持。据此，岚皋县人民法院依据《中华人民共和国保险法》第三十一条、《中华人民共和国合同法》第六十条之规定，作出（2010）岚民初字第175号判决：保险公司在10日内向机械公司赔付保险金269348.2元（36000×41%×14.52元+36000×59%×4元）。

## 二审审裁

保险公司不服一审法院的上述民事判决，向安康市中级人民法院提起上诉。

保险公司主要上诉理由是：被保险人投保的工段山体因天降暴雨塌方的土石方比例是山体上的土石方比例，而其与世行贷款岚皋县农村公路发展项目建设管理办公室签订的合同中土石方比例是修路所需的土石方比例，一审法院按修建路基的土石方比例计算山体的土石方比例属认定事实不清。该案所涉及的保险事故是自然灾害，而不是意外事故，案件审理过程中，被保险人及其代理人均承认该保险事故为自然灾害，本案应适用其他保险责任按每次塌方3万元计算免赔额。一审法院却适用《保险法》第三十条争议条款的规定判决，属认定事实不清、适用法律不当。故请求撤销原判，依法改判。

被上诉人陕西机械施工公司答辩称，一审法院认定事实清楚、适用法律正确，请求驳回上诉，维持原判。

安康市中级人民法院经审理查明的事实与一审法院查明的事实一致。

另查明：2008年5月18日，被保险人与世行贷款岚皋县农村公路发展项目建设管理办公室签订《世行贷款岚皋农村公路发展项目民横公路建设工程合同》，依据该协议约定岚皋县民横公路开挖的土石方比例为土方占

59%，石方占 41%。

安康市中级人民法院认为，保险公司与被保险人签订的工程保险合同是双方当事人的真实意思表示，应属有效，受法律保护。被保险人将其承包的民横公路改造项目投保了建筑安装工程险和第三者责任险，并依约定向保险公司交纳了保险费，该投保的工程在保险期间内发生了保险事故，保险公司应承担约定的保险责任。

本案双方争议的焦点为：山体塌方属自然灾害还是意外；塌方体中，土石方的比例的计算依据是什么；免赔额的计算方法。一审法院对土石方的计算比例及免赔额计算方法的认定、分析符合法律规定，安康市中级人民法院予以肯定。对于双方的争议焦点，安康市中级人民法院进一步做了如下分析判断。

保险公司与被保险人签订的保险合同所适用的保险条款是中国保监会备案的《建筑、安装工程保险条款》，该条款第一条第二项约定，由于雷击、暴风、暴雨、龙卷风、洪水、地面突然塌陷、崖崩、突发性滑坡、雹灾造成保险财产的损失，保险公司负责赔偿。该案争议的保险事故系塌方，保险公司认为降雨引起的塌方是自然灾害，但在保险条款及保险单的特别约定之中，保险公司均未对意外事故和其他保险责任做出明确界定，且保险公司也没有证据证明已对该条款向被保险人尽到了明确说明的义务。本案所涉及的合同为格式条款合同，在双方当事人对保险条款发生争议时，应适用《保险法》第三十条规定的作有利于投保人的解释，一审法院却依据《保险法》第三十一条进行判决，适用法律不当。应予纠正，但其判决结果并无不当。故保险公司关于塌方为其他保险责任、依每次塌方 3 万元计算免赔额的上诉理由不能成立。

因保险事故发生后，塌方土石已被清理，无法再对土石方所占的比例进行鉴定，中华财保安康公司亦未提供证实计算土石方比例的证据，故一审法院参照被保险人与世行贷款岚皋县农村公路发展项目建设管理办公室签订的合同确定依土方占 59%、石方占 41% 计算土石方比例，并无不妥，保险公司此项上诉理由亦不能成立。

综合分析以上因素，对于保险公司的上诉请求，安康市中级人民法院认为不能予以支持。

2010 年 11 月 8 日，安康市中级人民法院依照《中华人民共和国保险法》第三十条、《中华人民共和国民事诉讼法》第一百五十三条第一款第一项之规定，作出（2010）安民终字第 304 号判决如下：驳回上诉，维持原判。二审案件受理费 1590 元，由上诉人保险公司负担。

## 编者评论

**该案存在以下两个争议问题**

1. 关于由暴雨引起的山体塌方是意外事故还是自然灾害的问题

该案保险合同特别约定："因意外事故引起的单次边坡塌方事故（塌方中间无间断）的清理费用免赔额为 5000 元或损失金额的 10%，两者以高者为准。其他保险责任范围以内的事故免赔额为 30000 元或损失金额的 10%，两者以高者为准。"很明显，据此约定，如果山体塌方属于意外事故，则免赔额较低，如果属于自然灾害，则免赔额较高。这应该是保险公司力争山体塌方属于自然灾害的主要原因。

根据保险单的解释，自然灾害指雷击、暴雨、洪水、暴风、龙卷风、冰雹、台风、飓风、沙尘暴、暴雪、冰凌、突发性滑坡、崩塌、泥石流、地面突然下陷下沉及其他人力不可抗拒的破坏力强大的自然现象；意外事故指不可预料的以及被保险人无法控制并造成物质损失的突发性事件，包括火灾和爆炸。

在本案中，关于山体塌方是自然灾害还是意外事故问题，双方当事人在合同中仅仅规定意外事故的免赔标准，没有就意外事故予以界定和划分，因此导致双方发生争议。保险公司认为降雨引起的塌方是自然灾害，但在保险条款及保险单的特别约定之中，保险公司均未对意外事故和其他保险责任做出明确界定，且保险公司也没有证据证明已对该条款向被保险人尽到了释明义务。二审法院认为，该案所涉及的合同为格式条款合同，在双方当事人对保险条款发生争议时，应适用《保险法》第三十条作出有利于投保人的解释，该认定意见是正确的。

从常识的角度看，下雨引起的山体塌方是一种自然灾害，这是比较明显的。该案法院将其判定为一种意外事故，其原因是现在国内使用的《建设工程一切险》条款是从早期的慕尼黑再保险公司英文条款翻译过来的。由于“自然灾害”和“意外事故”二词在保险业界一般不会出现歧义，因此慕再条款并未对二词予以定义，其译文也自然没有定义，而这种定义在我国自行制定的其他财产险条款中都能看得到。在该案判决之后，保险业界应当考虑将这两个词的定义放在条款中，以免再发生类似的对保险公司不利的判决。

2. 关于塌方体已被清理情况下如何认定其土石方的比例问题

本案中，两审法院认为塌落土石已经清理无法鉴定，故参照被保险人与世行贷款岚皋县农村公路发展项目建设管理办公室签订的合同，确定塌落的土石方中，土方占 59%，石方占 41%。保险公司认为，上述合同中的土石方比例为施工所需的土石方比例，而本案的土石方比例是山体上塌落的土石方比例。

编者认为，保险公司意见有合理性，根据保险合同特别条款中的“单次边坡塌方事故”约定内容，可知土石方为边坡山体塌落的土石方，确实不是施工中所用土石方，因此两审法院认定意见值得商榷。那么如何认定山体塌方的土石方比例呢？可对部分最接近塌方点的未塌方山体进行土石方比例鉴定，以该土石方比例作为塌方的土石方比例，这样应该是比较接近实际塌方土石方比例的。

发生山体塌方事故后，由于道路通行、施工等需要，一般都会很快将塌方路段予以清理，这是正常的。但是，该案也提示施工企业注意，在清理事故现场时应考虑固定相关证据，以免因事故现场的清理导致有关事故性质、责任、赔偿数额等无法确定，因此可能会导致无法对土石方比例进行鉴定。类似该案的事故发生后，施工企业可以会同保险公司对塌方的土石方比例协商确定，然后再行清理。在双方不能协商一致的情况下，施工企业也可拍照、录像，然后将塌方的土石方运至适当地点封存，以备将来由受案法院或仲裁机构委托鉴定机构进行鉴定确认，相关封存、占地费用亦可主张保险公司赔付。

在保险公司的实务操作中，对于保险责任、免赔等进行约定时，其文字表述一定要经过严格审核，不能由经办人员随意添加。在诉讼环节，对于举证的依据必须专业。

# 十三 承包商的设备是否属于建筑工程一切险的保障范围

## 案情简介

上诉人（原审被告）：某保险支公司（以下简称被告或上诉人）

被上诉人（原审原告）：某水电开发有限公司（以下简称原告或被上诉人）

2007 年 11 月 22 日，原告与被告签订了《建筑工程一切保险单》，约定，所承保的工程名称为“浯溪水电站闸门制造与安装及启闭设备安装工程”；地址为湖南省祁阳县浯溪镇；保险期间自 2007 年 11 月 29 日 0 时起至 2009 年 12 月 31 日 24 时止；保险责任：第一部分物质损失保险金额按工程合同造价为 41649793 元，第二部分第三者责任 5000000 元；保费 134949 元；第一部分物质损失保险中，其他自然灾害及意外事故每次索赔绝对免赔额 80000 元或损失金额的 15%，两者以高者为准。双方在保单明细表中约定，第一部分物质损失的项目工程承包价 41649793 元。保单签订时，原告当即交纳了 134949.8 元保险费。

2008 年 1 月 25 日至 1 月 31 日期间，湖南省发生雪灾，原告在祁阳县浯溪镇的浯溪水电站闸门制造与安装及启闭设备安装前期工程受损。灾害发生后，原告及时向被告通知事故的发生，被告于 2008 年 2 月 1 日进行了勘察，原告要求被告赔付工程损失 1257028 元，其中施救费损失 141219 元、材料损失 511769 元、设备损失 529000 元、间接损失 75040 元。被告认为原告的施救费损失属于保险责任范围，材料和设备损失不属于保险责任范围，双方产生纠纷。原告遂向一审永州市冷水滩区人民法院提起诉讼。在诉讼中，被告在原告的施救费损失 141219 元的基础上除去保单上约定的免赔 80000 元后，赔偿了原告 61219 元。

另经一审法院查明，原告的水电站闸门制造与安装及启闭设备安装工程由广东水电二局股份有限公司投标承建，承包总价为 41833013 元，包括人工费、材料费、机械使用费、其他直接费、现场经费、间接费、企业利润、税金，以及风险金等各项费用，还包括技术服务费 183220 元。原告在《建筑工程一切险投保单》上注明，第一部分物质损失项目建筑承包价及投保金额为：41833013 元（工程承包价）–183220 元（技术服务费）=41649793 元。

## 一审审裁

一审法院认为，该案属保险合同纠纷，原被告双方协商一致签订的保险合同是双方真实意思的表示，合法有效，双方应予遵守。原告交纳了保险费，并于事故发生后向被告及时报告，原告履行了损失通知义务，但被告却没有按约定理赔，属违约行为，因此原告要求被告支付赔款及利息的诉讼请求，予以支持。原被告保险合同约定的物质损失保险金额是原告工程总承包价，按原告方工程承包单位的承包价工程量清单计算，包括人工费、材料费、机械使用费等。因此，原告诉请的施救费和材料损失应在保险责任范围内。被告辩称原告的材料损失不属于保险范围，不予支持。原告诉请的受损设备所有人是广东水电二局股份有限公司，该公司不是保险合同的投保人，且原告诉请的设备损失不在承包价内，故设备损失不属于保险责任范围，因此原告要求被告对设备损失理赔的诉请不予支持。原告损失清单上的照明灯、电缆、钢构件、彩钢瓦的施救费用和材料费用损失分开列表，被告认为原告将上述材料作为施救费损失报损没有依据，对被告称原告将材料重复报损的理由不予支持。原告没有提交间接损失 75040 元的相关证据，且保险单对间接损失保障没有约定，因此对原告要求被告赔偿间接损失的诉请不予支持。原被告在保单上约定了物质损失自然灾害的绝对免赔额 80000 元，故被告要求理赔款中扣除免赔款 80000 元，予以支持。因此，原告遭受雪灾应由被告理赔的损失为施救费损失 141219 元、材料损失 511769 元，共计 652988 元，除去被告应当免赔的 80000 元和被告已支付的 61219 元，被告应支付赔款 511769 元。据此，根据《中华人民共和国合同法》第八条、《中华人民共和国保险法》第二十三条第一款之规定，判决如下：

1. 被告在该判决生效后十日内向原告支付赔款 511769 元。

2. 被告向原告支付赔款 511769 元的利息，按同期银行贷款利率计算，从 2009 年 11 月 1 日起至保险赔偿金付清日止。

3. 驳回原告的其他诉讼请求。

## 二审审裁

一审宣判后，被告不服，向二审法院提起上诉。

上诉人诉称：

1. 原判部分内容正确，即承包方广东水电二局股份公司不是本案保单的投保人，设备损失不属本案保险单的承保范围，保险人不应赔偿；间接损失 75040 元，在保险合同中未约定承保，保险人也不应负责。

2. 下列事实部分判决错误：

①原判认定设备损失不在赔偿范围内，但又将被上诉人主张理赔的设备损失一分为二，将材料损失列入赔偿金额是错误的。

②该案投保的内容是承包合同总价，而被上诉人提出的设备损失并不包含在承包合同的明细单内。

被上诉人辩称：

施工设备损失没有全部认定，是错误的，应予改判，其余部分判决正确。

二审法院认为，其查明的事实与一审认定的事实一致，对一审查明的事实予以确认。二审法院还认为，双方当事人签订的《建筑工程一切保险单》

合法有效，应对双方具有法律约束力。《建筑工程一切保险单》载明，保险内容：物质损失的保险金额为41649793元，该保险金额系保险工程（水电站闸门制造与安装及启用设备安装工程）的承包价。根据被上诉人提供的"投标报价汇总表""分组工程量清单"以及"项目分解表"，41649793元工程承包价可以分解到"分组工程量清单"的第一组至第九组以及备用金中，"分组工程量清单"及"项目分解表"二者之和与工程承包价相吻合。因此，可以认为，如果某一项目在"分组工程量清单"及"项目分解表"中列明，该项目则在保险单载明的保险责任范围之内；如果该项目不在保险责任范围内，保险人对该项则不负赔偿义务。原告要求判被告赔付保险金1257028元，该保险金由三部分构成，即设备损失1040769元、施救费损失141219元、间接损失75040元。原判对施救费损失及间接损失的处理，双方均无异议，二审法院不再审查。对设备损失，被上诉人以"设备损失情况表"报损，其中列举29个损失设备名称，共计1040769元。经对照"分组工程量清单"及"项目分解表"，该29个项目均不在其中。庭审中，被上诉人陈述其所报的设备损失包含在项目分解表3-B、3-D、3-F、3-H等项目中。经查，以上项目均已在"施救费损失情况表"中列明，并由保险人负责赔偿，故被上诉人不能再在设备损失中重复获赔。故设备损失（即一审法院认定的"设备损失"与"材料损失"）不属于保险理赔范围，保险人对该29个项目无赔付义务。因此，该案中保险人应赔付的保险金为施救费损失141219元，保险单约定的财产损失绝对免赔额为80000元或损失的15%，两者以高者为准，太平洋保险已支付61219元，已履行了保险单约定的义务，不应再承担赔偿责任。综上所述，上诉人提出"被上诉人申报的设备损失不属于《分组工程量清单》及《项目分解表》所列范围，即不属于保险责任范围"的上诉理由成立。原判认定的材料损失金额511769元不符合双方合同约定。据此，法院判决如下：

1. 撤销永州市冷水滩区人民法院（2010）永冷民初字第128号民事判决。

2. 驳回湖南浯溪水电开发有限公司的诉讼请求。

本案一审、二审诉讼费33338元，由被上诉人承担。

## 编者评论

本案二审法院判决雪灾造成的设备损失不属于保险责任范围，是因为该设备非属于被保险人所有的财产，而且也不包括在原告工程总承包价中，该设备由工程安装承包商所拥有，应由承包商自行投保财产一切险和机械设备损坏险。当然，如果被保险人将该设备用附加险扩展承保，设备价作为总保险金额的一部分，该设备则属于保险责任范围，保险人要赔偿其遭受的损失。

保险经纪人在为客户安排保险时应当告知投保人，建筑和安装工程一切险不保承包商施工用机具设备，除非列明清单并按重置价值扩展承保，且一般情况下，保险费率为年度费率而不是工期费率。考虑到施工过程中如果发生自然灾害和意外事故，施工用机具、设备大概率会受损，因此，应当将工程项目与施工机具设备同时投保。

# 十四 既有制造商质量缺陷又有安装技术不善引起的设备损坏事故的处理

## 案情简介

××市火电厂扩建二期工程，将其进口发电机组等设备投保安装工程一切险，保额为5.2亿元，保险期间为14个月，从机组设备离岸到发电机组安装调试完毕为止。

设备在安装完毕进行负荷调试运转过程中，当开机后不久，一声巨响，一组缸的活塞连杆冲破机壳，沿切线方向飞离机体，遇物反弹，缸体两边被撞烂，并在地板上砸出一个大坑，曲轴全毁。

接到报案后，保险公司及时进行了现场查勘，及时邀请电力、商检等方面的专家对事故的原因进行了认真、细致的分析和鉴定，并出具了检验证书。检验结论为：造成机器设备发生事故的原因是安装技术不善，加之机械制造有缺陷，造成连杆轴承底座机械应力集中，超出承受极限，造成机件疲劳运转，引起断裂，全机报废。这次损失总计近1200万元，其中，设备损失费为1100余万元，运费50余万元，其他费用40余万元。

## 该案争议

根据商检部门的检验报告，被保险人要求根据《安装工程一切险》条款约定的，“任何自然灾害或意外事故造成的物质损坏或灭失”保险责任进行赔偿。保险公司明确表示，该事故属于保险责任范围，予以立案。但由于造成本次事故有制造商的原因，即设计错误、铸造或原材料缺陷或工艺不善，且制造商不是被保险人，考虑到保险公司赔偿后存在追偿问题，被保险人的当务之急是尽快重新引进设备，缩短损失恢复周期，保险公司建议被保险人及时通知制造商，并向其提出索赔，在得到其回复后保险公司再进行理赔。

国外制造商在接到索赔通知后，起初不承认产品有质量问题，但在被保险人向其提供了中国商检局的检验报告后，厂方又派人专程到该电厂进行了鉴定，尽管其始终未提供其自身的检验报告，为了维护其商品的信誉，制造商同意赔偿一台新的设备，并负责支付相关的运费 50 万元，同时派遣专家现场指导安装。

在得到制造商的赔偿答复后，通过双方协商，被保险人同意保险公司仅对这次事故合理的施救费用（包括机器调迁费、拆装费、机底油料损失费等）40 余万元进行了赔偿。

## 案例分析

这是一起比较典型的既有保险责任又有制造商责任的安装工程保险的案例。

在本案中，安装技术不善是保险责任，保险公司理应赔偿，但由于存在制造商的质量问题，在保险公司赔偿后，存在追偿问题。所以，在发生事故时，必须及时通知制造厂商，并取得权威的事故鉴定报告，这是保险公司进行理赔及下一步进行追偿的必要前提。

安装技术不善和机械制造缺陷均是造成本次事故的原因，但何为近因，如何区分保险责任造成的损失和非保险责任造成的损失，比较困难。在这种情况下，制造商赔偿了设备及运费，保险公司对相关的施救费用进行赔偿，对被保险人而言，可以说是一个比较好的赔偿方案。

## 案件启示

对于进口设备的安装工程而言，应注意以下几点：

1. 动员客户在国内投保，便于发生事故后及时赔偿。

2. 在承保时，尽可能不要将制造商列为被保险人。

3. 在发生事故后，要及时聘请权威专家进行鉴定。当确认存在产品制造缺陷后，要及时通知制造商，并及时提出索赔，确保索赔时效。

## 编者评论

在安装工程一切险项下的进口设备损坏，在既由于国外制造商质量缺陷也由于国内承包商安装技术不善造成，而且两者难以区分何种为主要损失原因的情况下，应立即聘请权威机构进行鉴定，并根据此鉴定报告向国外制造商索赔。国外制造商出于维护其设备信誉的需要，往往会派人检验、提出更换设备的建议，并重新运来设备安装。这样，被保险人可以不用为划分设备制造商和设备安装承保商的责任而诉诸法庭，尽快重新安装新设备，并从保险公司那里索赔到相关的施救费用。

# 十五 桥墩损失的近因是什么，是下闸蓄水还是暴雨？

## 案情简介

上诉人（原审被告）：某保险支公司（以下简称保险公司）

被上诉人（原审原告）：某建设公司（以下简称建设公司）和某巨能公司（以下简称巨能公司）

上诉人保险公司因与被上诉人建设公司和巨能公司保险合同纠纷一案，不服一审石柱土家族自治县人民法院的判决，遂向二审法院重庆市第四中级人民法院提起上诉。

原告巨能公司承建了原告建设公司发包的石柱土家族自治县大沙公路桥头大桥新建工程，并于 2004 年 10 月 25 日签订了《石柱县大沙公路桥头大桥新建工程施工承包合同书》。该合同书约定："工程总造价 3179000 元，工程期 12 个月，承包人巨能公司应在 2005 年 3 月 1 日藤子沟电站下闸蓄水到来之前完成除桥台外的下部结构工程，即 1 号、2 号、3 号桥墩"。原告巨能公司于 2004 年 11 月 20 日开始施工后，因 0 号桥墩基础地质结构发生变化，增加了石方开挖工程量，原告巨能公司成立的石柱县桥头大桥项目部，于 2005 年 2 月 20 日书面向发包方原告石柱交通公司提交阶段性工期延长申请报告，经发包方批准，同意桥头大桥下部工程延至 2005 年 5 月 1 日前完成。2005 年 3 月 8 日，二原告与被告签订了《建筑工程一切险》保险合同，约定：“桥头大桥总保险额2850000元，工程建设期12个月，2005年3月9日0时起，至2006年3月8日24时止；保证期自2005年3月12日起，至2006年3月11日止。遇地震、海啸、洪水、风暴、暴雨造成的损失，按75%~80%的限额赔偿”。二原告已向被告交纳保险费17400元。

2005年3月中旬，龙河藤子沟水电站775米水位线以下移民迁建安置工作通过初验，并于同月底下闸蓄水。2005年4月8日下午6时许，石柱县境内普降暴雨，龙河藤子沟水电站所在地桥头乡及其上游范围数小时内形成洪水，一夜之间将桥头大桥下部工程中已浇灌18.2米高的2号桥墩淹没。该桥墩基和未淹没的已浇灌的1号、3号桥墩的墩基均报废。二原告被迫改变原设计，由原来的134米T梁桥变更为单跨130米箱体拱桥。事故发生后，二原告及时向被告保险公司发出了出险通知书，被告到淹没事故现场勘察，并委托重庆百能保险公估有限公司（以下简称公估公司）对本次淹没事故造成的损失进行评估。其结论为：“第一，本次事故损失金额为217845.80元；第二，本次事故的近因是因藤子沟大坝下闸蓄水导致2号桥墩被淹没，不属于保险责任，保险公司不应承担赔偿责任”。被告于2005年11月24日以本次事故不属保险责任为由，向二原告送达了保险拒赔通知。

## 一审审裁

原判认为，原被告在签订的《建筑工程一切保险合同》中约定：“遇地震、海啸、洪水、风暴、暴雨造成的损失由保险人按75%~80%予以赔偿”，即只要是以上五个方面自然灾害造成的损失，保险公司均应承担赔偿责任。原被告于2005年3月8日签订保险合同的当月底，藤子沟水电站就已下闸蓄水，并且在电站下闸蓄水至发生淹没事故之前的10多天时间里，并没有因此影响原告的正常施工。这是因为藤子沟电站下闸蓄水后，要泄水发电，有蓄有放，加之枯水季节，库区水位保持平稳或缓慢上升状态。而二原告施工的大桥下部T桥墩浇灌也在逐渐上升，这就形成水涨船高的良性循环状态，在未遇暴雨引发洪水的正常情况下，不可能在一夜之间淹没已浇灌18.2米高的2

号桥墩。因此，暴雨引发洪水才是造成本次淹没事故的近因。

二原告于2004年10月25日签订工程承包合同后，由于在施工中地质结构出现特殊情况，增加了石方开挖量，承包方已于2005年2月20日经发包方建设公司同意，延长工期至当年5月1日为止。此审批报告是二原告之间的补充协议，与主合同一样合法有效。而原被告是在2005年3月8日签订的保险合同，被告也应当知道藤子沟电站可能在近期下闸蓄水发电。因此，二原告不存在故意隐瞒以上情况没有履行如实告知义务。藤子沟电站下闸蓄水发电属正常工作范围，暴雨引发洪水致水位在一夜之间上涨20多米属自然灾害，二原告对这一不可抗力的自然灾害是无法预料的，二原告不存在主观上的故意或者过失。因此，二原告对本次淹没事故不应承担责任。

因大桥2号桥墩被淹没，迫使原告改变原设计施工方案，造成原投入的资金付诸东流，对二原告已产生了损害后果。对于赔偿责任问题，因为淹没事故发生时，1号、3号桥墩未被淹没，公估公司未将1号、3号桥墩纳入评估，二原告已放弃对1号、3号桥墩的评估鉴定，所以损失赔偿范围只能是被淹没的2号桥墩的损失金额，即公估公司对2号桥墩评估的损失金额为217845.80元。

原被告签订的《建筑工程一切保险》合同合法有效，当事人应当按照合同的约定全面履行自己的义务，被告应当按照公估损失金额的75%承担保险赔偿163384.35元（217845.80×75%）的责任，故被告的抗辩理由不予采纳，二原告的其他诉讼请求，因证据不足，应予驳回。遂依照《中华人民共和国保险法》《中华人民共和国合同法》和《中华人民共和国民事诉讼法》相关条款判决如下：

1. 由被告保险公司赔偿原告建设公司、巨能公司的损失金额217845.80元的75%，即163384.35元。限判决生效后立即支付。

2. 驳回原告建设公司、巨能公司的其他诉讼请求。案件受理费8787元，其他诉讼费8787元，合计17574元，由被告保险公司负担6854元，由原告建设公司、巨能公司负担10720元。宣判后，保险公司不服，遂向二审法院提起上诉。

## 二审审裁

上诉人及被上诉人的辩诉：

上诉人保险公司请求撤销原判，依法驳回被上诉人的诉讼请求。其主要理由如下：

1. 原判对本案保险事故的近因认定错误。

①双方约定的暴雨责任是指因暴雨冲刷致承保财产的损毁，而被上诉人的2号桥墩未被冲毁，仅被淹没，不符合双方约定的暴雨责任。

②所谓近因是指对造成承保财产损失起决定性、有效性的原因。如果不是因为藤子沟水电站下闸蓄水这一起直接、有效、决定性作用的先期客观事实，即使下再大的暴雨，河水也不会上涨如此之快，并且河水上涨后会很快消退，完全不会影响工程施工，造成所谓的损失。因被上诉人修建的2号墩深入河床底下的基础为17.5米，露出河床仅0.7米，电站下闸蓄水后，即使不下暴雨也会将桥墩淹没，何况当天河水上涨20多米，因此下暴雨与2号桥墩被淹没有必然的因果关系，暴雨不是本案保险事故的近因，藤子沟水电站下闸蓄水才是真正的近因。

2. 被上诉人未取得相关政府部门同意其延长工期的批文，便擅自协商延长工期，导致了保险事故的必然发生，并且双方订立合同时被上诉人仅提供了《石柱县大沙公路桥头大桥新建工程施工承包合同书》，故意隐瞒了延长工期这一影响上诉人是否同意承保的至关重要的事实，属于故意不履行如实告知义务，上诉人不应承担保险赔偿责任。因此，上诉人也不应承担诉讼费用。

被上诉人建设公司、巨能公司答辩称：

原判认定的保险事故近因是暴雨而不是藤子沟水电站下闸蓄水，是正确的。因为电站下闸蓄水在双方签订合同时已经是一件公开的众所周知的事实，并因暴雨致被上诉人的财产淹没的事实，证据充分，原判对此认定正确。被上诉人在双方签订合同时就已经向上诉人保险公司提交了《关于阶段性工期延长的报告》，不存在故意不履行如实告知义务，并且原判认定的赔偿范围符合双方的约定，因此原判认定事实清楚，适用法律正确，应予维持。

二审法院认为，经二审查明，原判认定的事实双方无异议，予以确认。另查明，被上诉人巨能公司承建的2号桥墩基础坑槽隐蔽工程于2005年3月18日经监理单位北京华路捷监理咨询公司验收。2005年4月8日，2号桥墩浇灌18.2米，其中深入河床的基础部分为17.5米，露出河床0.7米。双方签订保险合同时，上诉人对被上诉人提交的文件材料未出具收据。双方均认可，如果藤子沟水电站不下闸蓄水，即使再大的暴雨都不会将被上诉人的桥墩淹没并致桥墩报废损失。

二审法院还认为，本案的争执焦点有二：

一是被上诉人是否故意不履行如实告知的义务。我国《保险法》第十七条第一款规定："订立保险合同，保险人应当向投保人说明保险合同的条款内容，并可以就保险标的或者被保险人的有关情况提出询问，投保人应当如实告知"。因此，被保险人履行如实告知义务，是我国保险法的最大诚实信用原则规定的法定义务。具体表现为订立合同时针对保险人就保险标的或者被保险人的有关情况提出询问的如实告知，以及合同成立后对保险标的物的危险程度发生变化的如实告知。本案双方争议的如实告知内容是被上诉人对延长阶段性工期的报告是否如实告知，即在订立合同时对被保险人的有关情况的告知。法院认为，首先要看是否有告知的必要，因双方订立合同时上诉人应对被保险标的进行全面查勘，了解工程进展状况，而且也派员到实地进行了现场勘察。根据被上诉人签订的《石柱县大沙公路桥头大桥新建工程施工承包合同书》约定，应在2005年3月1日前完成除桥台外的下部结构工程，即1号、2号、3号桥墩，事实上2号桥墩基础坑槽隐蔽工程在2005年3月18日才通过验收，即在双方签订保险合同时，2号桥墩的完工已经逾期7天，其基础坑槽隐蔽工程都没完成，这是上诉人明知的事实，肯定只有延期才能完成，故没有告知的必要。其次，双方订立合同时，上诉人对被上诉人提交的所有证据均未出具收据，并且被上诉人出具《关于阶段性工期延长的报告》是在双方签订保险合同之前，而上诉人没有证据证明，在上诉人明知被保险工程只有延期后才能完成的情况下，被上诉人只提交了《石柱县大沙公路桥头大桥新建工程施工承包合同书》，而没有提交《关于阶段性工期延长的报告》。因此，上诉人以被上诉人没有提交《关于阶段性工期延长的报告》为由而免除其赔偿责任的抗辩理由，不予支持。

二是引起本案财产保险事故的近因是暴雨还是藤子沟水电站下闸蓄水。所谓保险事故的近因是指由保险合同约定的引起保险事故发生的直接的、起决定作用的原因，并在这一原因发生作用的过程中没有其他来自新的独立渠道的能动力量的介入。因保险合同是一种射幸合同，即一方支付的代价所得到的只是一个机会，可能一本万利，也可能一无所得。这种机会性是由保险事故发生的偶然性决定的。因此，双方约定的保险事故的近因只能是一种将来可能偶然发生的事件，而不是订立合同时已经发生或者将来必然发生的事件。藤子沟水电站在 2005 年 3 月底下闸蓄水，其必然结果是积蓄足够的水用于开闸放水发电，必然使电站库区及上游水位上升，致其一定水位线以下的财物被淹没。对这一必然发生的事件及其后果，在双方订立保险合同时已经成为当地的一件众所周知的事情，双方都应当知道。而双方签订合同时，被上诉人的桥墩还没有完成其基础坑槽隐蔽工程，不能保证在电站下闸蓄水后不被淹没，并且电站下闸蓄水是签订合同时双方都知道必然发生的，而不是将来或然发生的事件。故电站下闸蓄水是双方签订保险合同的一个前提条件，即因为电站将在近期下闸蓄水，双方才签订保险合同，也是暴雨引发洪水淹没桥墩的前提条件，所以，电站下闸蓄水不是引发保险事故的近因。因桥墩是钢筋水泥浇灌修建的，是不可能被暴雨洪水冲刷卷走的，但有可能因电站下闸蓄水后，遇天降雨致电站水位上升将全部工程淹没。因此，从双方签订保险合同的时间、前提条件和被保险标的性质分析，双方约定的暴雨责任应当理解为在电站下闸蓄水后，若遇暴雨将被保险财产淹没，致投保人财产损失则由保险公司赔偿的责任，较为公平合理。在电站下闸蓄水后，于 2005 年 4 月 8 日因电站及其上游地区普降暴雨引发洪水，将被上诉人的 2 号桥墩淹没，造成被上诉人财产损失 217845.80 元，双方对此事实无异议，并且符合双方合同约定的暴雨近因条件，故暴雨才是本案保险事故的真正近因，原判对此认定正确，应予维持。

二审法院判决如下：

驳回上诉，维持原判。

一审案件受理费 8787 元，其他诉讼费 8787 元，合计 17574 元，按原判执行。

二审案件受理费 8787 元，其他诉讼费 8787 元，合计 17574 元，由上诉人保险公司负担。

## 编者评论

本案二审法庭对以下两个焦点问题的分析及判决比较合理。一是造成 2 号墩报废的原因是下闸蓄水还是暴雨。由于上诉人和被上诉人都知悉下闸蓄水必然要发生，并在此基础上签订了保险合同，可以认为该合同所承保的风险针对的仅是合同中约定的“遇地震、海啸、洪水、风暴、暴雨造成的损失”，而不是下闸蓄水造成的损失，因为下闸蓄水是该案必然要发生的事件，而保险合同承保的是意外而不是必然要发生的事件。由于保险合同对“损失”一词未予以定义，上诉人认为该词是指暴雨“冲刷”造成的损失自然得不到法院的支持。法院将“损失”一词解释为，“在电站下闸蓄水后若遇暴雨将被保险财产淹没致使被保险人遭受的财产损失”，较为公平合理。

二是被上诉人是否履行施工延期的告知义务问题。被上诉人表示在双方签订保险合同时就已经向上诉人提交了《关于阶段性工期延长的报告》，而被上诉人否认这一点，但对被上诉人提交的所有证据又无法出具收据。另外，法庭认为上诉人在 2005 年 3 月 8 日签订保险合同之时，已经知道工程施工延期这一事实，故不存在被上诉人不如实告知的问题。

本案对保险公司的借鉴意义是，在签订建筑工程保险合同时，保险人应当明确将已经存在的不保风险与保险风险共同导致保险事故发生的可能性除外，而不是在保险事故发生后再解决什么是造成该事故的近因的纠纷问题。比如下闸蓄水造成的损失是不保的，而洪水造成的损失是保的。如果损失可能因下闸蓄水和洪水共同造成，保险人也应当将此类损失除外，除非保险人能够区分这两种风险因素造成的损失，否则保险人要承担所有损失的赔偿责任。

此外，“损失”一词的定义在保险合同中十分重要，不少合同纠纷就是因为对该词的定义存在歧义而造成的。“损失”一词包括的范围很广，不同的保险合同承保不同类型的损失。如果本案保险人的本意是仅承保“暴雨冲刷”，就应当明确表示，否则，任何类型的损失都可能被包括在内。

按照桥墩建造方法，在未遇暴雨情况下，下闸正常蓄水不会淹没 2 号桥墩，损失就不会发生。但是暴雨加剧了水位上涨，导致桥墩淹没，桥墩被毁，所以暴雨是损失发生的近因。保险公司在承保时对投保人提交的工程材料并未作签收存档，因此，也自然无法证明未收到工期延期报告。

# 十六 未积极主动处理建工险项下的索赔案件所带来的不利后果

## 案情简介

上诉人（原审被告）：某保险中心支公司（以下简称保险公司）

被上诉人（原审原告）：某建工集团公司（以下简称建工集团）

某保险公司因与建工集团保险合同纠纷一案，不服一审法院怀化市鹤城区人民法院的判决，遂向二审法院怀化市中级人民法院提起上诉。

一审法院认定，2008 年 9 月 1 日，建工集团与怀化市辰麻公路建设有限公司签订修建湖南省 S308 线辰溪至麻阳公路改建工程项目 A4 合同段（以下简称 A4 合同段改建工程）《合同协议书》，合同总价为 24377717 元，合同工程工期为 20 个月。2009 年 4 月，在得到湖南金路工程咨询监理有限公司 S308 线辰麻公路施工监理处的批复后，陆续开工。2009 年 6 月 19 日，建工集团作为投保人和被保险人对 A4 合同段改建工程在保险公司投保建设工程一切险。建工集团交纳保险费 102466.99 元，保险工程地点为 K29+000 至 K4S+800 地段，保险期间为 2009 年 6 月 20 日起至 2011 年 2 月 19 日止，保险金额为 23116747.00 元。保单特别约定每次事故绝对免赔额为 100000 元或损失金额的 10%，两者以高者为准；保险单不负责清除残骸费用及施工机器设备的损坏等。保单条款载明，“对保险财产遭受的损失，保险公司可选择以支付赔款或以修复、重置受损项目的方式予以赔偿，但对保险财产在修复或重置过程中发生的任何变更、性能增加或改进所产生的额外费用，保险公司不负责赔偿。”

2010 年 5 月 12 日至 13 日，麻阳县新营镇境内出现暴雨，降雨量达 59.5 毫米，发生水灾。建工集团正在修建新营桥，搭建了便道和工作台等，因洪水太大，淹没了当地的农作物，冲垮了部分便道和工作台等，建工集团遂向保险公司报案其遭受了 329892.37 元损失。经保险公司派人到现场后，以新营桥工作台不属于保险责任范围，以及便道保险金额 35000 元在免赔额范围之内为由，至今未对原告损失进行核定，也未作出任何赔偿处理。

2010 年 6 月 7 日 20 时至 8 日 20 时，麻阳县境内出现特大暴雨，降雨量达 132.3 毫米，发生水灾，导致在建工程多处出现大面积滑坡塌方及挡土墙受损。建工集团报案后，保险公司 6 月 12 日委托民太安公估公司（以下简称公估公司）工作人员到现场勘察。6 月 13 日，建工集团的工作人员电话通知保险公司负责人，告知有些损失部位没有勘察，该负责人电话回复，要其直接向公估人员说明情况。此后，保险公司亦未派人到受灾现场勘察、核定损失。

因保险公司认为 2010 年 6 月事故损失不足 100000 元，属于免赔范围，故未进行损失核定，亦未作出是否赔偿等处理。直至江西建工集团诉至一审法院后，保险公司才向法院提供了公估公司于 2011 年 2 月 25 日对 2010 年 6 月的事故损失作出的《保险公估终极报告》，核定路面塌方损失为 44758.14 元，但报告未核定挡土墙损失。

## 一审审裁

诉讼过程中，一审法院委托怀化市价格认证中心（以下简称认证中心）对建工集团在建工程多处出现大面积滑坡塌方及挡土墙受损进行鉴定。认证中心根据建工集团提供塌方数据认定塌方损失为 331082 元，因塌方新增 2 个废土场增加损失 63333 元，增加废土场内青苗补偿费 46667 元；认证中心根据 2010 年 6 月 12 日建工集团工作人员与公估公司工作人员到现场勘察的情况核定塌方损失为 44758 元；认证中心对左挡土墙冲垮鉴定认为，原挡土墙损失为 68235 元，改建后的挡土墙损失为 322165 元。建工集团支付鉴定费 25000 元。双方接到认证中心价格鉴定书后，均未对价格鉴定书提出任何异议。

一审法院认为，建工集团作为投保人和被保险人，在保险公司购买公路改建项目建筑工程一切险，并交纳保险金 102466.99 元，建工集团与保险公司之间已形成保险合同关系。建工集团在建工程因暴雨遭受损失后，保险公司理应按合同履行相应的赔偿责任。

根据《中华人民共和国保险法》（以下简称《保险法》）第二十一条、第二十二条、第二十三条、第二十四条、第二十五条之规定及建筑工程一切险条款第三十五条约定，投保人、被保险人或者受益人知道保险事故发生后，应当及时通知保险人。故意或者因重大过失未及时通知，致使保险事故的性质、原因、损失程度等难以确定的，保险人对无法确定的部分，不承担赔偿或者给付保险金的责任，但保险人通过其他途径已经及时知道或者应当及时知道保险事故发生的除外。保险事故发生后，按照保险合同请求保险人赔偿或者给付保险金时，投保人、被保险人或者受益人应当向保险人提供其所能提供的与确认保险事故的性质、原因、损失程度等有关的证明和资料。保险人按照合同的约定，认为有关的证明和资料不完整的，应当及时一次性通知投保人、被保险人或者受益人补充提供。保险人在收到被保险人的赔偿请求后，应当及时作出核定，情形复杂的三十日内作出核定。保险人应当将核定结果通知被保险人；作出核定后，对不属于保险责任的，应当在作出核定之日起三日内向被保险人发出拒绝赔偿或拒绝给付保险金通知书，并说明理由。从上述法律规定可以看出，保险事故发生后，被保险人有义务及时通知保险人并向保险人提供有关的证明和资料；保险人认为证明和资料不完整的，应当及时一次性通知投保人、被保险人；及时作出核定并在法定期限内将核定结果通知被保险人；对不属于保险责任的，应在三日内向被保险人发出拒赔通知书，并说明理由。

2010 年 5 月 12 日至 13 日，麻阳县新营镇境内出现暴雨，致使建工集团在建工程部分便道和工作台等被冲垮，向保险公司报案其遭受了329892.37元损失。建工集团已尽到及时通知和提供有关的证明和资料的义务。保险公司派人到现场后，以新营桥工作台不属于保险责任范围和便道投保金额35000元在免赔额范围内为由，至今未进行财产损失核定，亦未作出是否赔偿等任何处理。保险公司的行为显然有悖于法律规定和双方约定，理应承担相应法律后果。根据《保险法》第二十五条规定，保险人自收到赔偿请求和有关证明、资料之日起六十日内，对其赔偿数额不能确定的，应当根据已有证明和资料可以确定的数额先予支付；保险人最终确定赔偿数额后，应当支付相应的差额。建工集团对保险公司因其遭受的损失329892.37元的赔偿请求，法院认为已按照法律规定提供了证明和资料，应予支持；保险公司没有尽到相关法律规定将核定结果通知被保险人、向被保险人发出拒绝赔偿通知书并说明理由的义务。保险公司辩称，新营桥工作台不属于保险责任范围，以及便道投保金额35000元在免赔额范围内的观点，与实际情况不符，法院不予采纳。

2010年6月7日20时至8日20时，麻阳县境内出现特大暴雨，导致建工集团在建工程多处出现大面积滑坡塌方及挡土墙受损。建工集团报案后，保险公司于6月12日委派公估公司工作人员到现场勘察，保险公司还证实6月13日建工集团再次向其报告有受灾部位需要勘察。对此，法院认为，保险公司接到报案通知后，不能简单地要求建工集团直接向公估人员说明情况。公估人员非保险公司工作人员，不能直接代表保险公司履行相关义务，保险公司应积极组织履行相关义务。该案建工集团已经尽到通知义务，但保险公司未及时派人进行现场勘察。暴雨所致塌方、路基垮塌可能发生在暴雨时，也可能发生在暴雨后，因6月13日尚有受灾部位未经查勘，对新的受灾部位及原有受灾部位损失扩大的情况，保险公司未及时核实。公估公司作出的《保险公估终极报告》是根据2010年6月12日现场勘察的数据得出的结论，显然6月12日勘察的事故现场不是暴雨事故的最后状况。保险公司提供的《保险公估终极报告》不符合客观事实，法院不予采纳；同时，认证中心根据建工集团工作人员与公估公司工作人员于2010年6月12日勘察的现场情况，核定塌方损失为44758元，也因6月13日尚有受灾部位未经查勘，对认证中心认定塌方损失为44758元的结论，法院不予采纳。

认证中心鉴定建工集团因2010年6月暴雨受灾五处路基塌方损失为331082元，塌方新增两个废土场增加损失63333元，增加废土场内青苗补偿费46667元。原挡土墙损失为68235元，改建后的挡土墙损失为322165元。其中五处路基塌方损失系法院按照法律规定组织双方进行鉴定的结论，虽然该损失是在建工集团提供的相关证明和材料基础上形成的，但由于建工集团先是尽到通知义务，再是提供了相关证明和材料，而保险公司没有及时核实，故法院应认定塌方损失为331082元；因保险单约定清除残骸费用不属于保险责任范围，故对因塌方新增2个废土场增加损失63333元，增加废土场内青苗补偿费46667元的损失，法院不予支持；另保险单约定对保险标的在修复过程中性能增加或改进产生的额外费用，保险人不负责赔偿，故对建工集团挡土墙的损失应认定为68235元。改建后的挡土墙损失为322165元的结论，法院不予采纳。

因2010年6月12日保险公司委派公估公司工作人员到现场勘察后，6月13日还有受灾部位未经查勘。且保险公司亦未提供充分的证据证实建工集团在建工程挡土墙受损与塌方受损应属两次事故，故保险公司辩称江西建工集团挡土墙受损应列入另一次事故单独计算的观点法院不予采纳。

对江西建工集团第一次受灾损失329892.37元，保险公司免赔100000元后，应赔偿江西建工集团损失229892.37元；建工集团第二次受灾损失为331082元+68235元＝399317元，保险公司免赔100000元后，应赔偿建工集团损失299317元。两次事故，保险公司应赔偿江西建工集团损失529209.37元。

综上所述，依照《中华人民共和国合同法》《中华人民共和国保险法》《最高人民法院关于民事诉讼证据的若干规定》，一审法院判决如下：

1. 保险公司赔偿建工集团公司因自然灾害造成的损失529209.37元，于本判决生效后十日内支付。

2. 驳回建工集团其他诉讼请求。

如果未按该判决指定的期限履行赔偿义务，应当依照《中华人民共和国民事诉讼法》之规定加倍支付迟延履行期间的债务利息。该案件受理费13159元，鉴定费25000元，合计38159元，由建工集团负担8159元，由保险公司负担30000元。

## 二审审裁

保险公司不服该判决，遂向怀化市中级人民法院提起上诉。

保险公司上诉称：

1. 2010年5月12日遭受损失的新营桥工作平台不属于保险责任范围，原审判决将新营桥工作平台的损失认定为329892.37元由保险公司负责赔偿无任何法律依据。

2. 2010年6月8日路基损失公估人员现场勘察、评估为44758.14元。现场勘察报告及损失清单已经由建工集团方签字认可，虽然出具时间较晚，但并不能因此削弱其法律效力，应该成为本案的定案依据。2010年6月8日的路基滑坡塌方损失是经变更了设计图纸、重新施工所发生的费用，按照保险条款规定对保险标的的性能增加或改进产生的额外费用，保险人不负责赔偿。

3. 认证中心鉴定挡土墙损失为68235元，加上塌方损失44758.14元，扣除100000元的免赔额，上诉人仅需赔偿12993.14元。请求二审法院撤销原审判决第一项，改判上诉人支付被上诉人赔偿款12993.14元，由被上诉人承担诉讼费用。

建工集团辩称：

1. 原审法院在通过组织双方当事人举证、质证，并在上诉人自愿放弃对新营桥工作平台的鉴定申请，又没有提出相反的证据情况下，依法判决，程序合法，处理正确。

2. 被上诉人没有委托公估人员做损失评估，《保险公估终极报告》只有在双方委托人认可一致的情况下，才具有法律效力。

3. 路基塌方后，被上诉人只是将路基恢复至原设计规范要求，没有任何性能增加或改进。一审判决认定事实清楚，适用法律正确，应予维持。

二审期间，双方没有提交新的证据。

经二审法院审理查明，建工集团在投保时，将《湖南省S308线辰溪至麻阳公路改建工程项目A4合同段（K29+000–K45+800）施工合同文件》作为投保合同文件交予保险公司，保险公司根据该施工合同文件中的工程量清单汇总表的金额作为保险金额向江西建工集团出具了保险单。该施工合同文件第9篇《标价的工程量清单》说明中第3条规定：除非合同另有规定，工程量清单中有标价的单价和总额价均已包括了为施工和完成合同工程所需的劳务、材料、机械、质检、安装、缺陷修复、管理、保险、税费、利润等费用。第6条规定：符合合同条款规定的全部费用应认可已被计入有标价的工程量清单所列各细目之中，未列细目不予计量的工作，其费用应视为已分摊在合同工程的有关细目的单价或总额价中。该施工合同文件还确定：临时道路的工程量标价为35000元；路基的工程量标价为8164307元，其中挡土墙的工程量标价为4297006元。

庭审中，双方一致认为临时道路又称便道，本案所涉新营桥工作平台即为便道。

二审法院查明的其他事实与原审判决认定的事实基本一致。

法院认为，该案的争议在于：

1. 被水冲毁的新营桥工作平台赔偿金额。

2. 路基滑坡塌方损失金额是否是经路基重新施工后性能增加或改进所产生的额外费用。

3. 公估公司出具的《保险公估终极报告》能否作为本案的定案依据。

关于被水冲毁的新营桥工作平台赔偿金额问题。2010年5月12日的暴雨致使在建工程的便道等被冲垮，建工集团向保险公司报案其遭受了损失，已经尽到及时通知义务。保险公司派人到现场后，以新营桥工作台不属于保险责任范围为由，未进行财产损失核定，亦未作出是否赔偿等处理，该行为应视为对其进行财产损失核定之权利的放弃。在施工合同文件的工程量清单中没有工作平台的细目，建工集团要求保险公司赔偿该工作平台的损失 329892.37 元，证据不足，不予认定。该工作平台应视为工程量清单中的临时道路，而临时道路的工程量标价为 35000 元，由于保险公司放弃进行损失核定，在诉讼过程中又撤回对该处的司法鉴定，致使保险事故的损失程度难以确定，故可以认定临时道路为全损，保险公司应以该项目的保险金额 35000 元向建工集团支付赔款。

关于路基滑坡塌方损失是否是路基重新施工后性能增加或改进所产生的额外费用的问题。对 2010 年 6 月 8 日建工集团在建工程路基因暴雨垮塌及挡土墙的损失，原审法院委托认证中心进行了鉴定，双方接到认证中心价格鉴定书后，均未对价格鉴定书提出任何异议。诉讼中，保险公司无法提供该路基滑坡塌方损失金额是变更了设计图纸、重新施工致使保险标的性能增加或改进后产生额外费用的证据，故其按照保险条款规定对保险标的的性能增加或改进产生的额外费用不负责赔偿的主张，法院不予采纳。

关于公估公司出具的《保险公估终极报告》能否作为本案的定损依据的问题。因 2010 年 6 月 12 日保险公司委派公估人员到现场查勘后，却未对同年 6 月 13 日发生的受灾（含挡土墙）情况进行查勘，故该报告没有真实地反映建工集团保险项目的全部损失情况，且该公估报告在建工集团提起诉讼后向法院提交，定损结果没有经被保险人确认，故该《保险公估终极报告》不能作为确定损失的依据。认证中心的价格鉴定双方当事人没有异议，其鉴定路基塌方损失为 331082 元，挡土墙的损失为 68235 元的结论，法院予以采信。

本案保险事故发生后，建工集团按照合同约定履行了及时通知保险公司并提供事故发生的经过、原因和损失程度的义务。而保险公司没有按照保险法的相关规定履行其法定及合同义务，仅在 2010 年 6 月 12 日委托公估公司到现场勘察，对同年 5 月 12 日、6 月 13 日的报案置之不理，也不对建工集团的理赔要求做任何答复，违反关于保险合同当事人行使权利、履行义务应当遵循诚实信用原则的规定，故该案保险事故应作为一次保险事故一并处理。对于建工集团保险项目中的便道损失 35000 元、路基塌方损失 331082

元、挡土墙损失 68235 元，共计 434317 元，扣除绝对免赔额 100000 元后，由保险公司支付保险赔款 334317 元。

二审法院的判决：

综上所述，一审判决适用法律正确，但部分事实认定不清，导致处理结果不当，应予改判。并判决如下：

一、维持一审法院判决第二项及诉讼费负担部分；

二、撤销一审法院民事判决第一项；

三、保险公司向建工集团支付保险赔偿款 334317 元，于该判决生效后十日内支付。

二审案件受理费 8962 元，保险公司负担 6000 元，建工集团负担 2962 元。

## 编者评论

本案二审法院对三个争议问题的处理比较合理。一是新营桥工作平台损失的赔偿问题。由于施工合同文件的工程量清单中没有工作平台的细目，故裁定工作平台的损失不在保险责任范围内。但是法院又认定该工作平台应视为工程量清单中的临时道路即便道，故判保险公司应负责便道的保险金额赔偿。二是路基塌方损失金额问题。法院认为该金额是其委托的认证中心价格鉴定的结论，上诉人和被上诉人对此均无异议，而保险公司无法提供证据证实路基塌方损失金额是性能增加或改进后的结果，故二审法院认可认证中心的定损金额 331082 元。三是《保险公估终极报告》能否作为本案定损依据的问题。由于该公估报告仅反映了 6 月 12 日而未反映 6 月 13 日暴雨造成的损失情况，故法庭认定该报告不能作为定损依据。

此案的借鉴意义，一是当接到被保险人通知发生保险责任事故时，保险公司应当立即派员到现场查勘、定损，经过认真调查、分析，确定该事故是否属于保险责任。二是在签订保险合同时，合同双方应当对所选择的公估机构达成一致，避免出现在保险事故发生时，双方对委托哪家公估公司查勘产生纠纷，或被保险人拒绝接受由保险公司推荐的公估公司所出具的公估报告。

对被保险人而言，应当将工程涉及的所有财产、项目及时投保，保险成本并不会增加多少，但是能把风险转移出去，避免出险后出现争议。

# 十七 保险人必须履行其告知投保人存在限制性特别条款的义务

## 案情简介

原告某工程公司诉称，2008 年 1 月 4 日，原告与被告某保险公司签订了建筑工程一切险合同，双方约定原告为其承建的启东市工程 B 标段向被告投保该险种，保险金额为 17566800 元，保险费率为 3‰，保险期间自 2008 年 1 月 1 日 0 时起，至 2008 年 6 月 30 日 24 时止。双方另就赔偿限额、保费金额及支付时间等作了约定。合同成立后，原告按约支付了保险费。2008 年 4 月 8 日，涉案保险工程发生保险事故，造成原告重大损失。出险后，原告即向被告报案并提出索赔申请。事后被告委托保险公估公司对本次事故的损失进行了初步核损，但原被告双方对核损金额发生争议，未达成一致理赔意见。

2010 年 4 月 2 日，原告向江苏省启东市人民法院提起诉讼，请求法院判决被告赔偿工程保险理赔款 1881052.80 元。

被告保险公司辩称，原被告间存在合法有效的建筑工程一切险合同关系，且合同内容是经过双方的充分协商达成的。根据保险合同的约定，2008 年 4 月 9 日属于海水非正常运动日期，但由于原告对施工设计的临时抛石和临时护坡未完全施工，存在导致损失扩大的情形。根据特别条款“涉水工程施工进度特别条款”中的约定，保险人仅对最长不超过 50 米的海堤和防护坡承担理赔责任。综上所述，被告请求法院驳回原告的诉请。

## 一审审裁

原告为证明自己的主张提供了如下证据：

1. 建设工程施工合同一份，证明原告是涉案工程的承包人，对涉案工程具有保险利益。

2. 建筑工程一切险保险单及保险费发票，证明原被告间存在保险合同关系及原告已履行了交纳保险费的合同义务。

3. 国家海洋局吕四海洋环境监测站出具的风力情况证明，证明原告保险工程在 2008 年 4 月 8 日、9 日遭受大风发生保险事故的事实。

4. 原告与保险公司一起察看现场所制作的工程 B 标段受损清单，证明原告保险工程在 2008 年 4 月 8 日、9 日保险事故中受损情况。

5. 2008 年 1 月 18 日的临时抛石工程施工方案、施工组织设计方案报审表及 2007 年 11 月 8 日的涉案工程的设计单位关于工程设计修改通知书，证明原告是按设计方案进行施工的事实。

被告就其抗辩主张提供了如下证据：

1. 建筑工程一切险投保单，证明原告向被告投保后，被告根据投保单向原告出具了保单，双方对保险合同的内容均是明知的。

2. 保险公司于 2008 年 9 月 28 日出具的关于工程 B、C、D 标段“4・9”事故初步理算意见，证明被告委托的公估公司对 2008 年 4 月 9 日保险事故的理算意见。

经庭审质证，被告对原告提供的证据发表如下质证意见：

对证据 1、证据 2、证据 3 的真实性无异议；对证据 4 中保险公司调查的数据及工程受损时间没有异议。2008 年 4 月 8 日风力超过 8 级，属于海水非正常运动，工程出险的主要原因是工程标准降低。证据 5，说明工程受损与降低工程标准有关。

原告对被告提供的证据发表如下质证意见：

对证据 1 投保单的真实性有异议。该投保单的特别条款一栏中的内容，并不是双方在订立合同时的真实意思表示，是被告在原告投保后单方添加的，被告签发给原告保单中特别条款的文字，与其他条款的文字相互重叠，许多内容无法辨认。因此，该证据根本不能证明被告所主张的原告对保险合同的内容均为明知，相反能够证明被告对保险合同中的责任免除条款未尽说明义务。

对证据 2 的真实性没有异议，但对初步定损金额有异议，理算建议中关于填充物免赔及保险人仅对最长 50 米，累计不超过 120 米的海堤和防护坡损失进行理赔，没有事实和法律依据。原告已经申请法院对事故损失进行司法鉴定。

为进一步查明案件事实，法院根据原告申请，对原告承包的工程因风暴潮造成的损失委托具有资质的鉴定机构进行司法鉴定。同时，根据原告的申请，对被告提供的投保单特别条款栏中被告书写的特别条款处的内容字迹的形成时间与其他条款中内容的形成时间是否一致，该特别条款手写内容是否形成于其他条款手写内容之后一并进行司法鉴定。

2010 年 11 月 26 日，启东市价格认证中心接受委托，对“工程 B 标段”事故损失作出启价证（2010）第 43 号价格鉴证结论：事故总损失为 2351316 元。

2011 年 2 月 28 日，南京东南司法鉴定中心接受启东市人民法院的委托后，以溶解力测定实验的方法进行鉴定，发现检材字迹物质的溶解力与样本字迹物质的溶解力不一致，且检材字迹物质中挥发性有机成分含量变化也与样本字迹物质中的不一致，说明送检投保单上检材字迹物质的老化程度与样本字迹物质的老化程度不一致。另外，检材字迹与样本字迹在相同单字的时段性书写习惯特征上也存在差异。综合分析，符合检材字迹与样本字迹的形成时间不一致的特点。但由于检材字迹与样本字迹物质的老化程度差异不是很大，故依据现有鉴定材料，倾向认定送检投保单上“8. 特别条款：”内容字迹的形成时间与该投保单上其他条款中内容字迹的形成时间不一致，前者应形成于后者之后。

经庭审质证，原告对鉴定机构的鉴定结论无异议，认为被告在投保单上添加了特别条款的内容，该添加的内容应当是无效的。被告对启东市价格认证中心的鉴定结论不予认可，认为应以保险公司所作的理算损失的依据来确定损失。对南京东南司法鉴定中心的鉴定结论不予认可，认为该结论是倾向性意见，不能作为定案依据。

启东市人民法院对原被告提供的证据作如下认定：

原告提供的证据符合证据的三性要求，具有证明力；对被告提供的证据1和证据2的真实性予以认定，证据2中涉及具体理算评估数额的意见不具有证明力。

启东市人民法院根据原被告的举证、质证及对证据的分析认证，确认本案如下事实：

2007年12月18日，原告与发包人签订建设工程施工合同一份。双方约定，发包人将位于启东市的“工程B标段”发包给原告承建；工程承包范围为施工图（含2007年11月8日启东市工程涉及修改通知书）所示1号隔堤及桩号2+900至5+200范围内全部工程；工程价款为17566800元；开工日期为2007年12月20日，竣工日期为2008年6月20日。

2008年1月4日，原、被告双方就原告承建的启东市工程B标段投保建筑工程一切险达成协议。投保单载明：保险项目为被保险人所承建的启东市工程B标段，保险金额17566800元；物质损失项下每次事故免赔额为20万元或损失金额的20%，以高者为准；特种风险中因洪水、暴风、暴雨的赔偿限额200万元；保险期限自2008年1月1日0时起至2008年6月31日24时止；投保单还载明有其他事项。

投保单中特别条款栏注明以下8个特别条款：（1）疏浚施工回淤除外条款；（2）堤坝抛石施工特别条款；（3）养殖业及资源损失特别条款；（4）海上工程条款；（5）台风特别措施条款；（6）非规范施工除外条款；（7）工程施工防灾特别条款；（8）涉水工程施工进度特别条款。当日，被告向原告签发了保险单。签发的保单中，被告一并向原告提供了该保单特别条款栏中所附的上述8个特别条款内容。其中，海上工程条款规定，保险人不负责赔偿被保险人的下列损失：由于海水正常运动引起保险财产的损失，本条款所称海水正常运动是指不超过蒲福标准 8 级或 8 级的风力引起的海水运动。非规范施工除外条款规定，工程承包商未按设计文件施工规范或经批准的施工组织设计施工，保险人不予赔偿。涉水工程施工进度特别条款规定，若因未及时防护或防护工程未达到设计要求而出险，保险人仅对最长不超过 50 米的海堤、防波堤工程承担保险责任，保险期限内累计 120 米。

2008 年 1 月 18 日，原告就临时抛石堤工程施工方案向江苏省水利工程科技咨询有限公司报审。同年 1 月 25 日，该公司同意原告按照该临时抛石施工方案组织施工。随后，原告进行了施工。

2008 年 4 月 8—9 日，原告施工的“工程 B 标段”工程遭遇八级以上大风引起的非正常海水运动冲击堤坝，导致围堰吹填的工程充填土袋被冲破，造成工程重大损失。原告于当日即向被告报案。被告委托保险公司派员到现场进行了查勘。2008 年 9 月 28 日，保险公司将工程 B、C、D 标段“4·9”事故初步理算意见事宜函告原告，B 标段初步定损金额为 1122800.95 元，其中充填土的损失为 732989.35 元。根据特别条款约定，保险公司仅对 50 米的海堤、防波堤工程承担保险责任，保险期限内累计 120 米。因此，根据以上条款，按标段 2 千米估算，其中 50 米长度的损失为总损失的 1/40 左右。根据保单特别条款的约定，保险公司不负责赔偿填充物的损失，故本次损失的理算金额未超过免赔额 20 万元或损失金额的 20%。因原被告就风暴潮造成 B 标段的损失赔偿未达成一致意见，原告遂向法院提起诉讼。

本案主要争议焦点：

1. 特别条款的内容是否有效?

2. 保险公司能否按照涉水工程施工进度特别条款的规定承担保险责任?

法院认为，原被告双方除对建筑工程一切险投保单、保险单载明的特别条款部分的效力持有争议外，对其余内容均无异议，本院依法予以确认。双方成立的保险合同除特别条款外，其余内容未违反法律法规的禁止性规定，应认定合法有效。

关于争议的焦点，特别条款内容的效力问题，法院认为，被告提供的投保单中的特别条款栏中的内容经鉴定机构鉴定，倾向认定该内容与投保单中其他条款中内容字迹的形成时间不一致，且形成于后者之后。被告虽对鉴定结论持有异议，但未能提供相应证据予以反驳，故对鉴定机构的鉴定结论予以采纳，认定投保单中的特别条款栏中，部分是由被告在原告投保后的某段时间添加形成的。该特别条款不能认定系原告投保时真实意思的表示。退一步讲，即使该特别条款栏中的内容是原被告投保时与其他条款同时形成的，因所涉的 8 个特别条款存在免除被告责任的情形，依据《保险法》的规定，保险合同中约定有关保险人责任免除条款的，保险人在订立保险合同时应当向投保人明确说明，未明确说明的，该条款不产生法律效力。现被告未能提供证据证明其在原告投保时已就其责任免除条款的概念、内容及其法律后果等，以书面或者口头形式向投保人作出解释，而使投保人明了该条款的真实含义和法律后果，故投保单中的特别条款栏中的内容对原告无法律约束力，保险人用以免除其赔偿责任的免责条款无效。

关于保险公司能否按照涉水工程施工进度特别条款的规定承担保险责任的问题，法院认为，涉水工程施工进度特别条款的确有规定，若因未及时防护或防护工程未达到设计要求的状况而出险，保险人仅对最长不超过 50 米的海堤、防护堤工程承担保险责任。该案中，涉案工程相关施工方案，已经监理部门批准同意，原告据此组织施工，符合设计规范，且被告没有证据证明原告因未及时防护或防护工程未达到设计要求而造成工程出险。同时，被告未就该特别条款向原告履行明确说明义务，故该特别条款对原告不具有法律约束力。被告以此作为拒赔的理由不能成立，法院不予采纳。

关于涉案工程损失金额如何认定的问题，法院认为，虽然原告施工的工程遭受风暴潮侵袭后，被告委托保险公司进行了调查并作出初步理算意见，但因公估公司系被告单方委托，且原告对其作出的初步理算结论不予认可，故保险公司所作的初步理算结论不能作为定案依据。庭审中，具有合法评估资质的启东市价格认证中心接受法院委托后，对涉案工程的损失进行评估并出具了损失鉴定报告，被告对该评估结论虽持有异议，但无证据证明自己的反驳主张，故法院对该鉴定报告依法予以采纳，确认涉案工程损失为

2351316 元。

## 法院判决

综上所述，启东市人民法院认为，依法成立的合同，受法律保护，对当事人具有法律约束力。当事人均应严格按照合同的约定履行自己的义务。原告在保险合同成立后，履行了缴纳保险费的义务，其依法享有在保险事故发生后要求被告支付保险金的权利。案涉事故属于保险责任范围，故保险公司依法应当承担支付保险金的责任。被告拒绝承担赔偿责任的抗辩理由不成立，法院不予采纳。现原告在自愿扣除免赔额的基础上，要求被告支付理赔款 1881052.80 元，并无不当，法院依法予以支持。

2011 年 5 月 13 日，启东市人民法院依照《中华人民共和国保险法》第十七条、第二十三条第一款的规定，作出（2010）启商初字第 0072 号民事判决：被告保险公司于判决生效后十日内支付原告某工程公司保险理赔款 1881052.80 元。该案受理费 21730 元，鉴定费 30000 元，合计 51730 元（原告已预交），由被告负担。

## 编者评论

该案法庭的判决合情合理。该案的焦点问题在于：

1. 特别附加条款是否有效力。根据字迹司法鉴定结果，投保单上载明的特别条款被认为是后来添上去的。到底真实情况如何，只能作出以下推测。投保单上的部分内容可能是投保人自己填写的（大多数情况下是保险经纪人或被保险人的展业人员填写之后交由投保人签章确认），但该投保单上的 8 个特别条款名称由投保人填写的可能性不大，很有可能是保险人为了规避涉水工程的风险由经纪人或被保险人的展业人员后来添加上去的，但保险人未履行向被保险人的告知义务，或者口头告知后并未保留投保人确认的书面证据，导致特别条款被法庭判决无效。

2. 涉案工程是否因原告未及时防护或防护工程未达到设计要求而出险。由于原告出示证据表明，该工程相关施工方案已经监理部门批准同意，原告据此组织施工，符合设计规范，而被告无法提供相反的证据予以反驳，于是法庭按照其委托的市价格认证中心的鉴定报告中确定的损失金额判决被告负责赔偿。

本案的借鉴意义是，保险公司在保险单上附加限制性的特别条款时，必须向投保人或保险经纪人明确说明，而且还要保留投保人或经纪人确认保险公司已向其明确说明的书面材料，以作为保险人已经履行告知义务的证据。如果投保单上未填写该特别条款的名称，保险人可以要求投保人在投保单上添加上去，或者由保险人添加上去后由投保人盖章确认，但保险人必须将限制性特别条款的概念、内容及其法律后果向投保人明确说明。采取了这种有时看来是简单的步骤，可以避免出现关于保险人是否履行告知义务的纠纷。

如果由保险经纪人安排保险，对保险人附加的限制性特别条款，经纪人应当明确告知投保人。如果经纪人知道特别条款的存在，但未告知投保人，一旦因该特别条款产生保险责任纠纷，保险人以已向投保人的代表履行告知义务而拒赔成功，被保险人可以为其遭受的损失向经纪人追偿，经纪人则要承担最终的赔偿责任。

该案件对被保险人的启示是：收到保单后需要详细阅读理解保单条文，有异议需请保险人作出说明，这样在出险后可避免纠纷，及时得到保险补偿。

# 十八 工程险保险合同是分项保险合同还是总括保险合同

## 案情简介

原告：中铁某工程公司（以下简称工程公司）

被告：某保险支公司（以下简称保险公司）

2003 年 1 月 15 日，中铁某工程公司与安徽省蚌明高速公路开发有限公司通过招标签订了一份施工合同协议书，由该工程公司承包蚌明高速公路路基工程第七合同段工程，该合同总价为 10312 万元。其中，工程公司的标书中载明，桥梁工程的钢围堰总额为 474.7518 万元、便道工程总额为 10.5047 万元、驻地建设总额为 60 万元。在施工中，工程公司实际完成的钢围堰工程、便道工程、驻地工程的工程量分别为 1007.364 万元、40 万元和 80 万元。

2003 年 3 月 2 日，某保险公司与工程公司下属的项目经理部签订一份《建筑工程一切险保险合同》（以下简称《保险合同》），《保险合同》第 1 条第 1 部分第 1 款第 3 项规定：对每一保险项目的赔偿责任均不得超过本保险单明细表中对应列明的分项保险金额以及本保险单特别条款或批单中规定的其他适用的赔偿限额。第 4 条第 1 款第 1 项规定：本保险单明细表中列明的保险金额应不低于建筑工程——被保险工程完成时的总价值；第 4 条第 2 款第 1 项规定：若保险人是以保险工程合同规定的工程概算总价投保的，被保险人应该在本保险项下工程造价中包括的各项费用因涨价或升值原因而超出原保险工程造价时，尽快书面通知保险人，保险人据此调整保险金额。如违反第 4 条规定将视为不足额保险，一旦发生保险责任范围内的损失时，保险人将根据保险单第 8 条第 6 款的规定对各种损失按比例赔偿。第 8 条第 6 款规定：在发生本保险物质损失项下的损失时，若受损保险财产的分项或总保险金额低于对应的应保险金额，其差额部分视为被保险人自保，保险人则按本保险单明细表中列明的保险额与应保金额比例负责赔偿。

此外，双方在保险合同明细表中约定：保险工程名称为安徽蚌明高速公路第七合同段，保险期间从 2003 年 1 月 18 日至 2005 年 1 月 17 日；保险项目及保险金额第一部分“物质损失”中建筑工程（包括永久和临时及所用材料）保险金额为 10332 万元，双方对保险费的计算及交纳时间等均作出了约定。同时，双方在备注条款特别约定，未显示数据以标书为准。

合同签订后，工程公司履行了缴纳保险费的义务。2003 年 7 月至 8 月，因暴雨、洪水造成工程公司被保险工程受损。

2003 年 7 月 20 日，该保险公司委托广东方中保险公估有限公司（以下简称方中公估公司）对保险损失进行理算。2005 年 5 月 21 日，在方中公估公司参与下，保险公司和工程公司达成《协议书》，约定：受损财产中，保险标的的受损财产损失金额为 248.366184 万元，保险公司根据保险合同的规定，理算后于 2005 年 6 月底前付清。

方中公估公司于 2005 年 6 月 6 日出具公估报告，结论为本次事故的定损金额为 248.366184 万元，总理算金额为 119.551088 万元。其中，施工的工程总量中的钢围堰工程、便道工程、驻地建设工程的实际工程量为不足额投保。

同年 7 月 8 日，保险公司将总理算金额 119.551088 万元汇转入工程公司账户。工程公司认为保险公司应按 248.366184 万元全部赔付，经协商未果，向安徽省蚌埠市中级人民法院提起诉讼，请求判令保险公司支付保险赔偿款 108.815096 万元及该款从 2005 年 6 月 30 日起计算的银行利息。

## 法院审裁

本案经过一审、二审和抗诉再审程序，具体判决如下：

1. 一审认定

安徽省蚌埠市中级人民法院认为：案涉《保险合同》是分项保险合同，理赔数额并无不当，判决驳回工程公司的诉讼请求。

2. 二审认定

安徽省高级人民法院认为：案涉《保险合同》不是分项保险合同，应该按照足额保险合同进行理赔。二审判决如下：

① 撤销安徽省蚌埠市中级人民法院一审判决；

② 保险公司支付工程公司 108.815096 万元及其利息。

3. 抗诉再审认定

本案在最高院再审期间，由最高院依法主持调解，双方当事人经过充分友好协商，就本案的总理算金额和因本案所发生的其他费用自愿达成调解协议。

## 编者评论

本案的第一个焦点问题是，工程保险合同的物质损失部分是总括保险还是分项保险，该案一审法院和二审法院有不同的观点。

一审法院认为，虽然双方签订的保险合同明细表建筑工程项下没有写明保险小项，但该保险工程是工程公司中标工程，工程公司的标书中建筑工程项下各小项是明确的，且标书中建筑工程项下各小项比较多，双方不宜在保险合同明细表中一一列明，故双方在保险合同明细表备注条款特别约定，未显示数据以标书为准。

此外，双方 2005 年 5 月 21 日签订的协议内容显示：双方经协商确认保险标的受损财产损失金额为 248.366184 万元，保险公司根据保险合同的规定，理算后于 2005 年 6 月底前付清。

故双方均认为该保险合同是分项保险合同，应按分项保险合同有关规定进行理算赔偿。

二审法院认为是总括保险，因为根据双方签订的《保险合同》约定，工程公司是以工程概算总造价进行投保，投保金额为 10332 万元，包含了工程量清单所列的全部工程项目造价的 9312 万元和不可预见因素的暂定金额 1000 万元。

双方在该合同中并未明确约定系分项保险，虽然该合同所附明细表中特别约定“未显示数据以标书为准”，但标书上的数据体现的是该工程总造价的各项组成，并没有明确标书上的数据是分项保险的保险金额。

在合同履行过程中，保险公司既没有分项计费，也未向被保险人明示属于分项保险。方中公估公司出具的公估报告虽认为是分项保险，但该报告是保险公司单方委托，且工程公司对公估报告持有异议，故该报告不能作为认定事实的依据。

编者认为，如果是总括保险，只有一个保额，所有工程项目包括临时工程和材料金额都包含在内，一旦发生保险事故，只要项目损失金额不超过其保险金额，被保险人都能获得足额赔偿。这种方式不是保险公司的本意，保险公司希望通过在保险单上逐一列出各种工程项目的分项保险金额来控制风险，不同项目的损失都在该项目对应的保险金额内赔偿。

一般情况下，虽然保险人在保险合同上列出工程分项保险金额，但只列出总保险金额对应的保险费和费率。为了避免投保人或法庭将工程保险合同作为总括保险看待，保险人除了在合同上列出分项保险金额之外，还要尽量列出对应的保险费和保险费率。要实现这一点并不难，只要将总保险费率分别乘以各项保险金额，就能得出分项保险费，即使分项保险费和费率无法准确地反映出分项保险标的的风险程度。如果仍然采用只有一个总保险费的行业惯例做法，则必须书面明确，“本保险合同是分项保险合同，保险人对各项损失所承担的赔偿责任不超过对应的分项保险金额。”分项保险合同有可能会涉及足额或不足额保险的问题。如果按照施工合同后附的工程量清单确定总保险金额和分项保险金额，除非在通货膨胀率很高的情况下，工程量清单中确定的价格上涨幅度一般不会超过保险人允许的幅度。投保人也不会冒着不足赔偿的风险在工程量清单价格上动手脚，况且工程保险保费本身就包括在工程预算中。由于“暂列金额系招标人在工程量清单中暂定并包括在合同价款中的一笔款项，用于工程合同签订时尚未确定或者不可预见的所需材料、工程设备、服务的采购，施工中可能发生的工程变更、合同约定调整因素出现时的合同价款调整以及发生的索赔、现场签证确认等费用”。法院认为，钢围堰工程、便道工程、驻地工程这三种工程实际造价超过标书中的部分可以列在该暂列金额项下，作为不可预见的价款调整。只要该三种工程的造价不超过暂列金额，都不构成不足保险，合情合理。

本案的第二个焦点问题是，本案保险合同是否为不足额保险合同。

一审法院认为，该保险合同为分项保险合同，加之没有证据表明投保方及时将钢围堰工程、便道工程、驻地工程的实际工程量超过工程概算的情况与保险公司进行沟通并且调整保险金额。以上工程项目超过概算工程量应被认定为不足额投保。

所以，保险公司按保险条款第一条第一部分物质损失第一款责任范围第三项及第八条总则第六款以及《保险合同》明细表免责条款等约定，计算理赔数额并无不当。

二审法院认为，本案无证据证明案涉工程造价超过投保金额，故不应认为是不足额投保。而且，工程公司对不可预见因素的暂定金额为 1000 万元，其中钢围堰工程、便道工程、驻地工程的造价并未超出不可预见因素兜底保险的 1000 万元，所以保险公司对该部分损失仍应进行赔偿。

编者认为，在分析一审、二审法院的认定之前，应首先明确不足额保险合同的认定标准。一般情况下，保险合同根据保险金额与保险价值的关系，可分为足额保险合同、不足额保险合同和超额保险合同（本案与超额保险合同无关，不再赘述）。

足额保险合同是指保险金额与保险价值相等的保险合同。如果是足额保险合同，保险事故发生造成保险标的全部损失时，保险人应依保险价值全部赔偿；当保险事故发生造成保险标的部分损失时，保险人应按实际损失确定应赔偿金额。不足额保险合同是指保险金额低于保险价值的合同。其差额部分的风险，投保人并未转移给保险人，不足额部分应视为投保人自保。在这种合同中，保险人对被保险人损失的赔偿责任仅以保险金额为限。当发生全损时，保险人只会按约定的保险金额赔偿保险金；当发生部分损失时，通常适用比例分摊原则，即保险人与被保险人就损失按比例分摊。

在建工险的司法实践实操领域，是否为足额保险需要结合建设工程的计价原则来进行判断。具体来说，本案的一审、二审法院因为对工程量清单计价规范没有准确的认识，因此产生了一审法院认定为不足额保险合同，而二审法院认定为足额保险合同的分歧。我们认为二审法院将钢围堰工程、便道工程、驻地工程套用暂列金额是准确的。

根据《2013 工程量清单计价规范》第 2.0.18 的规定：“暂列金额系招标人在工程量清单中暂定并包括在合同价款中的一笔款项。用于工程合同签订时尚未确定或者不可预见的所需材料、工程设备、服务的采购，施工中可能发生的工程变更、合同约定调整因素出现时的合同价款调整以及发生的索赔、现场签证确认等的费用。”本案工程中的钢围堰工程、便道工程、驻地工程等工程没有在中标的工程量清单和施工合同后附的工程量清单中单独列项明确单项价格，但是这说明在施工合同签订时尚无法进行准确报价，符合《2013 工程量清单计价规范》第 2.0.18 的规定在施工合同签订时尚未确定的事项。因此，本案裁判规则显示出，虽然便道、便桥工程没有体现在工程量清单中，但是可以体现在暂列金额中。只要没有超过暂列金额的总金额，便道、便桥工程就应该得到足额的理赔。如果体现在工程量清单中，则另当别论。我们认为便道便桥损失不是在任何情况下都属于暂列金额。

**该案的启示**

1. 对于保险公司的启示

启示一：

我们建议保险公司在设计保险产品和制定保险合同时，一定要对分项保险合同有明确的约定，否则，相关保险合同极易被认定为是总括式保险合同，这样就无法达到保险公司通过分项财产控制保险理赔金额的目的。

具体的约定方式就是，明确以附件等书面形式结合工程量清单逐项列明保险金额和保险费用。当然，这项工作比较难以完成，但是我们认为这是工程险的发展方向，精细化的保险合同将会更好地给保险公司和施工企业带来效益。

启示二：

保险公司应对该裁判思路引起高度重视。通常保险合同中会明确以一个或几个公估机构出具的公估报告作为理赔的金额依据，保险公司可以通过公估机构来控制保险理赔金额。但是本案二审法院对公估机构的公估报告的性质进行了法律定性，二审法院将公估报告定性为保险公司单方委托，在施工企业对公估报告持有异议的情况下，公估报告不能作为认定事实的依据。我们建议保险公司应在理赔过程中完善公估机构的委托手续，最好是可以与施工企业一同委托一家公估机构，共同委托再加上合同约定的以公估报告为准，可以加强法官对公估报告的采信程度。

2. 对于施工企业的启示

启示一：

保险合同和施工合同的重要连接点是工程量清单。保险合同中约定如何使用工程量清单决定了是否能够足额获得保险理赔，超出施工合同中的工程量清单的部分，极易被公估机构和保险公司认定为是不足额保险，存在着按工程量清单而不是按实际损失计算理赔金额的风险。因此，我们建议施工企业在签订保险合同时尽量采用总括保险合同，并且在保险合同中明确保险范围以工程结算为准，同时还应明确无论是否包含在工程量清单中，只要是为保险工程所发生的费用（包括便道便桥等施工措施）均包含在保险范围内。

启示二：

施工企业应重视理赔过程中协议书的签署。本案中施工企业和保险公司签署了协议书，但值得注意的是，双方所签订的协议书中只明确了受损财产中保险标的受损财产损失金额，并没有明确理赔数额，这是酿成纠纷的主要原因。我们建议施工企业在理赔过程中应把握签署协议书的机会，这是对抗公估报告的有利文件，最有利的是在协议书中能够直接明确理赔数额，如果不能也应将损失金额明确下来，一旦产生纠纷，对法官裁判的心证也有影响，法院可能会从公平的角度做出对施工企业相对有利的判决。

# 十九 保险合同是否已成立生效

## 案情简介

原告：某财产保险分公司（以下简称保险公司）

被告：湖南某集团有限公司（以下简称集团公司）

原告诉请：

2012 年 5 月 23 日，原告某财产保险分公司向湖南省长沙市芙蓉区人民法院起诉称，被告湖南某集团有限公司为其工程项目“广东怀集县公路局 2010 年度维修工程 C 段”于 2011 年 4 月向原告递交了建筑工程一切险投保单，原告签发了建筑工程一切险保险单，保险合同有效成立。按合同约定，被告应在 2011 年 4 月 27 日（含）前支付全额保费。原告多次催其交纳保费，被告以各种理由推诿，不予缴纳。现原告特提起诉讼，请求法院判令：

（1）被告按合同约定向原告支付保险费 109747.14 元及迟延付款期间的利息损失（从 2011 年 4 月 27 日起按中国人民银行同期同类贷款利率计算）。

（2）该案诉讼费由被告承担。

被告答辩：

1. 根据粤保监发（2010）139 号文《关于实施非车财产保险业务“见费出单”的通知》第二条明确规定，自 2010 年 8 月 1 日起，对投保人为非个人的保险业务，单险种单笔签单保费在 10 万元以下（含 10 万元）的，实施“见费出单”制度。另外，从投保单看，投保单未经过原告核保程序，却直接出保险单。故原告单方面出具保单违反“见费出单”的规定，且未经任何核保程序，属于明显的违规承保。按《保险法》第十三条规定，双方保险合同并未成立生效。

2. 投保单的第三者责任险保费、保险期限、投保日期等基本事项未明确，原告违背投保人的意愿随意出具保险单，应认定保险合同不成立。

3. 被告至今未收到原告的保险单。根据《合同法》第二十五条“承诺生效时合同成立”和第二十六条“承诺通知到达要约人时生效”，故双方保险合同未成立，双方不存在保险合同关系，原告无权要求答辩人缴纳保险费。

4. 根据原告提交的《建筑工程一切险》保单首页表述“鉴于本保险单明细表中列明的被保险人向中国某财产保险股份有限公司提交书面投保申请和相关资料，并向本公司缴付了本保险单明细中列明的保险费，本公司同意按本保单的规定，负责在本保险单明细表中列明的保险期限内被保险人的被保险财产遭受的损坏或灭失，并特立本保险单为凭”。由上述条款可知，该保险合同属于附生效条件的保险合同，自条件成就时生效。被告未缴纳保险费用，保险合同的生效条件未成就，保险合同也就未生效。

5. 原告提交的保单格式条款第三十八条规定：投保人应按约定缴纳保险费。约定一次性缴纳保险费的，投保人在约定缴费日后缴纳保险费的，保险人对缴费之前发生的保险事故不承担保险责任。按此条款，原告对缴费之前发生的保险事故不承担保险责任。而被告至今未缴费，则原告可按此条款至今不用承担任何保险责任，即使被告发生了保险事故，原告也无须承担任何保险责任。现原告明知被告工程已基本完工的情况下，知道自己已经不用承担保险责任而起诉，法院应不予支持原告诉求。

6. 被告至今未收到原告的保险单，即认为原告不愿意承保。之后，被告和保险公司签订了保险合同并缴纳了保险费，该工程的保险责任由保险公司承担。原告在起诉状中称“多次催其缴纳保费，被告以各种理由推诿”是原告虚构的。被告至今未收到任何催缴保费的材料。

综上所述，原被告之间不存在保险合同关系，保险合同既未成立，也未生效，原告出具保险单违反了“见费出单”的规定，不承担保险责任却要收取保费，违反了公平原则，故请求法院驳回原告的诉讼请求。

## 一审审裁

原告向法院提交了以下证据：

（1）建筑工程一切险投保单，拟证明被告为其工程项目投保相关内容。

（2）建筑工程一切险保险单，拟证明原告按被告投保单签发保单及保险明细。

被告向法院提交了以下证据：

（1）施工合同协议书；

（2）保险公司出具的保险单及发票。

上述两份证据拟证明原被告之间未形成保险合同关系，故被告就同一工程项目已在保险公司投保。

在庭审质证中，被告代理人对原告提交的证据主要发表以下质证意见：对证据 1 合法性有异议，这份投保单存在如下几个问题：

（1）第三者责任险保险费都没有约定。

（2）保险期限、投保日期约定不明确。

（3）保单未经保险公司核保，核保栏是空白的，不能证明保险公司就这份保单进行承保，依《保险法》的相关规定该份保险合同未成立。对证据 2 保险单的质证意见是，被告至今未收到该保险单，且根据保险单规定，合同是附生效条件的保险合同，条件未成就，这份保险单是无效的；另外，保险单约定对缴费之前发生的保险事故不承担保险责任，现原告却仍要收取保费，这明显违反了公平原则。

原告代理人对被告提交的证据主要发表以下质证意见：认为被告提交的两份证据是被告重复保险行为，这是由于被告不明原因造成的重复保险行为，与本案事实没有关联性。

根据双方当事人的陈述、所提交的证据以及庭审质证情况，长沙市芙蓉区人民法院查明事实如下：被告承接了“广东怀集县公路局 2010 年度路面维修工程 C 合同段”工程项目。为了安全起见，被告准备为该工程项目投保。从原告提交的《建筑工程一切险投保单》及《建筑工程一切险保险单》

两份证据显示，《建筑工程一切险投保单》投保人签章处盖有被告合同专用章，但原告填写核保人栏目中没有保险公司盖章确认；第三者责任险保费、保险期限、投保日期等基本事项在投保单中未明确，投保单只是约定了总保险费 109747.14 元。《建筑工程一切险保险单》中首页规定："鉴于本保险单明细表中列明的被保险人向中国某财产保险股份有限公司提交书面投保申请和相关资料，并向本公司缴付了本保险单明细中列明的保险费，本公司同意按本保单的规定负责在本保险单明细表中列明的保险期间内被保险人的被保险财产遭受的损坏或灭失，并特立本保险单为凭。"第 6 页第 38 条规定："投保人应按约定缴纳保险费。约定一次性缴纳保险费的，投保人在约定缴费日后缴纳保险费的，保险人对缴费之前发生的保险事故不承担保险责任。"

庭审中查明原告没有证据证实将上述投保单及保险单送达给被告公司，也没有证据证实向被告催收过保险费。另查明，被告就同一工程项目的建筑工程一切险在保险公司进行了投保，保险期间为 2011 年 5 月 1 日至 2012 年 4 月 30 日，保险金额为 115678 元。

长沙市芙蓉区人民法院认为：原告提供的投保单只是反映了原被告双方初步签订保险合同意向，关于保险合同主要条款尚未明确，特别是投保单核保人栏目中保险公司未加盖公章同意承保。再者，从原告提供的保险单中可以看出，此保险合同是缴纳保险费才生效的合同。参照保监会"见费出单"制度的相关规定，本案中被告没有缴纳保费，其实是以自己的行为表明不同意投保，故双方的保险合同未正式成立生效。另外，原告没有证据证实保险单交由被告以及向被告书面催收保费，故原告要求被告按投保单支付保费的诉讼请求法院不予支持。

2012 年 7 月 19 日，长沙市芙蓉区人民法院依照《中华人民共和国保险法》第十三条、《中华人民共和国合同法》第四十五条之规定，作出（2012）芙民初字第 1162 号民事判决如下：

驳回原告保险公司的诉讼请求。本案受理费 2495 元，减半收取 1247.5 元，由原告承担。

## 编者评论

本案属于原告原打算在被告处投保建设工程一切险，后来又反悔向另一家保险公司投保，而被告就原告已经提交了投保单，并以此为依据出具了保险单，通过法庭诉讼向原告索取保险费的案件。

原告虽然在2011年4月（具体日期不详）向被告提交投保单，但并未缴纳保险费，后又在同月向保险公司提交投保申请，后者出具了保险单。显然被告不在被告处投保的意愿十分明显，尽管他已经向原告提交了投保申请。被告向法院提交了以下6条证据证实其与原告之间不存在合同关系：

1. 原告违反监管部门的“见费出单”规定，违规承保。

2. 多项重要保险内容的约定尚未明确，未充分表达合同双方的意愿。

3. 被告未收到保险单，合同承诺通知未到达邀约人。

4.《建筑工程一切险》保单的前言部分的表述，使原告误认为，该保险单要在被保险人缴纳保险费的情况下才能生效。

5. 保险条款约定，被保险人未缴纳保险费，保险公司不承担赔偿责任（此条本身违反保险原则，但恰好被被告利用作为反驳原告的证据）。

6. 被告已与保险公司签订《建筑工程一切险》合同，原告称“多次催其缴纳保费，被告以各种理由推诿”是虚构的，被告未收到任何催缴保费的材料。

原告仅以被告向其提交投保单以及原告已出具内容残缺而且未送达被告的《建筑工程一切险》保单作为被告不支付保险费这一违约行为的证据，该证据苍白无力。

本案原告要向被告收取保险费必须证实，其与被告合同关系成立生效，而且从出具保险单之日已经开始承担保险责任。但是原告无法做到这一点。出具保险单，却又未将保险单送达被保险人或其代理人，这种保险单是无效的。

如果保险人将保险单送达被保险人，即使被保险人未缴纳保险费，只要被保险人不明确表示不投保或拒绝缴纳保险费，保险人都必须承担赔偿责任，但他可以要求被保险人补交保险费。

本案对保险人的借鉴意义是，如果保险人已经将保险单送达被保险人，如果被保险人未拒绝接受，表明他与被保险人之间的合同成立生效。如果被保险人依然拖延不支付保险费，保险人应当书面告知自己正在承保被保险人的风险事故，并向其签发保费催缴书，以作为诉讼证据。

本案对于投保人的启示是：如果取消投保意向，应及时收回盖有公章的投保单，或者书面向保险公司表达取消投保的意向，避免发生无谓的诉讼。

# 二十 刚种植的高速公路边坡绿化带被暴雨冲毁是否需要按其保险金额赔偿

## 案情简介

上诉人（原审被告）：某保险支公司（以下简称保险公司）

被上诉人（原审原告）：某工程公司项目经理部（以下简称工程公司）

上诉人某保险公司与被上诉人某工程公司保险合同赔偿纠纷一案，原审原告工程公司2009年6月16日向内黄县人民法院起诉，要求原审被告保险公司支付合同约定的保险赔款94535元。内黄县法院审理后于2009年12月25日作出（2009）内民初字第656号民事判决。保险公司不服，遂提起上诉。

## 一审审裁

原审法院查明，2008年6月24日，被告向原告出具了一份建筑工程一切险保单，被保险工程名称为"安南高速绿化工程K37+300~K47+000（含内黄互通立交）"，保险期间自2008年6月25日0时起，至2008年12月24日24时止，保证期为建筑期满后24个月，保险金额3330869.90元，其中因洪水、风暴、暴雨或地震、海啸造成损失赔偿限额均为2498152.42元。每次事故免赔额/免赔率为人民币5000.00元或损失金额10%，二者以高者为准。被告向原告缴纳保险费15052.02元。

2008年1月30日，原告中标取得安阳至南乐高速公路绿化工程ANLH-05合同段工程承包权。2008年8月6日，合同段内黄县境内发生特大暴雨，导致工程公司高速项目部边坡绿化完工的狗牙根、紫穗槐等草苗被全部冲毁。原告及时向被告报案。被告于2008年8月7日委派泛华保险公估有限公司（以下简称泛华公估公司）到现场查勘，双方认可受损面积为3.3万平方米。2008年8月29日，原告向被告提出索赔申请，但双方对赔偿金额未达成一致。2009年3月16日，被告委派泛华公估公司查勘定损，该公司出具了一份《保险公估初期报告》，认为原告足额投保，该事故的损失原因是暴雨，属于保险责任，并且发生在保险期间内，损失为全损无残值，核定赔款为57005.55元。对该报告中的核定赔款数额被告不予认可。

原审法院还查明，2008年1月30日，原告与河南省安阳至南乐高速公路有限公司签订了一份《河南省安阳至南乐高速公路绿化工程ANLH-05合同段工程施工合同协议书》，该合同中显示，原告承包的工程为上述绿化工程ANLH-05合同段，包括主线及边坡绿化等工程内容，其总合同价为3330869.90元。在该合同所附工程量清单及单价表中显示，狗牙根、紫穗槐每平方米的单价均为6.55元。

庭审中，保险公司提供了一份其所委托的泛华公估公司2009年3月16日的《保险公估报告》，内容与保险公估初期报告相同，工程公司对该报告中确定的赔偿数额不予认可。被告提供的泛华公估公司的营业执照上显示，该公司的成立时间为2009年6月2日，公估员曹自河于2008年12月8日通过了中国保险监督管理委员会组织的保险公估人员资格考试。被告未提供曹自河的执业证书。

原审法院认为，2008年6月24日，原告与被告签订的建筑工程一切险保险合同为双方的意思表示，内容合法，为有效合同。原告按约缴纳了保险费，被告出具了保险单，该合同依法成立，被告应按照约定的时间开始承担保险责任。2008年8月6日，在保险公司所承保的由工程公司承包的合同段内发生特大暴雨，导致原告边坡绿化完工的狗牙根、紫穗槐等草苗被全部冲毁，双方对受损面积3.3万平方米均予认可，按照原告签订的高速公路绿化工程施工合同协议书中的约定，该合同总价为3330869.90元，紫穗槐、狗牙根的种植单价为每平方米6.55元。根据保险合同约定，在保险期内发生暴雨原告所种植的紫穗槐、狗牙根毁损，属保险责任范围，保险公司应予赔偿。

被告辩称，原告的起诉混淆了保险金额、保险价值和实际价格的概念。保险金额是以保险价值为依据产生的，是保险赔偿最高金额，而保险赔偿根据实际损失价值理赔，也就是说，不是你保多少就赔多少，而是在保险金额范围内根据实际损失赔偿。结合该案具体情况，原告在投保时，对坡地的投保价值是6.5元每平方米，这是工程公司投保的最高金额，只有在边坡绿化达到一定的标准，草苗成活率及绿化比例等达到一定要求，并经业主验收后，绿化才达到其最高价值，原告才能获得最高赔偿金额。而边坡地出险时，只是刚种好了草籽，其实际价值远低于6.5元每平方米的标准。因此，原告应依实际价值主张赔款，其按6.5元每平方米的单价主张赔款，无事实及法律依据。

法院认为，原告工程施工合同协议书的合同总价值3330869.90元投保，并以该金额为基础缴纳了保险费，原告索赔金额并未超过双方约定的限额，故被告辩称的理由不能成立，不予采纳。

被告另辩称，原告在诉状中声称被告与公估公司有所谓密不可分的关系。泛华公估公司是公估中介机构，保险事故发生后，被告委托该公司核定事故损失，是保险业的通常做法，被告委托程序合法，公估公司依其职责出具公估报告，是公正合法的。原告诉请的保险赔偿款无事实依据，请驳回该公司的不当诉请。

法院认为，被告单方委托的泛华公估公司的营业执照上显示该公司成立时间为2009年6月2日，即在本事故发生时并未成立，保险公司辩称的理由亦不能成立，不予采纳。因此，根据双方认可的受损面积3.3万平方米，按每平方米6. 55元计算，原告的损失为216150元，扣除绝对免赔额10%，即21615元，被告应赔偿原告194535元。依据《中华人民共和国保险法》第五条、第十四条、第三十一条、第四十条第一款、最高人民法院《关于适用〈中华人民共和国保险法〉若干问题的解释》第一条第一款之规定，判决：保险公司赔偿工程公司物质损失金额 194535 元。如果被告未按此判决在规定的期间内履行赔偿义务，应当依照《中华人民共和国民事诉讼法》第二百二十九条之规定，加倍支付迟延履行期间的债务利息。案件受理费 4190 元，由被告负担。

上诉人保险公司不服该一审判决并上诉称：

1. 一审法院判决“保险金额、保险价值与实际损失”认定错误，将实际损失等同保险金额，造成错误判决。

2. 保险标的的实际损失金额由被上诉人承担举证责任。上诉人提供的公估报告虽有瑕疵，但也是证据，被上诉人虽提出异议，但未申请重新鉴定，该报告应作为该案的定案依据。综上所述，要求撤销一审判决，发回重审或作出公正判决。

被上诉人辩称，一审法院认定事实及判决结果正确，要求驳回上诉，维持原判。

## 二审审裁

二审查明事实与一审认定事实一致。

二审法院认为，上诉人保险公司与被上诉人工程公司签订的建筑工程一切险保险合同系双方当事人的真实意思表示。合同签订后，被上诉人又依约缴纳了保险费，该合同合法、有效，应受法律保护。原审法院以被上诉人按照施工合同协议书的合同总价值 3330869.90 元投了保，并按该金额为基础缴纳了保险费，其索赔金额并未超过双方约定的限额，因此判决上诉人赔偿被上诉人 194935 元并无不当。上诉人所陈述的上诉理由，依法不能支持。原审法院认定事实及判决结果并无不当，二审法院应予支持。依照《中华人民共和国民事诉讼法》第一百五十三条第一款第（一）项之规定，判决如下：

驳回上诉，维持原判。

二审案件受理费 4190 元，由上诉人保险公司负担。

## 编者评论

根据《保险法》第五十五条第二款规定，“投保人和保险人未约定保险标的的保险价值的，保险标的发生损失时，以保险事故发生时保险标的的实际价值为赔偿计算标准。”另外，《建筑工程一切险条款》第十二条第二款约定，“在发生本保险单项下的损失后，保险人按下列方式确定损失金额：全部损失或推定全损，以保险财产损失前的实际价值考虑本保险合同约定的残值处理方式后确定的赔偿金额为准。”该案的绿化工程保险属于不定值保险，在发生绿化草苗被暴雨冲毁的情况下，保险人应当按照草苗的实际价值扣除残值之后向被保险人赔偿。该实际价值就是草苗在发生暴雨之时的价值，它并不等于保险金额。

上诉人认为，被上诉人在投保时，对坡地的投保价值是 6.5 元每平方米，这是其投保的最高金额，只有在边坡绿化达到一定的标准，草苗成活率及绿化比例等达到一定要求，并经业主验收后，绿化才达到其最高价值，原告才能获得最高赔偿金额。而边坡地出险时，只是刚种好了草籽，其实际价值远低于 6.5 元每平方米的标准。上诉人的观点不无道理。

该案上诉人和被上诉人对高速公路边坡绿化完工的狗牙根、紫穗槐等草苗被暴雨全部冲毁，受损面积 3.3 万平方米均予认可，但保险公司是否需要按照保险金额赔偿其全部损失。公路边坡绿化草苗被暴雨冲毁之后，其实际损失金额远低于保险金额，如果被保险人按照保险金额获得赔款，那他将省去了一大笔后续保险期间以及保证期间本应开支的包括人工或材料在内的养护费用，这种费用在绿化工程造价中占一定的比例，如果保险赔款中不扣除这部分费用，被保险人就可能从保险赔款中不当得利。因此，保险人要求被保险人应按照实际损失索赔的要求是合理的。至于实际损失金额是多少，则应当由被保险人举证，或委托双方认可的公估公司或由法庭指定当地的物价认证中心确定。

绿化草木在不同的生长期具有不同的市场价值，一定生长期的绿化草木的成本一般由草籽、树苗价格再加上已投入的人力成本、农药、肥料以及其他附加费用构成。该案的借鉴意义是，在投保道路两侧的绿化建筑工程一切险时，保险人应当在合同中约定发生部分或全部损失时的理赔方式，要根据绿化工程在保险期间不同时点所具有的不同实际价值或同类绿化工程的市场价值确定种植物的损失程度及赔偿金额，而不是在发生全损时简单地按照受损植物的保险金额赔偿。

# 二十一 试图用不成立的理由来推翻自己已经认定的事实只会得不偿失

## 案情简介

原告：某隧道工程公司（以下简称工程公司）

被告：某保险分公司（以下简称保险公司）

原告工程公司向陇南市武都区人民法院提出诉讼请求：

1. 判令被告保险公司按照司法鉴定所确定的金额赔偿原告桥梁损失及逾期赔偿所对应的利息（金额暂定 1 万元，以最终鉴定为准）。

2. 判令根宁瀚公估公司对超出其《初步理算意见》以上的金额承担惩罚性赔偿责任。

3. 由被告承担该案诉讼费。

诉讼中原告变更诉讼请求为：

1. 判令被告保险公司按司法鉴定所确定金额赔偿原告桥梁实际价值 774501 元，违约金 77450.1 元，共计人民币 851951 元，利息自 2011 年 7 月 19 日至实际给付日按照银行贷款年利率 6% 计算。

2. 判令被告恶意欺诈性拒赔导致原告损失（借用桥梁使用费）433125 元，原告两位代理人交通损失 1419 元 ×2（回程）×2 人 ×4 次＝22704 元，共计 455829 元。

3. 判令第三人对超出其《初步理算意见》以上的金额 549499 元（774501

元 -225000 元）承担连带责任。

4. 由被告及第三人承担本案的诉讼费及鉴定费。

事实及理由：2011 年 4 月 8 日，原告工程公司与被告保险公司就武罐高速第一合同段工程签订《建筑工程一切险及第三者责任险》保险合同。建筑工程一切险合同约定，工程地点范围内一切属于被保险人的或由被保险人占有、使用、负责的财产，包括但不限于永久工程、临时工程、材料、物资设备等……财产均属于保险标的。

2011 年 5 月 19 日，工程所在地区突降暴雨，发生原告承建标段坐落于白龙江上的施工便桥被冲毁，隧道、梁场被淹及其他财产损失的保险事故。事故发生后，由于水位上涨便桥淹没，保险公司称便桥没于水中无法查勘损失。

2011 年 5 月 22 日，工程公司先就隧道、梁场被淹损失，向保险公司递交《索赔申请书》及《武罐高速公路一标 5 · 19 暴雨损失》（项目及明细表），申请理赔总金额为 1690558.65 元。经保险公司现场查勘及核定，工程公司在保险公司出具的《武罐高速公路一标 5 · 19 暴雨损失确认清单》上签字，确认赔偿金额为 461506.18 元。双方同时签订《赔偿协议书》，表明暴雨致使武罐高速第一合同段土建工程发生部分损毁事故理赔完毕。

2011 年 8 月 7 日，水位下降后，工程公司要求保险公司查勘桥梁损失并给予赔偿。第二天，保险公司查勘人员对涉案桥梁损失进行现场查勘，并通过录像、拍照、测量等方式进行损失确定和证据固定工作。

2011 年 8 月 16 日，保险公司回函称，有关施工便桥被洪水冲毁内容在《武罐高速公路一标 5 · 19 暴雨损失》（项目及明细表）、《武罐高速公路一标 5 · 19 暴雨损失确认清单》及《赔偿协议书》中均无相应内容记载，保险公司已经依据保险合同和《赔偿协议书》支付了赔款，保险赔偿责任业已终止，故对施工便桥理赔不予受理。

2012 年 4 月 11 日，鉴于保险公司拒不履行合同义务，工程公司向其邮寄《法律事务函》，要求其对便桥损失给予理赔。经多次交涉及保险公司调查，其认同便桥损失的事实，并承认该损失属于保险责任范围的事故，应该予以理赔。

2012 年 6 月 29 日，保险公司提出由第三方根宁翰公估公司对桥梁的损失进行复查勘和确定最终损失额度。2012 年 7 月 19 日，根宁翰公估公司与保险公司理赔人员一道来到原告施工工地，三方对便桥再次复查勘。公估公司根据现场情况、保险公司此前照片，判定便桥已经全损。

2012 年 8 月 28 日，根宁翰公估公司分别向原告及保险公司出具了《武罐高速土建第一合同段洪水冲毁便桥赔案初步理算意见》( 以下简称《意见》)。《意见》除确认以上事实外，认定原告便桥损失属于保险赔偿范围，但以原告便桥受损后租用案外人桥梁使用的荒唐理由为依据理算损失金额为 22.5 万元。原告不认可根宁翰公估公司的初步理算《意见》，要求公估公司出具正式《公估报告》，被无限期搁置。

2013 年 3 月 21 日，在原告与保险公司交涉无法得到有效处理的情况下，原告再次发函给保险公司，要求保险公司出具书面理赔意见。保险公司拒绝回应原告的理赔要求。2014 年 3 月，原告无奈在北京市铁路运输法院提起诉讼。诉讼中，保险公司对上述事实和记载上述事实的有关材料均矢口否认。后鉴于涉及便桥损失鉴定等问题，为便于法院查明案件事实，便于便桥损失鉴定及诉讼效率，申请人撤诉。原告认为，便桥损失客观真实，属于保险事故，保险公司应当按照合同约定给予理赔，并承担逾期理赔的责任。第三方根宁翰公估公司违反职业操守，其初步理算《意见》对于原告财产损失按照荒唐算法确定赔偿金额，存在重大错误。为维护原告合法权益，规范被告的经营行为，特提出上述诉讼请求。

被告保险公司辩称：首先，被告已经向原告赔偿了 36 万元，暴雨导致的损失已经赔偿完毕；其次，本案所涉桥梁属于违章建筑，不属于本案的保险标的，所以原告不予赔偿；最后，原告桥梁的建筑不符合《防洪法》第二十七条的规定，被保险人没有保险利益，原告也没有提供行政主管部门的审批手续。2014 年，原告已经在涉案合同项下起诉，后因证据不足撤诉，现又再次起诉，属于滥用诉权。

第三方根宁翰公估有限公司述称：同意被告的答辩意见，本案的桥梁并未经地质、水文勘察，根据《建筑法》《建设工程管理条例》，修建桥梁应先勘察，然后进行设计，再施工建造。本案中的便桥采用涵管设计是错误的，严重阻碍了过水，导致被冲毁。便桥属违章建筑，且桥梁已不是本案的保险标的物，原来的桥梁是2012年6月勘察的，原告的诉讼请求没有事实依据。事故发生之后，原告租用了相邻的桥使用，被告就按照他们租桥费用赔偿，这仅仅是第三方的理赔建议，是否认可，由当事人决定。我方公司并没有接受原被告的委托对桥梁损失进行评估，因此原告要求我方承担连带责任是错误的。

## 一审审裁

原告围绕诉讼请求向法院提交如下证据：

1. 建筑工程一切险及第三者责任险保险单、明细表、条款及保险费发票。

2. 总体施工组织设计审批单、甘肃省监理有限责任公司材料等。

3. 索赔申请书和索赔清单。

4. 《武罐高速公路一标5·19暴雨损失确认单》和建筑工程一切险赔款收据。

5. 被告在另案中的证据清单、赔偿协议书、《武罐高速公路一标5·19暴雨损案保险理赔相关事项复函》。

6. 法律事务函（2012年4月11日）及特快收据、被告收取事务函领导的签字；法律事务函（2013年3月21日）及特快收据。

7. 公估事项委托书、第三方给原告初步理算意见的邮件、第三方给原告的理算意见、第三方法定代表人给原告代理人的邮件、原告代理人给公估师的邮件以及公估师的回复、关于规范公估公司的请求（原告的函）、武罐高速公路一标合同段洪水冲毁便桥受损赔案理算情况报告。

8. 起诉书、庭审笔录、裁定书。

9. 跨江便桥使用协议书。

10. 交通费票据 3 张，单程总计 1419 元，共四次、两人来回共计 22704 元。

被告质证：

被告保险公司为支持其主张向本院提交如下证据：

1. 保险单、保险明细表、保险条款。

2. 赔偿协议书、保险理赔相关复函。

**法院查明**

对当事人提交的上述证据，法院组织当事人进行了证据交换和质证。对当事人无异议的证据，法院予以确认并在卷佐证。对有争议的证据，法院将根据当事人及其委托诉讼代理人陈述，结合案情，予以考虑。

根据当事人陈述和经审查确认的证据，法院认定事实如下：

2011 年 4 月 8 日，原告工程公司与被告保险公司就武罐高速第一合同段工程签订《建筑工程一切险及第三者责任险》保险合同。根据双方签订的保险合同的约定，保险期间自 2011 年 4 月 8 日 0 时起，至 2013 年 6 月 30 日 24 时止。工程地点为甘肃省陇南市武都区两水镇。保险标的为武罐高速第一合同段，物质损失部分保险金额为 170415611.39 元，总保险费 1305158.65 元。免赔额约定，物质损失每次事故累计赔偿限额为 100000.00 元或损失金额的 10%，两者以高者为准。如果同一事故损失适用上述一个或数个免赔额的，只扣除一个免赔额，以高者为准。保险财产为工程地点范围内一切属于被保险人的或由被保险人占有、使用、负责的财产，包括但不限于永久工程、临时工程、材料、物料设备、机具、服务设施等。合同同时约定，自然灾害或意外事故造成的物质损坏或灭失，保险人按本保险合同约定负责赔偿。违约条款：保险人同意按照合同约定的服务承诺向被保险人提供保险服务，如违反查勘、定损、理赔服务承诺限定的期限，视同保险人违约，保险人同意除按规定赔款以外，增加应付赔款的 10% 作为违约金支付给被保险人。本保险单所载其他条件不变。合同签订后，原告按约缴纳了保险费。

2011 年 5 月 19 日 17 时至 22 时之间，原告工程所在地区突降暴雨，致使原告承建标段坐落于白龙江上的施工便桥被冲毁，隧道、梁场被淹及其他财产损失。事故发生后，被告以水位上涨便桥被淹没无法进行查勘损失为由未及时查勘、确定损失赔偿金额。

2011 年 5 月 22 日，中铁公司先就隧道、梁场被淹损失向保险公司递交书面《索赔申请书》及《武罐高速公路一标 5 · 19 暴雨损失》（项目及明细表），申请理赔总金额为 1690558.65 元。经保险公司现场查勘及核定，工程公司在保险公司出具的《武罐高速公路一标 5 · 19 暴雨损失确认清单》上签字确认赔偿金额为 461506.18 元，扣除 100000.00 元免赔额后，保险公司实际赔付 361506.18 元。双方同时签订《赔偿协议书》，表明暴雨致使武罐高速第一合同段土建工程发生部分损毁事故理赔完毕，上述赔付不包括该案诉争便桥。

2011 年 8 月 7 日，白龙江水位下降后，工程公司要求保险公司查勘桥梁损失并给予赔偿，事后保险公司查勘人员对涉案桥梁损失进行现场查勘，并通过录像、拍照、测量等方式进行损失确定和证据固定工作。

2011 年 8 月 16 日，保险公司回函称，有关施工便桥被洪水冲毁内容在《武罐高速公路一标 5 · 19 暴雨损失》（项目及明细表）、《武罐高速公路一标 5 · 19 暴雨损失确认清单》及《赔偿协议书》中均无相应内容记载，保险公司已经依据保险合同和《赔偿协议书》支付了赔款，保险赔偿责任业已终止，故对施工便桥理赔不予受理。

2012 年 4 月 11 日，中铁公司向被告保险邮寄《法律事务函》，要求其对便桥损失给予理赔。

2012年6月29日，保险公司工作人员要求第三方根宁翰保险公估（中国）有限公司（以下简称根宁翰公估公司）对桥梁的损失进行复查勘和确定最终损失金额。

2012 年 7 月 19 日，根宁翰公估公司与保险公司理赔人员对便桥进行复勘。根宁翰公估公司根据现场情况及保险公司提供的照片判定便桥已经全损。

2012 年 8 月 28 日，根宁翰公估公司分别向原告及保险公司出具了《武罐高速土建第一合同段洪水冲毁便桥赔案初步理算意见》，认定原告便桥损失属于保险责任范围。便桥损毁后，中铁公司租赁案外人中铁十三局桥梁代替该损毁便桥通行，月租赁费为28125元，认为保险公司应该按照原告租赁中铁十三局桥梁的期限进行理算赔偿原告共计22.5万元。

另查明，陇南市武都区白龙江大桥建成达到通行条件的时间约为2012年9月1日。原告实际使用租赁中铁十三局桥梁的期限为15.4个月（自2011年5月19日起至2012年9月1日止），共计租赁使用费为433125元。

2014年3月，原告向北京市铁路运输法院提起诉讼。诉讼中，因保险公司对上述事实和记载上述事实的有关材料均不予认可。鉴于涉及便桥损失鉴定等问题，原告申请撤回起诉。后又向该法院提起诉讼。

法院立案后，原告工程公司于2016年6月30日向法院提出司法鉴定申请，请求对涉案便桥损失的重置价值进行司法鉴定，被告表示不同意鉴定，且认为如果法院启动鉴定程序，应该对桥梁发生事故时的实际损失进行鉴定。2017年3月2日，经征求原被告双方意见，法院委托甘肃德瀚工程造价咨询有限责任公司对涉案桥梁发生保险事故时的实际价值进行司法鉴定。2017年4月10日，甘肃德瀚工程造价咨询有限责任公司作出鉴定意见：按照甘肃省陇南市武都区人民法院提供的武都至罐子沟高速公路01合同段两水白龙江便桥两张施工图（草图）计算该桥发生保险事故时的实际价值为594501元。

法院认为，原告工程公司与被告保险公司签订的《建筑工程一切险及第三者责任险》合同系双方当事人真实意思表示，不违反法律、行政法规的强制性规定，合法有效，对双方均具有约束力。保险公司对该事故初次赔偿的事实表明，该次事故属于保险责任范围内的保险事故，事故导致的财产损失属于诉争保险合同的保险责任范围，保险公司应当按照合同约定对原告的财产损失承担赔偿责任。

根据合同约定，保险财产为“工程地点范围内一切属于被保险人或由保险人占有、使用、负责的财产，包括但不限于：永久工程、临时工程、材料、物料设备……”。依据原告提交的工程公司二处武罐高速一标施工、办公、便桥图纸及两水镇白龙江便桥施工图纸，涉案便桥系保险财产中的临时工程，属于保险标的物，且不属于保险合同中约定的有关不属于保险标的五类情形，被告保险公司抗辩称该便桥属于违章建筑，按照涉案《道路工程建筑工程一切险条款》第四条第五项“违章建筑不属于保险标的”的约定，并认为本案便桥不属于保险标的，因此不应当获得赔偿。法院认为，双方的合同约定属于格式合同条款，而本案保险合同中对于保险财产即保险标的的约定明显属于非格式合同，其并未涉及被保险财产的合法性问题，且明确约定属于被保险人所有的保险财产就属于保险标的。当格式条款与合同中非格式条款约定存在矛盾时，根据最高人民法院关于适用《中华人民共和国保险法》若干问题的解释（二）第十四条第（二）项的规定，应当以非格式条款约定为准。因此，应当以非格式合同条款，即合同中对保险标的的约定为准。被告主张便桥属于违章建筑，但对其主张未能举证证实，对其抗辩理由，法院不予采信。

关于2011年5月28日双方签订的《赔偿协议书》是否系对本案保险事故全部最终理赔的问题。经审理查明，2011年5月28日，原被告双方虽签订了《赔偿协议书》，但《武罐高速公路一标5·19暴雨损失确认清单》中并不包括本案的涉案便桥，且根据原告提供的被告保险公司委托第三方根宁翰公估公司公估事项委托书及原告与被告来往信函，以及2012年6月29日根宁翰公估公司前往事故现场对桥梁进行查勘的事实及证据，均证明被告保险公司对该便桥属于该保险合同承保范围的事实予以认可。2012年6月29日，被告保险公司向根宁翰公估公司出具的保险公估事项委托书中关于案件概况中明确记载：“2011年8月27日，我司接受被保险人报案：2011年8月7日（实际日期5月19日）因下雨大水冲毁一座施工便桥，当时便桥被水淹没损失情况不明，现水位下降，查勘便桥受损，损失约50万元。2012年6月15日，我司收到被保险人的报损材料，工程量清单标明便桥造价863605元。”该委托书虽未加盖被告保险公司的印章，但之后第三方前往事故现场进行勘察的事实，被告和第三方均予以认可，且第三方出具《初步理算意见》的行为，在客观上已经接受了被告的委托事项。被告保险公司对该便桥进一步进行勘察理赔的意见是明确的。本案诉讼中，被告保险公司未能向法庭提交关于事故现场勘察核定结果或赔偿意见，而是在诉讼中提出其便桥系违章建筑且初次赔偿协议已经是最终赔偿结果的主张，与案件的基本事实严重不符，且被告及第三方拒绝出示和提供其反复查勘后应当获得的能够固定事故发生时桥梁真实情况的照片、视频及查勘资料，其行为明显违反保险法的规定。在此情况下，鉴定机构根据原告提供图纸及鉴定机构经现场查勘获得数据及资料对争议桥梁损失部分的实际价值进行鉴定。对此，本案被告保险公司是以一种不作为的方式拒绝履行合同约定的义务，应当承担因此产生的不利后果。

关于原告要求被告对全部桥梁给予赔偿 774501.00 元的主张，根据德瀚工程造价咨询有限责任公司的委托鉴定意见，桥梁发生保险事故时的实际损失为 594501.00 元，因此，应当以鉴定结论的损失数额 594501.00 元为准。经审理查明，原告土建工程损失 461506.18 元，桥梁损失 594501.00 元，此次事故总损失 1056007.18 元。根据涉案保险合同有关免赔额约定，即物质损失每次事故免赔额为 100000.00 元或者损失金额的 10%，两者以高者为准，如同一事故损失适用上述一个或数个免赔额的，只扣除一个免赔额，以高者为准。本案免赔额为 1056007.18 元 ×10%=105600.00 元，减去已经免赔 100000.00 元，还应当免赔 5600 元。综上所述，被告应当赔偿原告桥梁损失为 588901 元。

关于原告要求被告按照附加险请求被告承担 10% 的违约责任的问题。据上所述，涉案便桥系保险财产，保险事故发生后，被告保险公司以桥梁没入水中为理由，迟延履行查勘定损义务，以《赔偿协议书》规避涉案桥梁的赔偿，诉讼中拒绝出示和提供查勘所固定的证据的事实表明，被告违反查勘、定损、理赔服务所限定的期限，构成违约。原告要求被告按照特别条款附加险请求被告承担 10% 的违约责任的诉讼请求，符合合同约定，属于附加险的保险责任范围，是被告应当履行的合同义务。对其该项请求，法院依法应予支持。

关于原告要求被告支付因迟延理赔导致保险金利息损失的问题。法院认为，因双方在合同中并未约定利息，且合同约定了违约金条款，应当按照违约金条款进行赔付，因此，该项诉讼请求法院不予支持。

关于原告要求被告支付因拒绝理赔而导致原告租用桥梁使用费433125元及原告因诉讼引发交通费损失22704元共计455829.00元的问题。法院认为，该费用不在合同约定范围内，且不属于保险合同中因保险事故产生的直接损失，故对其请求，法院不予支持。

原告主张该案律师委托代理合同约定的律师费为风险代理费，因尚未发生，原告提出将在另案主张的观点，该案不作处理。

关于原告要求第三方根宁翰公估公司对以上桥梁损失赔偿承担连带责任的问题。法院认为，第三方根宁翰公估公司作为专业保险中介机构，其出具的《初步理算意见》中关于财产损失不依法按照《保险法》第五十五条第二款的规定确定涉案桥梁的实际价值，却按照使用价值计算实际损失虽有不当，但因本案为财产保险合同纠纷，第三方的《初步理算意见》未经正式公布且未经双方采用，并未对原告产生实际的约束力，因此原告要求第三方承担连带责任的诉讼请求没有法律依据，法院依法不予支持。

综上所述，依照《中华人民共和国保险法》第五条、第十四条、《保险法》第二十三条第二款、第二十五条、第五十五条第二款的规定，判决如下：

一、被告保险公司于该判决生效之日起十日内一次性赔偿原告桥梁损失594501.00元－5600元（免赔）=588901.00元。

二、被告保险公司于该判决生效之日起，赔偿原告违约保险金59450.1元。

三、驳回原告其他诉讼请求。

如果未按该判决指定期间履行给付金钱义务，应当按照《中华人民共和国民事诉讼法》第二百五十三条规定，加倍支付迟延履行期间的债务利息。

该案诉讼费16470元，鉴定费30000.00元由被告保险公司承担。

如不服该判决，可在判决书送达之日起十五日内向法院递交上诉状，并按对方当事人的人数提交副本，上诉于甘肃省陇南市中级人民法院。

## 编者评论

本案的焦点在于沉没于水中的便桥是否属于保险责任范围。由于保险公司委托的公估公司在其公估报告中认定原告便桥损失属于保险责任范围，以及保险公司委托公估公司的公估事项委托书及原告与被告的来往信函，均证明被告保险公司对该便桥属于保险合同承保范围的事实予以认可。但是，保险公司又以该便桥建造不符合规范，属于违章建筑为由拒绝赔偿便桥损失，却又无法举证证实这一点，甚至拒绝向法庭出示和提供其反复查勘后应当获得的能够固定事故发生时桥梁真实情况的照片、视频及查勘资料，被法院认定其以一种不作为的方式拒绝履行合同约定的义务，理应承担因此产生的不利后果。

该案的借鉴意义是，在处理保险索赔时，保险公司要积极主动地处理被保险人的索赔案件，要以诚信的态度对待案件的是非曲直。任何怠于处理以及试图借助缺乏法律依据的理由拖延和拒绝赔偿，都会使自己在法庭诉讼中处于不利的境地。

# 二十二 如何认定工程损失地点的台风级别

## 案情简介

原告：某水利水电工程局有限公司（以下简称工程局）

被告：A 保险分公司（以下简称 A 保险公司）

被告：B 保险分公司（以下简称 B 保险公司）

法院查明：

原告某工程局与被告 A 保险公司、B 保险公司财产保险合同纠纷一案，于 2009 年 9 月 8 日向杭州市上城区人民法院提起诉讼，该院受理后，依法组成合议庭审理。

被告 A 保险公司、B 保险公司在递交答辩状期间就管辖权提出异议，该院出具（2009）杭上商初字第 1159-1 号民事裁定书，驳回两被告的管辖权异议。两被告不服，上诉至浙江省杭州市中级人民法院。杭州市中级人民法院经审查后出具（2009）浙杭辖终字第 505 号民事裁定书，维持上城区人民法院裁定。两被告不服浙江省杭州市中级人民法院民事裁定书，向浙江省高级人民法院申请再审。浙江省高级人民法院经审查驳回两被告的再审申请。该案于 2010 年 6 月 30 日公开开庭进行审理。

**原被告辩诉**

原告工程局起诉称：

2006 年 7 月 13 日，原告作为投保人，与保险人即本案二被告签订《漩门三期围垦工程海堤标建筑工程一切险、安装工程一切险及第三者责任险保险合同》。合同对被保险工程、保险险种、保险金额、保险责任、保险期间等进行了约定。

2008 年 9 月 14 日至 15 日和 2008 年 9 月 29 日至 30 日，被保险工程玉环漩门三期围垦海堤标段工程分别受“森拉克”与“蔷薇”台风外围影响，造成了一定的财产损失，原告分别在 2008 年 9 月 16 日和 9 月 30 日报了案，但被告拒绝理赔。2009 年 5 月 21 日，原告分别向二被告致律师函，要求被告按照保险合同约定进行理赔，但二被告均拒绝赔偿。

为此，原告起诉至法院，请求判令：

1. 二被告共同赔偿原告 5643285 元及自 2008 年 10 月 8 日起至实际履行日止的同期银行贷款利息。

2. 二被告承担连带赔偿责任。

3. 本案诉讼费用由二被告承担。

被告 A 保险公司辩称：

1. 原告所称的事故不属于保险合同约定的保险责任范围，其诉请依法不应当支持。

原被告双方 2006 年 7 月 13 日签订的保险合同第六条“保障责任”第一款对保险责任的范围作了列明式约定，并明确注明，“台风或风暴指保险标的所在地的风力达到 11 级以上（含 11 级），造成保险标的的直接损毁；或在上述台风或风暴的直接作用下，引起的海浪袭击所致的标的损毁，视为台风或风暴责任。”根据该条款，如因台风或风暴造成保险标的受损的，直接导致保险标的受损的所在地的风力等级必须达到 11 级以上（含 11 级），反之，则不构成保险责任。

2008 年 10 月 6 日，玉环县气象局气象台出具证明，受台风“森拉克”的影响，受损保险标的所在地玉环县 2008 年 9 月 14—15 日出现 10 级大风天气。受台风“蔷薇”的影响，受损保险标的所在地玉环县 2008 年 9 月 29 日出现 10 级大风天气。因为直接导致保险标的受损的玉环县的两次台风风力均未达到合同约定的 11 级以上，根据双方保险合同的明确约定，原告所称的事故不属于保险合同约定的保险责任范围，其诉请依法不应当支持。

2. 该案已由原告及两被告共同委托智信达公估公司（以下简称“智信达公估公司”）出具保险公估报告，依据保险合同约定，公估报告对该案各方当事人均具有约束力。

依据原被告签订的保险合同第十一条第三款第二项的约定，“如保险事故发生后，若不能确定保险事故是否属于保险责任范围或保险双方对保险责任的确定有分歧时，被保险人有权提出聘请一家保险公估公司对该事故的责任认定和理算金额出具保险公估报告，该报告对保险人和被保险人均具有约束力，以上费用由保险人承担。”

2008 年 10 月 24 日，B 保险公司委托智信达公司对该案保险事故的相关情况进行核查。2008 年 10 月 25 日，原告向智信达公司声明同意由该保险公估人对两次台风即“森拉克”和“蔷薇”所致的财物损失进行检验评估。2008 年 10 月 26 日，原告向两被告声明同意指定智信达公司作为保险公估人，对出险的保险标的进行查勘、检验、估损及理算，同时保证其所提供的索赔资料真实有效。

2008 年 11 月 22 日，智信达公司在收集了相关资料，进行了实地勘验、并对相关问题进行了全面细致的核查的基础上出具了保险公估报告。公估结论认为，“9·14 森拉克”台风及“9·29 蔷薇”台风登陆时的风力未达到保险合同中关于台风及风暴责任风力等级的约定，两次事故均不属于保单责任范围内的事故。

上述公估报告的出具由该案各方当事人一致同意共同委托，同时原告对智信达公司的查勘、检验、估损及理算均进行了确认。公估报告符合保险合同关于赔偿办法及处理程序的约定，对各方均具有约束力。

3. 公估报告对原告因两次台风所致损失的核定符合保险合同关于重置价值的约定。

保险合同附件三特别条款第五条的约定“兹经双方同意，本保单列明的财产（不包括流动资产或仓储物品），如发生本保险责任范围内的损失，其赔偿金额按受损保险财产的重置价值计算。”同时，在原被告所签订的保险合同中也约定“施工工程发生的损失，原则上由原承包商修复或重建”，“保险设备发生全损，原则上向原承包商（供应商）采购。受损金额按承包商（供应商）最终报价（与保险金额中的价格条件一致确定）”。也就是说，受损财产的重置价格并非市场价，而是原承包商的重置价。原承包商，也就是该案原告，承包该施工工程的合同工期根据其投标书应到2009年2月底，也就是说工程毁损的修复或重建，应在原告也就是原承包商的合同工期内，而其施工合同文件包括投标文件中的单价分析表、工程量清单等，均列明了相关价格，修复或重建的费用也就是工程损失按照原承包商的合同价计算，显然符合“按受损保险财产的重置价值计算”的原则。

本案保险公估人出具的公估报告中，受损工程的工程量是由原告签字盖章确认，受损财产的单价也正是根据原告在施工合同中的报价为基础计算。因此，智信达公司的公估报告核定的事故损失符合保险合同的约定，也符合受损财产按重置价值理赔的原则。

当然，如前所述，该次保险并不属于合同约定的保险责任范围，实际上不存在保险合同附件三特别条款第五条适用的前提。

4. 公估报告认定原告的损失额低于保险合同关于绝对免赔额的约定，被告对此不承担赔偿责任。

根据保险合同第八条的约定，“特殊风险每次事故绝对免赔额150万元或损失金额的20%，两者以高者为准。注：特殊风险专指地震、台风、海啸、暴雨、洪水、风暴等责任。”该案事故因台风“森拉克”和“蔷薇”所致，属于保险合同约定的特殊风险范围，应当适用特殊风险事故绝对免赔额。

根据智信达公司的保险公估报告显示，台风“森拉克”所致被保险工程受损金额为人民币1498714元，台风“蔷薇”所致被保险工程受损金额为人民币1135205.67元，两次事故均属于保险合同关于特殊风险绝对免赔额范围内，据此，被告也不承担赔偿责任。

综上所述，原告诉请要求被告承担保险责任没有事实和法律依据，请求法院驳回原告的诉讼请求。

被告B保险公司答辩称：

同意被告A保险公司的答辩意见。并补充：原告在诉状中并未说明保险事故发生的具体情况。即对于原告陈述的保险事故引起的财产损失的具体原因没有正面阐述，故认为原告的诉请缺乏事实依据。

庭审中，原告出示下列证据证明其主张：

1.《漩门三期围垦工程海堤标建筑工程一切险、安装工程一切险及第三者责任险保险合同》，证明：

（1）涉讼事故属于保险责任范围，两被告应当依约履行赔偿责任，并且应按重置价值理赔的事实。

（2）二被告应当承担连带赔偿责任的事实。

经质证，被告A保险公司对上述证据的真实性无异议，但对关联性有异议，认为保险合同不能证明原告主张的涉诉事故属于保险范围。对应按重置价值进行理赔的证明目的无异议，但认为两被告应按份额进行赔偿，不应承担连带责任。

被告B保险公司同意A保险公司的质证意见，同时认为该证据仅证明双方约定的内容，不能证明保险事故已发生及两被告应承担保险责任。

2.《关于对2008年度"9·14森拉克"和"9·29蔷薇"台风外围影响按重置价定损的报告》一份，证明涉讼事故造成财产损失的事实。

经质证，被告A保险公司、B保险公司对其真实性有异议，认为此报告是原告自行编制，最多是原告的主张，不具备证据效力。

3.台州椒江区气象台出具的《气象证明》、苍南县气象局出具的《气象证明》《天气证明》，证明：

（1）2008年9月28日至30日，受蔷薇的影响，台州市沿海海面出现11~12级大风天气的事实。

（2）受蔷薇的影响，温州市苍南县出现至少12级风力的事实。

（3）2008年9月13日至15日，受森拉克的影响，温州市苍南县出现至少11级风力的事实。

经质证，被告A保险公司对真实性无异议，但对关联性有异议，认为此三份证据不能证明涉案事故属于保险责任的范围。

被告B保险公司同意A保险公司的质证意见，同时认为，该组证据所反映的内容与原告在诉状中陈述的仅受到台风外围影响相互矛盾。

4. 发文登记表一份，证明被告已收到原告提供的相关报告。

经质证，被告A保险公司、B保险公司对其真实性无异议，但对关联性有异议，认为该份材料不能证明原告的主张。

5. 台风情况补充报告，证明在台风发生后，修复过程中又发生隐蔽损失以及相关情况的依据。

经质证，被告A保险公司、被告B保险公司对其真实性有异议，认为该报告是原告自行编制，不具备证据效力，不能证明原告主张的待证事实。

为证明其抗辩意见，被告A保险公司、B保险公司共同出示如下证据材料：

1. 保险公估报告及其附件，证明：

（1）经原告同意，智信达公估公司接受被告的委托出具保险公估报告。

（2）两次台风事故均不属保险合同约定的保险责任范围，主要内容如下："9·14森拉克"台风及"9·29蔷薇"台风登陆时的风力未达到保险合同中关于台风及风暴责任风力等级的约定，两次事故均不属于保险合同约定的保险责任范围；同时，"9·14森拉克"台风事故致保险标的损失的核定金额为人民币1498714元；"9·29蔷薇"台风事故致保险标的损失的核定金额为人民币1135205.67元，均低于保险合同约定的特殊风险事故免赔额。

经质证，原告认为：

（1）公估报告附件一是公估报告的组成部分，故应提交原件。

（2）对证明目的有异议。首先，公估公司无权确定保险事故是否属于保险责任范围。该项内容不属于《保险公估机构管理规定》规定的保险公估机构经营业务范围。其次，程序不合法。第一，该公估行为未经《公估报告》确认的被保险人委托或同意委托。报告确认的被保险人系玉环县漩门三期开发有限公司。从报告提供的证据看，玉环县漩门三期开发有限公司既未委托，也没有以任何方式同意委托。第二，原告也没有委托玉环漩门三期工程项目部委托公估。因此，公估报告附件中玉环漩门三期工程项目部签署的声明，不是原告的法人行为。第三，项目部声明的内容为同意对“9·14森拉克”、“9·29蔷薇”事故所致我司的财物损失进行检验评估。没有关于保险责任认定的内容。公估报告公估的范围远远超出项目部声明认可的范围，超越了公估机构的经营业务范围。第四，该报告至今未向原告等送达。直至2010年1月4日，被告作为证据向法院提供时，我们才看到相关复印件。依据报告第22页最后一行的行文内容看，没有向原告送达的意思表示。该报告没有附公估员和审核人的资格证书、也没有加盖可以证明代表公估公司的公章，仅加盖了上海分公司的公章。

（3）公估报告的计价方式不符合《保险合同》和保险单关于受损财产按照重置价值理赔的约定，且遗漏了损失项目。该报告是按照工程的合同价来评估，评估的主要依据是原告提供的施工合同等相关资料。所反映的仅是导致财物损失前原告的投入。

2. 附件一，关于保险合同，证明：

（1）保险合同为非格式合同，是保险人和投保人经过平等协商签订的，合法有效，对双方均具有约束力。

（2）保险合同第六条明确约定了保险人的保障责任范围；第八条对赔偿限额及免赔额进行了约定。据此，该案所涉事故不属于保险合同约定的保险责任范围，被保险人不承担责任。

经质证，原告对真实性没有异议，但对被告的证明目的有异议，认为该合同第十条规定了保险责任范围。具体意见为：

（1）《保险合同》第六条的条款名称为“保障责任”。保障责任不是保险法意义上的保险责任，保险法、相关司法解释及其他规范性文件均没有保障责任这一概念。该条不是确认保险责任范围的依据。其中，第六条6.11中第（1）项的规定是区分特殊风险和一般风险的依据，而不是区分本次事故是否属于保险责任范围的依据。根据《保险合同》第八条的规定，根据事故是否为特殊风险，免赔额的高低也不同。因此，该规定是为执行合同第八条提供依据。

（2）该保险合同的全称是《建筑工程一切险、安装工程一切险及第三者责任险保险合同》。A 保险公司签发了保险单，保险单中明确保险内容包括明细表、责任范围、除外责任。2006 年 9 月 4 日补充投保单第 11 条主条款内容是：建筑工程一切险、安装工程一切险及第三者责任险。对于一切险的概念在附件一、二中有明确定义，在行业内也有通用理解，即保险责任范围为除外责任以外的任何自然灾害或意外事故造成的物质损失。

（3）保险合同第 11 条的规定，符合一切险的性质和特征。因此，确认保险责任范围的主要依据应当是保险合同的第 10 条。

（4）保险单及保险申请书进一步证明原告的上述理解正确。

3. 附件八，关于索赔指引、知会函、声明，证明：

（1）委托智信达公司作为保险公估人是原告同意的。

（2）作为公估基础依据的资料也是原告提供或确认，并保证其真实有效的。

（3）此公估报告符合保险合同第 11 条第 3 款第 2 项的约定，对原被告均有约束力，应据此认定诉争事故是否属于保险责任范围及损失金额。

经质证，原告对该证据的合法性及被告的证明目的有异议，认为：

（1）上述文件不是原告签收的。

（2）声明中同意的内容仅仅是“对 9·14‘森拉克’、9·29‘蔷薇’事故所致我司的财物损失进行检验评估”，并没有要求或同意确认是否属于保险责任范围；《声明》中的同意委托范围与公估公报的公估范围不同。其他质证意见同第一份证据的质证意见。因此，原告没有委托或同意委托公估，更没有委托或同意委托对是否属于保险责任范围进行公估。公估报告对原告没有任何约束力。

4. 附件十七，关于玉环县气象资料证明，证明受台风“森拉克”的影响，玉环县 2008 年 9 月 14—15 日出现十级大风天气。受台风“蔷薇”影响，玉环县 2008 年 9 月 29 日出现十级大风天气。证明原告相关工程损失系因两次台风造成，但保险标的所在地风力未达到保险合同约定的 11 级以上，因而不属于保险责任范围。

经质证，原告对证明对象和证明目的有异议，认为：

（1）《保险合同》中所指的台风分二类：11级以上（包括11级）；11级以下（不包括11级）。前者按照特殊风险处理，提高免赔额；后者按照一般风险处理，免赔额为20万元或损失的20%。二者均属于保险责任范围。

（2）保险合同第6条关于台风解释有明显的歧义，对此被告未作任何说明。保险合同第4页倒数第3行，保险标的所在地：（含温州、台州地区）。在这种情况下判断风力大小是以玉环的某个点为依据还是以温州、台州地区的风力为依据？被告以玉环的某个点的风力大小为依据来确定保险范围，不符合合同约定。公估报告在损失的计算方面有两个错误：其一，没有包括隐蔽工程的损失部分；其二，公估报告是按合同价值而非重置价格来评估损失。

（3）公估公司勘验时，台风毁损的大部分工程已修复。

5. 附件五，关于损失清点确认表、现场勘测草稿、丈量工程单、“森拉克”“蔷薇”前后断面对比草稿，证明因“森拉克”和“蔷薇”台风事故导致的保险标的受损的工程量清单，原告已经确认。

经质证，原告对上述证据的真实性无异议，认为上述证据中与事实相符的部分予以认可，与事实不符的部分不予认可。从报告反映的时间来看，形成上述证据的时间系2008年10月24日，距离第一次事故发生达40天之久，距离第二次事故发生达25天之久。损失清点确认表等仅仅反映勘察时的状况，不是事故发生时的状况。即事故发生后原告已经开展了大量的重建等工作。确认实际损失情况应当以事故发生时为时间点。

6. 附件二十，关于投标文件（包括投标书、投标报价汇总表及已标价的工程量清单、投标辅助资料等）、投标修改文件（包括修改投标书、投标报价汇总表及已标价的工程量清单）；附件二十二，关于浙江省重点建设工程中标通知书、施工合同协议、建筑工程工程量清单等，共同证明：

（1）原告在其施工合同协议中包含了保险标的已标价的工程量清单。

（2）因本次事故发生在保险标的工程的施工期内，保险公估人按原告中标时《建筑工程工程量清单》上列明的单价对受损财产金额进行确定，符合原被告保险合同关于受损财产按重置价值理赔的约定。

经质证，原告对上述证据的真实性无异议，但对证明目的有异议。认为投标和施工合同协议中包含的工程量以及原告中标时《建筑工程工程量清单》上列明的单价是合同价格，并非重置价值。上述文件不能作为评估损失大小计算方法的依据。关于计算方法，《保险合同》和保险单已经明确规定，应按受损财产的重置价值理赔。

7. 公估业务许可证、营业执照、公估人员的执业资格证，证明公估公司的主体、经营范围及公估人员的资格问题。

经质证，原告对真实性无异议，但认为：

（1）根据保险公估人管理规定第 38 条，公估报告应由总经理、副总经理签署生效，而从公估人员的执业证看不出这些人员是总经理、副总经理。

（2）公估报告的公估范围以委托范围为准。

（3）被告称公估是由被告委托，如果是被告委托的，就不能适用保险合同第 11 条、第 11.3 条的规定。

8. 保险公估人管理规定一份，证明对公估报告说明内容的规定。

经质证，原告认为该材料不是一份证据，仅是一份规定文件。

## 法院对上述证据的认证及事实认定

经庭审举证、质证，法院对当事人出示的上述证据认证如下：

原告出示的证据 1、证据 3，两被告对真实性无异议，该两组证据可以证明本案事实，法院对证据效力予以确认。原告出示的证据 2、证据 5，仅是原告自行对涉案事故损失的说明，两被告异议成立，对证据效力法院不予确认。原告出示的证据 4，被告对真实性无异议，该材料可以说明原告向被告递交了相关文件材料，对该节事实法院予以认定。

两被告出示的证据 1 至证据 7 的真实性原告均无异议，法院对真实性予以确认，对证明事项将综合案情考虑。两被告出示的证据 8，原告异议成立，该材料不属证据范畴。

经审理，法院认定如下事实：

1. 2006年7月13日，工程局、玉环县开发有限公司(以下简称开发公司)作为投保人与保险人A保险公司（首席保险人)、B保险公司（共同保险人）就位于浙江省玉环县漩门湾所属区域的漩门三期围垦工程海堤Ⅱ标工程签订保险合同一份，投保险种包括：建筑工程一切险、安装工程一切险及第三者责任险。合同第六条“保障责任”中就物质损失约定为：

在本保险合同期限内，若保险财产在列明的工地范围内，因下列列明保险责任的自然灾害或意外事故造成的物质损坏或灭失（以下简称“损失”)，保险人按本保险单的规定负责赔偿：

（1）自然灾害：指地震、海啸、雷电、飓风、台风、龙卷风、风暴、暴雨、洪水、水灾、冻灾、冰雹、地崩、山崩、雪崩、火山爆发、地面下陷下沉。注：台风或风暴指保险标的所在地（含温州、台州地区）的风力达11级以上（含11级)，造成保险标的的直接损毁；或在上述台风或风暴的直接作用下，引起的海浪袭击所致的标的损毁均视为台风或风暴责任。

（2）意外事故：指不可预料的以及被保险人无法控制并造成物质损失或人身伤亡的突发性事件，包括火灾和爆炸。

（3）对经本保险合同列明的因发生上述损失所产生的有关费用，保险公司亦负责赔偿。

合同第七条约定，保险期间自保险费用完全缴纳之日保险责任开始起满四年。合同第八条物质部分的保险金额289702202元，保险费率0.8%，保险费2317617.61元，赔偿限额及免赔额约定为：一般风险每次事故绝对免赔额20万元或损失金额的20%，两者以高者为准；特殊风险每次事故绝对免赔额150万元或损失金额的20%，两者以高者为准。同时注明，特殊风险专指地震、台风、海啸、暴雨、洪水、风暴等责任。

合同第十条保险责任内容为本合同项下保险责任，详见下列条款：

“（一）建筑工程一切险条款（详见附件一）

（二）安装工程一切险条款（详见附件二）

（三）特别条款（详见附件三）

合同第十一条赔偿办法及处理程序中的取证鉴定和定损条款约定：……

2）如保险事故发生后，若不能确定保险事故是否属于保险责任范围或保险双方对保险责任的确定有分歧时，被保险人有权提出聘请一家保险公估公司对该事故的责任认定和理算金额出具保险公估报告，该报告对被保险人和保险人均具有约束力，以上费用由保险人承担。

3）施工工程发生的损失，原则上由原承包商修复或重建，损失金额由原承包商、保险人共同协商确定。”

合同第十二条第二款约定：附件为本合同不可分割的组成部分，具有同等法律效力。如果合同正文与附件的任何条款在解释上出现任何分歧或矛盾时，应以合同正文的条款为准。如果附件之间发生任何分歧或矛盾时，应以附件三的条款为准。上述保险合同对应的投保申请书显示落款时间为 2006 年 9 月 4 日，其中第十一条保险条款内容为：主条款为建筑工程一切险、安装工程一切险及第三者责任险。

2. 涉案保险合同附件一为：建筑工程一切险条款（1995）。其就责任范围定义为：在本保险期限内，若本保险单明细表中分项列明的保险财产在列明的工地范围内，因本保险单除外责任以外的任何自然灾害或意外事故造成的物质损坏或灭失（以下简称“损失”），本公司按本保险单的规定负责赔偿。

（1）自然灾害：指地震、海啸、雷电、飓风、台风、龙卷风、风暴、暴雨、洪水、水灾、冻灾、冰雹、地崩、山崩、雪崩、火山爆发、地面下陷下沉及其他人力不可抗拒的破坏力强大的自然现象。

（2）意外事故：指不可预料的以及被保险人无法控制并造成物质损失或人身伤亡的突发性事件，包括火灾和爆炸。

涉案保险合同附件三为：特别条款，其中第五条约定：本保单列明的财产（不包括流动资产或仓储物品），如发生本保险责任范围内的损失，其赔偿金额按受损保险财产的重置价值计算。

3. 2008 年 9 月 16 日，工程局向 A 保险公司报案称：2008 年 9 月 14 日晚至 15 日，台风“森拉克”伴随农历八月十五的大汛期造成漩门三期围垦工程海堤Ⅱ标工程已填堤心石及护坦料被大量冲刷和掏空，并造成护坦下土工布不同程度的拉裂损失。在台风到来前，为最大限度地减少台风影响，该工程项目部对已填堤采用铁丝网、土工格栅、大块石进行了临时保护措施，并对现场进行了测量收方和现场拍照。

2008 年 9 月 22 日，工程局、开发公司共同向 A 保险公司、B 保险公司提出损失金额为人民币 1868455 元的损失索赔申请。

2008 年 9 月 30 日，工程局向 A 保险公司报案称：2008 年 9 月 28 日晚至 29 日，台风“蔷薇”造成漩门三期围垦工程海堤Ⅱ标工程已填堤心石及护坦料被大量冲刷和掏空，并造成护坦下土工布不同程度的拉裂损失。在台风到来前，为最大限度地减少台风影响，该工程项目部对已填堤采用铁丝网、土工格栅、大块石进行了临时保护措施，并对现场进行了测量收方和现场拍照。

2008 年 10 月 3 日，工程局、开发公司共同向 A 保险公司、B 保险公司提出损失金额为人民币 1473030 元的损失索赔申请。在两次台风事故过后，A 保险公司工作人员均与漩门项目部对受损后的海堤进行测量收方，对受损工程量进行确认。漩门项目部也及时对受损的护坦、土工布及海堤进行了修复，对临时防护的土工格栅、大块石、扭王字块进行了清理。

4. 工程局向智信达公估公司提供了损失清单、事故照片资料、工程承建合同、施工记录、施工日记等。2008 年 10 月 25 日，漩门项目部向智信达公估公司出具声明一份，同意由 A 保险公司、B 保险公司委托智信达公估公司对“9·14”森拉克事故、“9·28”蔷薇事故所致公司的财物损失进行检验评估，并声明保证其提供的相关索赔资料全部真实有效。

2008 年 10 月 26 日，工程局向 A 保险公司、B 保险公司出具声明，同意由保险公司指定智信达公估公司作为保险公估人，对出险的保险标的进行查勘、检验、估损及理算，并保证提供的索赔资料真实、有效。

5. 智信达保险公估公司于 2008 年 10 月 25 日至漩门三期围垦工程海堤Ⅱ标工程的事故现场，对因“森拉克”和“蔷薇”台风影响的施工现场进行了勘察。公估人员到达现场后，在两次台风中受损的护坦及海堤已被修复完毕，部分防护的扭王块、大块石、土工格栅、铁丝网已被清理。经公估人员及施工单位漩门项目部现场复勘，确定了损失范围及施救清理项目等。

2008 年 11 月 22 日，智信达保险公估公司上海分公司出具公估报告，公估结论为：

（1）被保险工程（漩门三期围垦工程海堤Ⅱ标工程）于 2008 年 9 月 14 日和 9 月 28 日受今年 13 号台风“森拉克”和 15 号台风“蔷薇”的影响，致海堤损毁事故的情况属实。事故发生前后，被保险人采取了积极的防范及施救措施。

（2）“9・14”森拉克台风及“9・29”蔷薇台风登陆时的风力未达到保险合同中关于台风及风暴责任风力等级的约定，两次事故均不属于本保单保险责任范围内的事故。

（3）“9・14”森拉克台风事故致保险标的损失的核定金额为人民币 1498714 元，“9・29”蔷薇台风事故致保险标的损失的核定金额为人民币 1135205.67 元，均低于保险合同约定的特殊风险事故免赔额（人民币 150 万元）。

6. 据玉环县气象局气象台证明：受 13 号台风“森拉克”的影响，该县 2008 年 9 月 13—15 日出现十级大风天气。受 15 号台风“蔷薇”的影响，该县 2008 年 9 月 29 日出现十级大风天气。温州市气象台证明：温州市区于 2008 年 9 月 14—15 日出现的日极大风速为 7 级，温州市区于 2008 年 9 月 29 日、30 日出现的日极大风速分别为 5 级、6 级。苍南县气象局证明：受 13 号台风“森拉克”影响，苍南县沿海 2008 年 9 月 13 日 20 时至 14 日 20 时出现日极大风速达到 11 级及以上的气象站有马站和渔寮，9 月 14 日 20 时至 15 日 20 时出现日极大风速达到 11 级的气象站为渔寮；受 15 号台风“蔷薇”影响，2008 年 9 月 28 日 20 时至 9 月 29 日 20 时，苍南沿海城镇渔寮的日极大风速达 13 级，邻近城镇马站的日极大风速达到 12 级。台州市椒江区气象台证明：2008 年 9 月 28 日至 30 日，受第 15 号超强台风“蔷薇”外围影响，台州市沿海海面出现 11 至 12 级大风。

7. 玉环县漩门三期开发有限公司为漩门三期围垦工程海堤Ⅱ标工程发包方，该工程经公开招标，工程局在 2006 年 1 月中标，中标价 33529 万元，工期 46 个月。该工程实际开工日期为 2006 年 5 月 29 日。在该案审理中，玉环县漩门三期开发有限公司于 2010 年 1 月 12 日向法院出具声明一份，内容为：漩门三期围垦工程海堤Ⅱ标工程在施工过程中遭受台风、暴雨等自然灾害，所造成的损失均由漩门项目部承担。所发生保险理赔事宜与该公司无关，风险和利益均由漩门项目部自行承担。

## 法院对争议焦点的分析

法院认为，工程局、开发公司与 A 保险公司、B 保险公司于 2006 年 7 月签订的《建筑工程一切险、安装工程一切险及第三者责任险保险合同》是双方真实意思表示，不违反法律、行政法规的强制性规定，应认定真实有效。各方当事人对事故发生经过、公估公司对事故现场进行复勘等情况均无异议，本案争议焦点主要有以下几点：

1. 保险责任范围。《建筑工程一切险条款》系《保险合同》的有效附件。《保险合同》第一条款、《建筑工程一切险条款》第六条款分别以详尽罗列的方式对属于责任范围的自然灾害进行了说明，但责任范围不尽相同，故本案首先需要确定哪份协议条款应当优先适用的问题。

（1）从合同性质分析。《建筑工程一切险条款》系保险行业通用文本，属于格式合同，而《保险合同》系当事人经协商后合意签订，更能体现当事人的意思自治。当《建筑工程一切险条款》与《保险合同》的条款间发生冲突时，非格式合同的条款效力应优于格式合同的条款。

（2）从当事人约定分析。《保险合同》第十二条对合同条款与《建筑工程一切险条款》在条款的解释上可能出现分歧或矛盾时制定了解决方式，即以《保险合同》条款为准。故依据当事人自行约定，《保险合同》的条款效力也优于《建筑工程一切险条款》。

（3）关于原告提出涉案投保申请书、保险单可以说明双方之间约定的责任范围应依据《建筑工程一切险条款》的意见。本院认为，从保险合同的缔结程序分析。投保申请书一般为投保人向保险人详述投保意思的书面说明，其内容一般包括保险标的、保险金额、投保人情况等，从而成为保险人决定承保与否并订立合同的根据。故投保申请书从性质上仅为投保人向保险人发出的要约。案涉投保申请书在《保险合同》之后出具，其内容没有《保险合同》详尽，在对被保险人的表述上也与《保险合同》不符。《保险合同》各方当事人并未在此之后重新确定权利义务，故该份投保申请书不足以认定是对《保险合同》的修改或补充说明。同理，保险单应当是保险合同成立后，保险人向投保人或被保险人签发的正式书面凭证，其内容应与《保险合同》相符。如存在不一致处，应当视为保险人向投保人发出的新要约，新要约仅在投保人认可的情况下才产生合同效力。涉案保险单除在被保险人的表述上与《保险合同》不符之外，其他内容，特别是在保险责任范围的表述上并未超出《保险合同》约定范围。故根据涉案保险单不能想当然推断承保范围是依据《建筑工程一切险条款》，也无法得出此处表述的“台风”即是《建筑工程一切险条款》中所定义的“台风”。

（4）原告关于保险合同第六条“保障责任”既非保险法法律用语，也非保险专业用语，被告对此应履行说明义务的意见。法院认为，“保障责任”仅是《保险合同》第六条的名称，该条款的具体指代对象明确、具体、清晰，故被告无须对“保障责任”的概念履行说明的义务。

综合上述意见，法院可以确定双方所约定的承保范围应以《保险合同》为依据。根据《保险合同》对台风、风暴的定义，法院确定双方约定属于承保范围的台风、风暴的风力等级应当在11级以上（含11级）。

2.关于台风、风暴的风力等级测试点的问题。《保险合同》第六条注明，台风或风暴指保险标的所在地（含温州、台州地区）的风力达11级以上（含11级），造成保险标的的直接损毁；或在上述台风或风暴的直接作用下，引起的海浪袭击所致的标的损毁均视为台风或风暴责任。工程局对“保险标的所在地（含温州、台州地区）的风力达11级以上（含11级）”的理解为，只要温州或台州任何一个地方风力超过11级均可视为特殊风险发生；而A保险公司、B保险公司对该条的理解为，温州、台州地区的风力均达到11级以上，才能归入保险范围，即使约定不够明确，也应适用与受损工程最密切联系地玉环县的风力状况来认定。法院认为，由于保险标的处所固定明确，故合同在“保险标的所在地”之后用“含温州、台州地区”进行注释，可以认定是双方对风力区域范围的补充约定。根据保险标的所在地与温州、台州地区的区域关系，工程局对该条款的解释更符合通常理解。根据各气象站的监测报告，台风“森拉克”及“蔷薇”在温州或台州区域的风力已达11级以上（含11级），保险标的因该两场台风影响所致的毁损事故，应当属于《保险合同》约定的保险事故。

3.《公估报告》的效力。公估机构及参与公估的人员在对涉案保险事故履行保险公估事务时并无资质上的瑕疵，即使在本案诉讼之前《公估报告》没有送达工程局，也不当然产生《公估报告》无效的法律后果。关于工程局提出该公估公司未经其同意委托，《公估报告》采用的损失计算依据及计算方式错误，导致《公估报告》无效的意见，法院从以下两方面进行分析说明：

（1）启动保险公估程序合法。漩门项目部作为投保标的物的具体施工部门，在两起台风事故发生前后，积极联系保险工作人员对保险标的物状况进行测量、拍照，并向保险公司递交出险通知书及索赔申请，在公估公司对台风事故查勘期间，又积极配合公估公司提供各项资料，包括保险凭证、工程承建合同、招投标文件、施工记录等。现工程局对项目部参与的其他理赔事务不提异议，仅以“同意由智信达公估公司作为保险公估人的声明”由项目部出具，项目部的该行为没有得到工程局认可，而否认声明的有效性，有违诚实信用原则。由于保险事故发生期间，均由漩门项目部负责处理各项事务，在声明签署后，工程局继续配合公估公司履行查验、复勘工作，故项目部签署声明、同意由智信达公估公司对两起台风事故所致保险标的损失进行检验评估的行为，可视为工程局的意思表示。智信达公估公司对涉案保险事故进行保险公估，符合当事人约定，启动保险公估程序并无不当。

（2）损失核定及计算问题。原告确认其在庭审中出示的损失清单中有关损失项目及工程量的测绘时间在公估公司测量之前。本院认为，既然原告在公估公司测量之后，已与公估公司共同核对了损失数据，现原告仍要求适用其自行测量的损失清单，无事实依据，法院不予采信。公估公司已充分认识到漩门项目部在台风事故前后积极履行防护及施救义务，故在公估过程中，对于已修复的部分损失，公估公司根据现场痕迹、比照工程局提供的出险前后测量数据、现场照片与漩门项目部工作人员一同对损失情况进行了恢复。在损失计算中，公估公司对该部分损失进行了核定。故原告关于公估公司在公估时距第一次出险40天、距第二次出险25天，损失清点确认表等仅仅反映查勘时的情况的意见，与查勘实际情况不符，法院不予采信。公估公司依据涉案工程的《施工协议》《投标文件》《单价分析》和《建筑工程工程量清单》等资料，对各项目工程单价进行核实分析，核定损失金额，其结论可以作为法院认定事故损失的依据。据此，法院确定因台风“森拉克”及“蔷薇”而给保险标的造成的损失金额分别为1498714元、1135205.67元。工程局以公估公司在进行估损时，对受损财产的损失量存在遗漏，且未按重置价值计算，并据此要求对事故进行重新估损的法律依据不足，法院不予采纳。

4. 关于免赔额问题。《保险合同》第八条约定台风、风暴属于特殊风险范畴，每次事故绝对免赔额150万元或损失金额的20%，两者以高者为准。涉案事故因台风“森拉克”及“蔷薇”所致，应当属于合同约定的特殊风险范畴。由于两次事故损失均低于《保险合同》约定的特殊风险事故绝对免赔额150万元，A保险公司、B保险公司无须为该两次事故承担保险赔付义务。工程局关于台风、风暴的风力在11级以下的属于一般风险事故，涉案事故应遵从一般风险事故赔偿限额予以赔付的主张，与双方约定不符，法院不予采信。

## 法院判决

综上所述，依据《中华人民共和国民事诉讼法》第六十四条第一款、《中华人民共和国保险法》第五条之规定，判决如下：

驳回原告工程局的诉讼请求。

案件受理费51303元，由原告工程局负担。

如不服本判决，可在判决书送达之日起十五日内，向法院递交上诉状，并按对方当事人的人数提出副本，上诉于浙江省杭州市中级人民法院。

## 编者评论

本案案情复杂、辩诉双方提供的证据繁多、相互质证和反证，但焦点集中在以下几方面：

一是保险人和被保险人签订的保险合同与保险单孰者优先。由于保险单是格式条款，而保险合同为合同双方经协商订立，如果保险合同中的约定与格式条款不同，则以保险合同约定为准。

二是投保书和保险合同之间的关系问题。投保书是投保人的邀约，保险人如果根据投保书内容出具了保险合同，该保险合同为保险人所作的承诺，保险合同成立，保险责任以保险合同上的表述为准。如果保险人出具的保险合同与投保单内容不一致，如增加对保险责任的限制条款，等于保险人作出了新的邀约。如果投保人接受，就等于作出承诺，保险合同成立。如果保险人在保险合同中增加保险责任限制条款，但并未告知投保人，或投保人对此不知晓，该限制性条款无效，因为保险人违反了《保险法》对其向投保人如实告知的规定。该案中，原告认为，投保书、保险单内容可以用来说明双方之间约定的责任范围应依据《建筑工程一切险条款》的约定（建筑工程一切险将自然灾害作为保险责任，对暴风的定义是：风力达 8 级、风速在 17.2 米 / 秒以上的自然风）。由于该投保书在《保险合同》签订之后出具，法院认为该投保书不足以认定是对《保险合同》的修改或补充说明。

三是台风、风暴的风力等级测试点的问题。保险合同对台风或风暴风险事故的解释是“保险标的所在地（含温州、台州地区）的风力达 11 级以上（含 11 级），造成保险标的的直接损毁”。保险人认为，保险标的所在地风力达到 11 级以上才算是特殊风险（风暴），其造成的损失，保险公司才予以负责；而原告认为只要温州或台州任何一个地方风力超过 11 级，均可视为特殊风险发生。法庭认可原告的解释。

四是《公估报告》的效力问题。漩门项目部出具“同意由智信达保险公估有限公司作为保险公估人的声明”，该行为没有得到原告认可，因此，原告否认该声明的有效性。法庭认为原告有违诚实信用原则，故不予支持。由于灾害事故的处理一直由漩门项目部直接进行，该部门完全可以代表原告出具同意委托公估的声明。原告认为作出该声明未得到法人授权而无效，并认为该声明缺乏法律依据。

五是关于台风造成的损失的重置价值是否可以以项目工程单价计算的问题。重置价值是指按现行市价重新购建某项固定资产所需支付的金额。该案保险单是 2006 年 7 月签订的，台风事故发生在 2008 年 9 月。虽然从保险合同起始日至保险事故发生日已经时过两年，但是根据以上所述，并未出现高通货膨胀率，并未导致在发生损失时需要支付更高的材料和人工成本来重新恢复被台风造成的损失工程。因此，法庭认为，可以以项目工程单价为基础计算重置价值。原告认为公估公司计算的损失金额不是重置价值，但又未提供可信的证据，法院对原告的观点不予支持。

## 本案启示

本案的借鉴意义：一是不管是保险公司还是经纪公司，都要注意建安工险的保险合同与建安工险保险单条款可能存在区别的问题。保险合同优先于保险单条款，如果存在保险合同条款与保险单条款不一致的地方，最好在保险合同上作出说明，删除被替代的保险单条款，以保险合同上的条款为准。以避免出现这种不一致时，被保险人坚持要求按照保险单条款执行，尽管法院不会予以支持。二是在承保指定地点的建筑工程因类似台风那样的涉及面广而且不同地区可能出现程度不同的自然灾害时，应当明确规定以损失发生地的灾害程度为准，而不考虑附近其他地区的灾害程度情况，因为法庭有可能用附近其他地区的灾害程度来衡量事故发生地的灾害程度。本案保险合同中的“保险标的所在地（含温州、台州地区）的风力达 11 级以上（含 11 级）”的表述，就可能被法庭用温州、台州的风力程度来证实事故发生地玉环县的风力程度（特别在无法拿到事故发生地气象报告的情况下）。三是关于重置价值问题。由于人们只有“重置价值”的定义，但没有计算重置价值的标准，因此在建安工险发生物质损失时，如何计算重置价值，可能在保险人和被保险人之间产生纠纷。因此，用工程量清单合同价作为计算在施工开始后不久发生的物质损失金额，不失为一种双方都可接受的方式。

投保人投保工程险是为了转移风险损失，在台风高风险地区，工程遭遇台风导致损失的概率极大，保险人会对台风灾害设置免赔条件。因此，投保人应该从保护自己利益的角度认真地与保险人洽谈免赔条件的设置。假如本案中台风的起赔条件设置为 10 级并降低绝对免赔额，则被保险人的利益就可以得到更多的保障。在设置保险条件时，投保人需要专业的指导以及在保险成本和风险保障之间进行利弊权衡。

# 二十三 如何处理格式保险条款和非格式保险合同之间存在歧义的问题

## 案情简介

上诉人（原审原告）：潢川县某绿化工程有限责任公司（以下简称绿化工程公司）

被上诉人（原审被告）：某保险分公司（以下简称保险公司）

2006年8月6日，绿化工程公司就其承包的商周高速公路周口段K252+500至K268+7高速公路绿化工程向保险公司投保建筑工程一切险，保险金额为4305667元，保险期间包括建造期和保证期，其中建造期为2006年7月27日始至2007年12月31日止，保证期为2007年1月1日始至2007年12月31日止，总保险费为14417元，所承保的风险包括地震、海啸、洪水、风暴、暴雨。2007年7月14日与2007年7月19日，周口市分别发生降水量为67.9毫米和50.6毫米的强降水；2007年7月周口市降水量为506.1毫米，造成绿化工程公司投保的高速公路绿化工程发生了不同程度的损失。绿化工程公司分别于2007年7月31日、2007年9月17日、2007年10月28日三次向保险公司报险，称2007年7月的两次暴雨造成商周高速周口绿化五标路两侧种植的树木、草坪及周口互通区、杨湖互通区种植的树木、草坪死亡。保险公司勘验后，经绿化工程公司同意，委托郑州神州保险公估有限公司（以下简称神州公估公司）对保险单所承保的树木、草坪死亡是否由暴雨造成进行鉴定。如果树木、草坪死亡不是由暴雨造成，则对保险损失部分进行鉴定；如果树木、草坪是由暴雨造成的，则对暴雨造成的损失进行鉴定。

2008 年 11 月 11 日，神州公估公司作出如下公估结论：

（1）被保险人位于商周高速周口段绿化五标路两侧草坪死亡不是由暴雨造成，草坪死亡属于保险责任部分的损失金额为人民币 165304 元。

（2）被保险人位于商周高速周口段绿化五标周口西互通区草坪死亡，80% 由暴雨造成，由暴雨造成的草坪死亡损失金额为人民币 19637.80 元。

（3）被保险人位于商周高速周口段绿化五标周口西互通区、杨湖互通区树木死亡，80% 由暴雨造成，由暴雨造成保险标的的损失金额为 26092.95 元。

（4）被保险人位于商周高速周口段绿化五标路两侧树木死亡不是由暴雨造成，树木死亡属于保险责任部分的损失金额为人民币 6150.16 元。

双方对保险损失理赔一事未达成一致，绿化工程公司遂向郑州市金水区人民法院提起诉讼，请求被告支付保险理赔款 4350078 元。

## 一审审裁

2010 年 12 月 31 日，经绿化工程公司申请，金水区人民法院依法委托河南科健资产评估有限公司进行鉴定。鉴定结果为：河南省商丘至周口高速公路周口段项目 SZLH–5 合同绿化工程因暴雨造成的全部经济损失评估价值为 491304.16 元。绿化工程公司为此垫支鉴定费 49000 元。

郑州市金水区人民法院认为，绿化工程公司在保险公司处为商周高速公路周口段 K252+500 至 K268+7 高速公路绿化工程投保了建筑工程一切保险，双方形成了保险合同关系。虽然建筑工程一切险条款第 5 条第 2 项约定，保证期从工程所有人对部分或全部工程签发完工验收证书或验收合格时起算，但是双方在保险合同中明确约定，保证期为 2007 年 1 月 1 日始至 2007 年 12 月 31 日止。双方对保险合同中关于保证期的约定有争议，即保险条款对保证期的描述与保险合同的约定不一致，绿化工程公司对保险条款的描述不予认可，但双方均对保险合同约定无异议，对保证期的约定应以保险合同为准。

金水区人民法院认定，该案有争议的保证期应为2007年1月1日始至2007年12月31日止，在保证期内发生保险事故造成绿化工程公司投保的建筑工程损失的，保险公司应按保险合同约定和有关法律规定向绿化工程公司履行赔付义务。根据河南科健资产评估有限公司的鉴定结果，河南省商丘至周口高速公路周口段项目SZZLH-5合同绿化工程因暴雨造成的全部经济损失评估价值为491304.16元，该损失未超出合同约定的保险金额4305667元，保险公司应予以赔付。故对绿化工程公司请求被告支付保险理赔款4350078元的诉讼请求，金水区人民法院仅支持其中的491304.16元，其余部分因证据不足不予支持。绿化工程公司为鉴定保险标的的损失程度所支付的必要、合理的鉴定费49000元，应由保险公司承担。保险公司辩称的理由不足，不予采信。

金水区人民法院依照《中华人民共和国民事诉讼法》第六十四条第一款，《中华人民共和国保险法》（2002年10月28日修订）第二十四条第一款之规定，作出（2011）金民二初字第2950号民事判决：

（1）保险公司于判决生效后15日内支付绿化工程公司保险金491304.16元。

（2）驳回绿化工程公司其他诉讼请求。案件受理费41601元由绿化工程公司负担36902元，保险公司负担4699元；鉴定费49000元由保险公司负担。

## 二审审裁

原被告双方均不服郑州市金水区人民法院的民事判决，遂向河南省郑州市中级人民法院提起上诉。

绿化工程公司诉称：

（1）原审对 3858773.84 元损失部分不支持是错误的。因 2007 年 6 月、7 月连降暴雨，造成绿化工程公司投保的绿化工程高达 435 万元的经济损失是客观存在的。事故发生后，绿化工程公司分别于 2007 年 7 月 31 日、9 月 17 日、10 月 16 日三次报案并填写出险通知书向保险公司上报损失情况，保险公司和公估公司 4 次到现场查勘定损。上报的直接损失额总计为 3098404.81 元，有出险通知书、损失清单、现场勘验笔录及清点部分树苗、事故现场照片等为证。神州公估公司对互通区大面积死亡的草坪一直没勘验，依据规划设计图、验收清单、事故现场照片为证，该部分损失为 1251674.97 元。绿化工程公司因此遭受 435 万元经济损失，证据是充分的。

（2）即使按照河南科健资产评估有限公司的资产评估报告，法庭也应当对绿化工程公司主张的路肩草坪损失 545559 元和互通区草坪损失 1090038.17 元，共计 1635597.17 元予以支持。因为路肩草坪面积和损失金额是由神州公估公司现场勘验的，在没有相反的证据证明不是暴雨致损的情况下，也应认定为保险事故造成的损失。同时，互通区草坪的损失是依据现场照片和施工规划计算得出的数据，是真实的。故请求法院对这些损失予以支持。

保险公司辩称：

3858773.84 元损失是绿化工程公司单方计算的结果，其计算时所依据的出险通知书、损失清单也是其单方出具的，没有事实根据。路肩草坪损失和互通区草坪损失在公估报告中已经确认，并且还确认了损失金额。绿化工程公司的上诉请求不成立，应予驳回。

保险公司诉称：

原审根据保险单记载对保险期间进行片面的认定和判决，违反了合同意思自治原则，判决保险公司对暴雨事故和损失承担赔偿责任，损害了保险公司的利益。双方之间的保险合同由《投保单》《保险条款》《保险合同》和《工程量清单汇总表》四部分组成。虽然《保险合同》约定保证期为 2007 年 1 月 1 日至 2007 年 12 月 31 日，但按照《保险合同》第 5 条的约定，保证期应从部分或全部工程签发完工验收证书或验收合格时起算。在确定本案保险合同的保证期时，应根据《保险条款》《保险合同》及工程验收手续综合认定。2007 年 7 月暴雨事故发生时，该案保险合同约定的保证期尚不具备起算条件，绿化工程公司所述因暴雨造成的损失不属于保证期内的损失，该损失不属于保险责任范围。本案涉及的绿化工程需经验收合格后保险公司才开始承担责任。绿化工程公司提供的 2007 年 10 月 18 日关于绿化草坪损失报告及 2008 年 4 月 8 日事故损失报告（共 4 份）显示，直至 2008 年 4 月 8 日，被保险绿化工程尚未验收。本案保证期“从工程所有人对部分或全部工程签发完工验收证书或验收合格时起算”的附加条件还未成就。保险合同保证期内对财产损失的保险责任，因所附条件未成就而未发生法律效力。保险公司不应承担赔偿责任。即使双方争议的暴雨事故发生在保险期间内，双方也应按照共同委托的保险公估机构《公估报告》确定的保险损失金额理赔，而《公估报告》确定的保险损失金额为 45730.75 元。即使根据《资产评估报告书》，保险公司应承担的保险损失金额也仅为 71714.73 元，原审没有区分保险标的和非保险标的损失，扩大了保险公司的保险责任范围。49000 元的鉴定费用判由保险公司全部承担，不公平。故请求撤销原判第一项，发回重审或改判保险公司承担最高不超过 71714.73 元的赔偿责任，诉讼费及鉴定费由绿化工程公司承担。

绿化工程公司又辩称：

保险事故发生在保证期内，保单约定得很清楚，保险公司没有证据否定对保险理赔的计算。科健资产评估有限公司是双方共同选定的，具有鉴定资质。其鉴定保险具有公信力；公估公司由保险公司单方选择，其公估保险缺乏公信力。原判未超出诉请范围，保险公司应当承担绿化工程公司因暴雨造成的损失。

郑州市中级人民法院经审理查明的事实与原审查明的事实一致。

郑州市中级人民法院认为：2006 年 8 月 6 日，绿化工程公司与保险公司签订的保险合同是双方的真实意思表示，原审认定合法有效正确，对此应予维持。绿化工程公司按约履行了支付保险费的义务，保险公司在发生保险事故后应及时给予理赔。绿化工程公司要求保险公司支付保险金 435 万元，但经河南科健资产评估有限公司的鉴定，涉案合同绿化工程因暴雨造成的全部经济损失评估价值为 491304.16 元，超出的部分绿化工程公司提供的证据不足，绿化工程公司以此为由的上诉请求，法院不予支持。

保险公司上诉称，损失发生时，保险单条款第 5 条第 2 项约定的保证期所附起算条件还未成就，但该条款与双方在保险合同中约定的保证期间不一致，双方对此存有争议，保证期为 2007 年 1 月 1 日始，至 2007 年 12 月 31 日止，是正确的。该保证期依据《保险法》第三十一条规定，应做出有利于被保险人即绿化工程公司的解释，原审以此认定该保证期内发生保险事故造成绿化工程公司投保的建筑工程损失的，保险公司应按保险合同的相关约定和有关法律规定，向绿化工程公司履行赔付义务。保险公司尽管提供了公估机构的公估报告，但因绿化工程公司对该公估报告的核损金额提出异议，该公估报告对绿化工程公司不产生必然的约束力，原审因此委托河南科健资产评估有限公司对双方争议的保险损失进行鉴定亦是正确的。依据该鉴定结论，绿化工程公司的损失金额 491304.16 元，保险公司应予赔付。保险公司以此为由的上诉请求，证据不足，法院亦不予支持。原审法院查明事实清楚，适用法律正确，实体处理恰当。

2011 年 12 月 12 日，郑州市中级人民法院依照《中华人民共和国民事诉讼法》第一百五十三条第一款第一项之规定，（2011）郑民四终字第 1799 号判决如下：驳回上诉，维持原判。二审案件受理费 41601 元，由绿化工程公司负担 36902 元，保险公司负担 4699 元。

## 编者评论

该案从保险专业的角度来看，还存在一些不够清晰的地方。绿化工程公司投保建筑工程一切险，保证期为一年，即从 2007 年 1 月 1 日始，至 2007 年 12 月 31 日止，在此之前的工程建设期，时间为 2006 年 7 月 27 日始，至 2007 年 12 月 31 日止。该案工程项目的保证期开始计算的前提条件是工程建设期结束，工程项目部分或全部签发完工验收证书或验收合格时起算。然而，截至 2008 年 4 月 8 日，该工程始终未验收。暴雨正好发生在保证期内。保险公司认为，由于工程尚未验收，工程保证期开始计算的条件未成就，该期间内的暴雨损失，保险人不负责。但法院认为保险合同对保证期的约定有矛盾、不清晰，作对被保险人有利的解释，即尽管工程未验收，保证期开始计算的前提条件未成就，但保证期内暴雨造成的损失，保险人依然要赔偿。

本案的启示是，在出现既有格式保险条款约定，又有非格式保险合同约定，并且两种约定存在冲突或矛盾时，保险人应当厘清两者之间的关系，以清晰的表述作出说明，使得法官（或被保险人）能够一目了然，而不会由于存在歧义而作出对保险人不利的判决。

另外，保险合同是否负责保证期内由于自然灾害造成的损失，仍然值得商榷。根据建筑工程一切险的三个保证期扩展条款，自然灾害造成保险标的的损失并不属于保险责任范围，但在许多类似的案件中，法院都判保险公司负责赔偿自然灾害造成保险标的，特别是所种植物如苗木的损失。对这一问题，保险业界应当引起重视，对扩展保证期保险条款是否承保自然灾害造成的损失予以明确，否则，类似该案例的判决还会不断出现。

# 二十四 工程承包合同、投保书和保险合同对保险期间的表述应当一致

## 案情简介

原告：某城建集团项目经理部（以下简称城建项目部）

原告：某高速公路有限公司（以下简称高速公路公司）

被告：某保险分公司（以下简称保险公司）

被告：某保险支公司（以下简称保险公司）

## 一审审裁

二原告共同诉称：

2010 年 7 月 19 日至 8 月 23 日，濮范高速第 9 合同段发生特大暴雨，导致路基大面积被冲坏。雨水冲走土方，流入路边的田地，造成路基及路基边田地受损。二原告向被告申请理赔，被告以各种借口不予理赔。故原告诉至周口市川汇区人民法院，请求依法判令二被告赔偿二原告各项损失 1651026 元。

二被告辩称：

1. 该案事故发生在保险期间外。据双方签订保险合同条款第 12 页第 5 条第 3 款规定，保险期间的展延没有经过保险公司书面同意的，不属于保险

责任范围。因此，保险公司不应承担赔偿责任。

2. 原告的主张无事实及法律依据。其提供的工程造价鉴定意见书从程序及内容上均不符合相关法律规定，不能作为定损依据。

3. 事故发生后，双方共同委托河南大河公估公司，到现场对土方损失实际数额进行了查勘和确认，原告的实际损失为 3998.52 立方米，修复价值为 181580.79 元。该结论是双方委托的公估机构作出的，该公估事项是双方表示的真实意思，因此该结论才是原告损失的唯一依据。综上所述，应依法驳回原告的诉讼请求。

二原告共同向法院提交的证据材料有：

1. 保险协议一份，证明：

（1）原被告之间具有保险合同关系。

（2）被告承保的标的区域范围系濮范高速公路第 9 合同段（以下简称第 9 合同段），线路全长 5.5 公里。

（3）二原告诉求的因暴雨冲毁路基造成的损失在被告的承保范围内。

（4）暴雨冲毁路基的时间为 2010 年 7 月 19 日至 8 月 23 日，在保险合同有效期限内。

2. 河南建兴工程造价咨询有限公司所作建筑工程造价司法鉴定意见书一份和开封市鼓楼区地方税务局发票一份，证明：

（1）濮范高速公路 9 合同段因暴雨冲毁路基造成的损失为人民币 1651026 元。

（2）为确定本案涉及路段造成损失的实际金额进行司法鉴定所支出的鉴定费为 16000 元。

（3）前两项合计人民币 1667026 元，即是被告应当赔偿的实际金额。

3. 濮阳市气象局资料室证明两份，证明：

（1）2010 年 7 月 18 日至 7 月 19 日，濮阳境内出现强降水天气，属暴雨。

（2）2010 年 8 月 19 日至 8 月 26 日，濮阳境内出现强降水天气，属暴雨。

二被告对于二原告所提交的证据质证意见为：

对证据 1、证据 2 真实性无异议，对证明目的有异议。

对证据1的异议为：根据保险合同第7项，保险合同有效期为2年，从2008年6月6日至2010年6月5日，依据合同第12页第5条第3款规定，保险合同终止以后发生的损失，被告方不承担责任。

对证据2的证明目的有异议，认为该鉴定程序及内容上均不合法，不能作为定案依据，具体为：

（1）结论不客观。鉴定材料为两份，即司法鉴定委托书及保险合同，均不能作高速公路土方冲毁的证明，也不能凭该材料作出鉴定结论。

（2）鉴定书中显示，2010年11月29日，鉴定机构会同各方人员进行现场勘察时，未表明鉴定人员身份，二被告也未参与，鉴定机构也未向二被告调取任何鉴定材料。因此，在程序上不符合司法鉴定规则。况且当时现场已修复，无法看出损失情况。

（3）委托方未提供录像资料，其鉴定依据不存在。

（4）鉴定定额标准错误，应参考工程投标价及监理和施工日志，以及事后保险公司对现场的查勘资料。

（5）被告从未参与鉴定过程，鉴定机构未听取被告反馈意见。

（6）被告对工程清单上土方数额有异议，与双方确定的损失不符。

综上所述，该鉴定结论不符合客观事实，不能作为定案依据。

对证据3有异议，认为下雨是事实，但对雨量多少，被告无法确定，因此无法质证。

二被告共同向法院提交的证据材料有：

1. 投保单一份，证明：

（1）原告承保期间为：建造期24个月，保证期12个月，工程开工时间为2008年6月6日。

（2）双方约定的保险免赔额，暴雨20000元，其他5000元。

（3）保险人对免赔条款已按照《保险法》规定履行了明确提示和告知义务。

2. 索赔申请书、现场查勘记录、降雨一览表、公估检查各一份，证明：

在该次事故中，原告被冲毁的土方为3998.52立方米。2010年9月16日，原告索赔金额为350000元，与该次鉴定的损失差额巨大，因此原告请求的损失应以索赔申请为基数。

3.大河公估报告一份，证明：

（1）原告实际损失金额181580.79元。

（2）被冲毁的土方数额是经过双方确认的。

（3）委托公估机构进行鉴定，二原告是认可的。

（4）该公估报告印证了司法鉴定的不客观性，应当作为定案的唯一依据。

4.司法鉴定书、鉴定异议书各一份，证明司法鉴定机构及其人员均无鉴定资质。

5.《河南省2010司法鉴定机构人员名单》一份，证明司法鉴定机构的业务范围为资产评估司法鉴定，其三名执业人员均为资产评估司法鉴定人员，不具备建筑工程造价的司法鉴定资格。

二原告对于二被告所提交的证据质证意见为：

对证据1有异议，认为：

（1）该证据不能证实工程开工时间。

（2）即便开工时间为2008年6月6日，因保险期间为2年建造期，加上1年保证期，涉诉事故也处于合同的保险期间内。

（3）对约定的免赔额及保险金额无异议。

对证据2有异议，认为：

（1）索赔申请书上的金额只是初步估计，不是实际损失。事实上原告两次遭到暴雨冲毁路基。

（2）该表是2010年8月9日至26日的一览表，只是其中一次损失，原告实际上损失2次。现场查勘记录只是初步测量的数据，对其真实性有异议。

对证据3有异议，认为：公估报告未在举证期限内提交，已超过举证期限，对该证据不予质证。对证据4真实性无异议，对其证明目的有异议，认为：该司法鉴定合法有效，能作为定案依据。对证据5有异议，认为：被告申请重新鉴定的理由不成立。

## 法院庭审意见

经庭审认证，法院认为：

原告提交证据 1、证据 3，被告提交证据 4，其中的司法鉴定书内容真实、形式合法，与本案有关联性，属有效证据。关于原告提交的证据 2，因被告申请重新鉴定，已经法院审查准许，故对其证明效力法院不予采用。对于被告提供的证据 1、证据 2 真实性法院予以采用，但其不能达到被告的证明目的。被告提供的证据 3 是二被告单方委托河南大河公估公司作出的公估报告，二原告未在保险公估机构聘请合同上签字或盖章，因此对该证据本院不予采信。关于被告提供的证据 4 中司法鉴定异议书以及证据 5，该鉴定是经过二被告申请重新鉴定后，法院委托的，鉴定机构及其鉴定人员均具有鉴定资质，被告主张该鉴定机构及其鉴定人员无本案的鉴定资质证明效力不足，因此对被告的证明目的不予采纳。

依据上述有效证据及庭审查明，法院可以确认以下案件事实：

2008 年 6 月 6 日，原告城建项目部（承包人）、高速公路公司（业主）联合在被告保险公司投保了道路工程建筑工程一切险及第三者责任险。保险合同约定：投保区域范围为濮阳至范县高速公路工程土建施工第九合同段，线路全长 5.5 公里；保险金额：道路工程建筑工程一切险的保险金额 110420130.61 元；第三者人身险及财产损失险累计赔偿限额为 1000000 元，其中每次事故赔偿限额，财产损失险限额为 500000 元，人身损失险赔偿限额为 500000 元；承保方式：由承包人和业主共同作为被保险人；保险期间按照《工程承包合同》中规定的合同工期确定，由承建商开始施工，直至工程完工通车试运行为止，另加 12 个月的保证期。若实际工期延后，保险期间将自动按照工程需要延期。延期及保证期的保险内容及相应条款同本合同约定期限；免赔额：适用于物质损失，其中暴风、暴雨每次事故免赔额为 20000 元。2008 年 6 月 19 日，原告一次性交纳保费 290092.34 元。

2010年8月19日16时至8月26日期间，濮阳市范县境内杨集乡出现强降水天气，降水量达到111.8毫米，导致二原告投保的濮阳至范县高速公路工程土建施工第九合同段，线路全长5.5公里路基大面积被冲毁，被雨水冲走的土方流入路边的田地，造成路基及路基边田地受损的保险事故。2010年8月30日，二原告向保险公司报案。9月3日，被告保险公司派员到现场了解受灾情况，进行事故查勘，并拍下视频资料。二原告和二被告协商理赔，二被告未予理赔。起诉后，二原告申请对施工第九合同段因暴雨冲毁路基造成的损失及第三者的损失金额进行评估鉴定，经河南建兴工程造价咨询有限公司鉴定，濮阳至范县高速公路工程土建施工第九合同段因暴雨冲毁路基造成的损失金额为1651026元。鉴定费用为16000元，由二原告支付。二被告对此鉴定结论不服，申请重新鉴定，经法院审查后予以准许。经法院委托，河南正开资产评估事务所有限公司对涉案濮阳至范县高速公路工程土建施工第九合同段因暴雨冲毁路基造成的损失及第三者的损失金额进行了重新评估鉴定，其评估价值为1558392元。重新鉴定费用为15600元，由二被告支付。

根据查证，法院认为：

二原告将其濮阳至范县高速公路第九合同段工程项目的道路建筑工程及第三者责任向被告保险公司投保，被告保险公司同意承保并签发了保险单证，表明双方财产保险合同关系已经成立，该合同对双方当事人均具有约束力。合同签订后，二原告投保的工程项目在保险期间内发生被暴雨冲毁的损失事故，被告保险公司应在保险合同约定范围内进行理赔。二原告工程项目的损失价值小于其投保的道路工程建筑工程一切险的保险金额。根据保险合同约定，暴风、暴雨造成的损失每次事故免赔额为20000元，因此在二原告损失范围内应当扣除相应的免赔额。综上所述，二原告要求被告保险公司承担保险赔偿责任，支付保险赔偿金的诉讼请求的合理部分，法院予以支持。被告辩称内容无有效证据证明，本院不予采信。根据《中华人民共和国合同法》第一百零七条、《中华人民共和国保险法》第十条、第十一条、第十四条、《中华人民共和国民事诉讼法》第二百二十九条之规定，判决如下：

一、被告保险公司于本判决生效之日起十日内支付原告城建项目部、高速公路公司保险赔偿金 1538392 元。逾期履行，双倍支付迟延履行期间的债务利息。

二、驳回原告城建项目部、高速公路公司其他诉讼请求。

案件受理费 19660 元，鉴定费 31600 元；被告保险公司承担案件受理费 18646 元，鉴定费 15600 元；原告北京城建项目部、高速公路公司承担案件受理费 1014 元，鉴定费 16000 元。

## 编者评论

该案有两个焦点问题：

一是暴雨事故是否发生在保险期间。根据上述案例材料，被告保险人认为保险合同有效期为两年，而该暴雨发生在保险期间外，是保险期间的展延阶段，但该保险期间的展延未得到保险人的书面同意，因此展延无效，在该展延期间暴雨造成的损失则不属于保险责任范围。而法庭根据保险合同的约定，认为保险期间是三年，两年建造期，一年保证期，根据暴雨事故发生的时间来看，该暴雨正好发生在保证期间，因此属于保险责任范围。至于为什么保险人认为的保险期间与法庭的确认会有如此大的区别，法庭的审理意见并未说明。

二是暴雨造成的损失金额问题。该案暴雨事故造成的损失先后由三家鉴定机构定损：（1）由原告被保险人单方委托的河南建兴工程造价咨询有限公司定损，被告认为该公司鉴定程序及内容上均不合法，不能作为定案依据。（2）原告和被告共同委托的河南大河公估公司，原告认为，其公估书未在举证期限内提交，已超过举证期限，对该证据不予质证。（3）由法院委托的河南正开资产评估事务所有限公司，其鉴定报告得到法院的认可，其定损金额作为法院判决的依据。

该案件的启示：一是保险合同上载明的保险期间应当清晰，不能出现歧义。投保书要求的保险期间（包括建造期和保证期）应当与保险合同上载明的保险期间一致，而投保书上的保险期间往往又依据的是《工程承包合同》中规定的合同工期。如果这三种期间不一致，保险人和经纪人都要分析其原因，是否出现书写或打字错误；如果是保险人为了控制风险而缩短保险期间，就必须向经纪人或投保人说明，否则就会因未如实告知而败诉。二是委托公估公司应当得到保险人和被保险人双方的同意，其公估结果也应当得到双方的认可。即使被保险人同意保险公司推荐的公估公司查勘定损，如果公估结果无法反映被保险人的实际损失，被保险人也仍然会拒绝接受公估结果，或者找理由否认公估报告的证据作用。因此，公估公司的委托以及公估报告的结论都需要保险合同双方的认可。如果保险人推荐的公估公司被保险人接受，但对公估结论不认可，保险公司需要分析原因、加强沟通、注重事实，力争与被保险人达成共识，以避免因小分歧而导致所作的公估努力功亏一篑，冒法庭判决结果不确定性的风险。

该案对于投保人的重要启示是，工程险的延期是经常发生的，在订立保险合同时需要事先约定工程延期是如何实现的，是否需要被保险人提出申请并得到保险人的同意，或者在不经保险人同意的情况下就可以任意延期，以避免在延期时发生纠纷。

# 二十五 由于“风暴”和“暴风”在解释上的歧义，导致免赔条款无法实施

## 案情简介

原告：某隧道工程公司（以下简称工程公司）

被告：某保险支公司（以下简称保险公司）

2008 年 12 月 26 日，原告工程公司向浙江省舟山市普陀区人民法院提起诉讼，请求依法判决被告保险公司给付保险赔偿款人民币 206610 元，并承担该案诉讼费。

原告诉称：

2007 年 11 月 21 日，原告因承建工程需要，向被告投保建筑工程一切险，双方签订了建筑工程保险合同。保险工程名称为仙草潭大型造船基地隧道（1 号、2 号、3 号）工程。保险工程地址为舟山市岱山县长涂镇小长涂岛北侧临海丘陵一带。保险期间自 2007 年 4 月 1 日 0 时起，至 2008 年 12 月 31 日 24 时止或工程验收通过之日止（以时间长者为准）。保险金额为 42726044 元，保险费为 125632.92 元。保险合同签订后，2007 年 11 月 22 日，原告向被告交付建筑工程一切险保险费 125632.92 元。2008 年 4 月 9 日，受温带气旋影响，长涂测风站实测极大风速为 29.2 米 / 秒，风力达 11 级，风向西北偏西，达到重大灾难性天气标准，造成原告建筑工地职工宿舍及各种设施损毁，直接经济损失 206610 元。损失发生后，原告即向被告报案，要

求被告理赔。但被告却以“风暴”或“暴风”的文字解释和损失计算为由，不予理赔。

原告认为，原被告之间订立的建筑工程一切险保险合同合法有效，双方当事人均应当按照合同约定履行义务。原告已按合同约定支付给被告保险费，履行了合同义务。但被告收取了原告保险费，当发生保险责任范围内的损失事故应当理赔时，却以所谓的文字解释和损失计算为由，不予理赔，违反保险合同约定，缺乏诚信，依法应当承担赔偿责任。

被告辩称：

1. 原告与被告之间签订的“建筑工程一切险”系双方当事人的真实意思表示，应是合法有效的，受法律保护该案原告向被告投保，并填写了“建筑工程一切险投保单”，承诺投保单的填写内容属实。被告于 2007 年 11 月 21 日向原告出具了编号为 AHAZ83135007000008 的“建筑工程一切险保险单”，原告又于次日交纳了保险费。故此，双方的保险合同依法成立，该工程项目保险金额为 42726044 元，与提供的工程量清单价一致。但是，根据原告投保时的投保单中写明：洪水、风暴、暴雨、台风，每次事故绝对免赔额 10 万元或损失金额的 10%，两者以高者为准。同时，原告还向被告提供了相应的附件即合同及工程量清单汇总表，这也是保险合同中的一部分。

2. 根据建筑工程一切险中原告向被告提交的投保单和相关资料，结合该案原告向法院提供的损失报告，分析如下：原告认为，房子损失金额为 152760 元（$402m^2 \times 380$ 元 /$m^2$=152760 元，不包括地坪和地基平整），该部分损失在隧道 2 号、隧道 3 号工程范围内。根据投保时原告提供的“工程量清单汇总表”中第 100 章总则中有一项“承包人驻地建设金额为 154433 元”，确系在承包工程总价之中，但该驻地建设是否包括临时住房，没有详细说明。然而有一个事实已被查清，那就是从原告与舟山中强钢结构有限公司之间签订的“钢结构制作安装合同”及“钢房结算审批单”中可以看出，仅 3 号隧道的生产生活用房就达到 7749 平方米，总金额为 182586 元，其中钢结构房 590.44 平方米，总价 165504 元，平均每平方米造价为 l65504 元 ÷ 590.44 元 /$m^2$=280.31 元，这还不包括 2 号隧道中的生产生活用房部分。如果原告所投保的承包人驻地建设包括临时住房部分，而投保金额仅为154433元，说明原告没有足额投保，而根据法律规定，投保金额不足部分应由原告自行承担。另外，在这次风暴事故发生后，原告又向被告提出了保险标的的批改，这更进一步说明了原告没有按实际标的投保的事实。2008年4月15日，原告因2号隧道未动工，向被告提出申请退保2号隧道的保险，被告同意其退保，按2号隧道工程量清单16021304元批退。在原告提供的2号隧道工程量清单中列明，“承包人驻地建设”总额为77217元。从而可以明确地计算出3号隧道“承包人驻地建设”投保金额为154433元–77217元=77216元。而事实上，根据原告与舟山中强钢结构有限公司之间签订的钢结构制作安装合同及钢房结算审批单，仅3号隧道生活用房就达到777.49平方米，总金额为182586元，而且不包括地坪及地基平整费用（通常为每平方米30元）。因此不难算出，3号隧道“承包人驻地建设”原告实际发生的金额应不低于182586元+777.49$m^2$×30元/$m^2$=205910元，而投保金额仅为77216元，其承保比例为77216÷205910=37.50%，超过该份额部分应为原告自保。原告就房子损失402平方米应承担的损失金额为：受损面积×每平方米造价×承保比例–未受损部分×承保比例=402$m^2$×280.31元/$m^2$×37.50%–402$m^2$×30元/$m^2$×37.50%=37734.23元。

3. 职工生活用品非该案建筑工程一切险保险范围。机械设备和材料并不包含在工程承包价中，故此说明原告对此设备并没有投保，因没有投保也就不在索赔范围之中，法院应予以驳回。不知原告列出的水管作何用途，如果是作为生活供水之用，该部分并没有列入保险项目之中，也就不属于索赔范围。电缆及工具箱，当时在被告进行现场查勘时，原告也没有提供实物，更没有看到照片。目前来看，这部分属于原告举证不能，也应驳回。

4. 根据舟山市气象台于2008年4月18日出具的相关证明，2008年4月9日的温带气旋属于风暴范围（注：风速24.5米/秒到32.6米/秒为热带风暴；风速32.7米/秒到41.4米/秒为台风），应按双方约定和条款计算赔偿金额。在原告申请的建筑工程一切险投保单第6条，特种危险赔偿限额第6.2款：洪水、暴雨、风暴、台风，赔偿限额为损失金额的80%。每次事故绝对免赔额为10万元或损失金额10%的免赔率，两者以高者为准。按原告损失及承保比例，属于承保范围内的损失为37734.23元，在10万元的绝对免赔额内。因此在本案中，根据保险合同约定，原告已无法获得任何赔偿。对于原告提出的职工生活用品、机械设备、材料及其他物品，有些根本没有投保，有些是否投保，并不明确，但被告在查勘现场时均没有发现原告申报的损失部分。

5. 该案原告的主体资格不是很明确。从该案的所有相关证据看，共有3个不同的名称，投保单中的投保人为工程公司、工程公司舟山市73省道东泉岭段拓宽工程项目部、舟山仙草潭大型造船基地隧道（1号、2号、3号）工程，更不知它们之间的关系、关联性。

综上所述，被告保险公司认为：原告与被告之间的“建筑工程一切险”保险合同真实有效，应受到法律保护。对原告请求的损失内容，原告投保申报不明。退一步勉强认可时，按绝对免赔金额10万元计算，再减去残值，原告申报的损失在免赔额范围内，所以建议法院驳回原告之诉。

## 原被告举证及一审审裁

原告向法院提供了以下证据：

（1）原被告双方签订的保险单、保险条款，以证明原告向被告投保建筑工程一切险及约定的内容。

（2）被告开具的保险发票，证明原告已按保险合同约定向被告支付保险费。

（3）舟山市海洋气象局出具的证明载明：2008年4月9日受温带气旋影响，长涂测风站实测极大风速为29.2米/秒，风力达到11级，风向西北偏西，达到重大灾难性天气标准。以证明2008年4月9日长涂遭遇灾害性天气。

（4）损失报告，以证明损失金额。

（5）原被告双方往来函件，以证明原被告就赔偿事项商谈情况。

被告向法院提供了以下证据：

（1）原告申请的建筑工程一切险投保单、建筑工程一切险保险单、建筑工程一切险及第三者责任险条款及明细表，以证明原告投保内容为建筑工程及第三者责任险。

（2）钢结构制作安装合同，以证明原告要求赔偿损失的造价与实际投保金额不足，作为比例赔偿的依据。

（3）钢房结算审批意见单、批改申请书、批改及发票、申请批改附件，以证明原告向被告提出了批改申请，要求对二号隧道的保险予以退保，退保保额为 1600 万元。

（4）舟山市海洋气象台两份气象证明，载明：2008 年 4 月 9 日，受温带气旋影响，长涂测风站实测极大风速为 29.2 米 / 秒，风力达到 11 级，风向西北偏西，达到重大灾难性天气标准。根据气象出版社 1994 年出版的《大气科学词典》定义，温带气旋是产生风暴的一种天气系统。因此，2008 年 4 月 9 日长涂出现的 11 级大风属于风暴。另一份载明“风暴”的定义：①广义上是指大气扰动，特别是影响地面并造成灾难性天气的大气扰动。从天气学的观点看，风暴是单独的大气扰动，在天气图上综合表现在气压、风、云、降水等方面，或者在雷达回波上表现为中小尺度天气扰动。这样风暴在尺度上包括从龙卷、雷暴到热带气旋和大范围的温带气旋。从服务的观点看，风暴是一种短暂的、带来灾害的天气现象。这样风暴可以分为雨暴、风暴、雹暴、雪暴，还有特殊的沙暴尘暴等，各以其带来的灾害性天气现象来命名。②狭义上专指伴随灾害性大风的天气现象（摘自气象出版社 1994 年出版的《大气科学词典》，以证明风暴形成的原因、定义等）。

（5）事故现场照片，以证明事故现场的情况。

（6）建筑工程合同两份，以证明投保金额、投保范围。

## 法院意见

被告对原告提供的证据 1、证据 2、证据 3 的真实性无异议，法院对原告提供的证据 1、证据 2、证据 3 予以认可。被告对原告提供的证据 4 提出异议，认为证据不真实、不合法，监理公司没有资格出具这种清单。被告对原告提供的证据5提出异议，认为函件是原告发给被告的上级公司，后者是否收到不知道，但被告上级公司发函回复过原告。舟山市普陀区人民法院认为，被告对原告被风刮倒的宿舍面积402平方米无异议，故对此应予以认定，但其他原告受损物品并不是原、被告保险合同的保险责任范围。房屋造价为原告单方所评估，因此除房屋受损面积外，对原告提供的证据4不作认定；原告提供的证据5为双方往来信函，故对此予以认定。

原告对被告提供的证据1、证据2、证据5、证据6无异议，故对被告提供此四项证据予以认定。

原告对被告提供的证据3提出异议，认为与本案无关联性，退保是事实，但事故发生在2008年4月9日，退保时间在2008年4月15日。舟山市普陀区人民法院认为，原告对被告提供的证据3真实性无异议，退保属于本案整个保险合同一部分，与该案有关联性，故对被告提供的证据3予以认定。

原告对被告提供的证据4提出异议，认为对“风暴”的解释有异议。为此，原告方提供了证据，证明11级以上灾害性天气叫暴风。法院认为，该证明为气象部门所出具，对气象问题的说明具有较强专业性，故应予认定。

经庭审质证，法院对以下事实予以确认：

2007年3月20日，原告工程公司与舟山金海湾船业有限公司就仙草潭大型造船基地隧道（2号隧道、3号隧道）工程签订一份建筑工程合同，总合同价款为28180000元，其中承包人驻地合同价为154433元。

2007年4月9日，原告工程公司又与舟山金海湾船业有限公司就仙草潭大型造船基地1号隧道工程签订一份建筑工程合同，总合同价款为14684222元，其中承包人驻地合同价为77217元。

2007年4月12日，原告仙草潭造船基地隧道工程项目部与舟山中强钢结构有限公司签订一份钢结构制作安装合同，约定钢结构工程按建筑面积每平方米300元进行结算。2007年7月20日，双方对3号隧道生产生活用房进行结算，结算结果为：钢结构房590.44$m^2$×单价300元/$m^2$=177132元；增加隔墙20.52$m^2$×单价100元/$m^2$=2052元；拆除隔墙136.80$m^2$×单价

100 元 /$m^2$=13680 元；大棚 120$m^2$ × 单价 120 元 /$m^2$=14400 元；单层彩钢板 67.05$m^2$ × 单价 40 元 /$m^2$=2682 元，合计结算价为 182586 元。

2007 年 11 月 21 日，原告与被告就原告所承建仙草潭大型造船基地 1~3 号隧道工程签订一份建筑工程一切险合同，约定：建筑期限与保险期间相同，即自 2007 年 4 月 1 日起，至 2008 年 12 月 31 日止；工程总承包价 42726044 元；特种危险赔偿限额：地震、海啸、洪水、风暴、暴雨、台风赔偿限额的 80%，免赔额 10 万元或损失金额的 10%，两者以高者为准；人身伤亡每人每次事故赔偿限额为 20 万元，每次事故赔偿限额为 60 万元，累计赔偿限额为 200 万元；财产损失每次事故赔偿限额为 100 万元，累计赔偿限额与每次事故赔偿限额相同，每次事故免赔额为 1 万元或损失金额的 10%，以高者为准；总保险费人民币 125633 元。2007 年 11 月 22 日，被告向原告支付保险费 125632.92 元。

2008 年 4 月 9 日，位于舟山市岱山县长涂镇小长涂岛北侧临海丘陵一带，即该案的保险工程地受温带气旋影响，极大风速为 29.2 米 / 秒，风力达到 11 级，风向西北偏西，达到重大灾害性天气标准，将原告承建的仙草潭大型造船基地 3 号隧道工程生活用房刮倒 402$m^2$。

2008 年 4 月 23 日，原告提出因 2 号隧道征地问题未解决，工程一直未开工，开工日期无法确定，要求退保。被告同意原告的退保申请，同意将保额 42726044 元更改为 26704740 元，同时退还给被告保费 28506.87 元。

另外，舟山市普陀区人民法院向舟山市海洋气象局调取证据，证明 2008 年 4 月 9 日舟山市岱山县长涂镇小长涂岛遭受的大风为 11 级暴风，同时也是一种灾害性天气现象，属风暴。

## 原被告争议焦点及法院分析

该案争议焦点之一为原告的哪些损失属于被告理赔范围。

法院认为：

（1）原被告之间的保险合同责任范围：原告与被告签订的是建筑工程一

切险合同，约定保险项目为建设工程，保险金额为42726044元，与原告和舟山金海湾船业有限公司就仙草潭大型造船基地隧道工程签订的建筑工程合同金额基本一致。双方约定投保的范围应是原告承包的建设工程，而不是原告的物品，如职工生活用品、机械设备、材料等，这些物品未在双方约定的投保范围内，故这些物品在保险事故中的损失不属于理赔范围。而原告在保险事故中所遭受的钢结构生活用房损失，属于保险合同中约定的保险责任范围，即驻地建设工程属于被告的理赔范围。

（2）原告驻地建设承保比例的确定：原告向被告投保建设工程一切险，在合同中约定2号隧道、3号隧道工程承包人驻地合同价为154433元，其中2号隧道承包人驻地合同价为77217元。由于2号隧道因故未开工，原被告一致同意退保，将保险金额从42726044元更改为26704740元，保额调减16021304元，可计算出3号隧道的承包人驻地合同价为154433元–77217元=77216元，故可确定原告的投保额也为77216元，即承保比例为投保金额77216÷3号隧道实际驻地建设（生活用房钢结构结算价）182586元=0.4229。

（3）原告的实际损失：原告的生活用房损失应以与舟山中强钢结构有限公司约定的建造结算价计算，而被告提出应扣除未受损害的地坪建造价。由于被告未提供地坪建造价格的证据，原告与舟山中强钢结构有限公司约定结算中也未有地坪结算价，故对扣除地坪建造价不予考虑；原告与舟山中强钢结构有限公司约定的钢结构房结算价177132元，增加隔墙费用2052元，拆除隔墙费用13680元，可计算出钢结构房的每平方米价格为（177132元+2052元–13680元）÷590.44$m^2$=280.30元，原告生活用房损失402$m^2$×280.30元=1128060元。

该案争议焦点之二为被告是否应赔偿，如应理赔，赔偿金额是多少。

法院认为，保险合同是标准的格式合同，在双方签订合同中，保险人事先单方拟定了格式合同，被保险人只有选择接受或拒绝，没有一般合同签订时对合同条款进行修改及增加等要约与承诺的协商过程，这就要求保险人提供的保险合同必须“明显、清楚、明白”，特别是对保险合同中免责条款的提示及说明更应如此，让一般理性的常人能够理解保险合同上所表达的意思。在该案中，双方当事人在保险责任免除条款中约定，“第一部分财产损失：地震、海啸、洪水、风暴、暴雨、台风绝对免赔为 10 万元或损失金额的 10%，两者以高者为准。”原被告对“风暴”的理解有分歧，就应当借助文义解释的方法。由于“风暴”一词在保险行业中是一个专业术语，应当按照国家气象部门规定的技术标准来解释，它狭义上特指伴随灾害性大风的天气现象。但这一标准，无法达到清楚的界限，正如“暴雨”有一个降雨量多少毫米的标准，可以用数字等量化确定，而灾害性大风无法确定清楚的标准，很容易发生让普通人既可能理解为一旦由强风、疾风、大风等造成的任何程度的灾害性天气都是“风暴”（与气象学专业的观点基本一致），也可能发生单纯的“暴风”天气现象，它并不包括“风暴”，而“风暴”仅限于有风有雨（雪、雹等）情形的理解。对此作为保险人有义务作提示说明或以醒目且引人注意的方式予以表达，但被告没有证据表明已作任何上述行为。依据《保险法》第十七条第二款的规定：“对保险合同中免除保险人责任的条款，保险人在订立合同时应当在投保单、保险单或者其他保险凭证上作出足以引起投保人注意的提示，并对该条款的内容以书面或者口头形式向投保人作出明确说明；未作提示或者明确说明的，该条款不产生效力”。故该条款对原告不产生效力，被告应向原告理赔，但理赔时应扣除保险合同约定其他自然灾害及意外事故绝对免赔额 10000 元。理赔金额为原告在保险事故中的损失金额 112680.60 元 × 承保比例 0.4229– 其他自然灾害及意外事故绝对免赔率 10000 元 =37653 元。

此外，就被告答辩中提出的原告主体资格的问题，从相关材料来看，原告在称谓的使用上有时为公司，有时为其下属机构，但这并不影响本案所涉保险合同的效力，且被告在庭审中对此也未坚持异议，故对原告的主体资格予以认定。

综上所述，原告工程公司与被告保险公司签订的保险合同合法有效，对双方当事人均有法律约束力，当事人应依约履行。被保险人原告工程公司在保险期间内发生了保险事故，被告保险公司应按约履行理赔的义务，保险合同中约定的“风暴”绝对免赔率10万元对原告无约束力，被告应按约向原告工程公司赔偿37653元，原告的其他诉讼请求不予支持。

2000年10月20日，舟山市普陀区人民法院依据2002年10月28日修改的《中华人民共和国保险法》第二条、第十八条、第二十四条第一款之规定，作出（2009）舟普商初字第26号判决如下：

1. 被告保险公司在该判决生效之日起10日内支付原告工程公司保险理赔款37653元。

2. 驳回原告工程公司的其他诉讼请求。

如被告未按本判决书指定的期间履行给付义务，应当按照《中华人民共和国民事诉讼法》第二百二十九条的规定，加倍支付延迟履行期间的债务利息。案件受理费4399元由原告工程公司负担3599元，由被告保险公司负担800元。

## 编者评论

该案的一个焦点问题是，尽管被保险人投保的隧道工程因遭受高达11级大风的破坏，导致严重的财产损失，但是否该损失属于《建筑工程一切险》投保单（以及在此基础上订立的保险合同）免赔条款所载的“地震、海啸、洪水、风暴、暴雨、台风”中的 “风暴”造成的损失，而应实施10万元绝对免赔额或损失金额10%的免赔率？根据常识推断，11级大风应当达到“风暴”的严重程度，其所造成的损失完全可以实施该免赔额或免赔率，但法庭却作出相反的判决，认为判该免赔额或免赔率不产生效力，原因是保险人在订立合同时，未对免赔这一责任免除条款作出足以引起投保人注意的提示，未对该条款内容以书面或口头形式向投保人作出明确说明。

《建筑工程一切险》条款并未采用“风暴”一词，而采用与其相似的“暴风”一词。条款中“暴风”一词的定义为“指风力达8级、风速在17.2米/秒以上的自然风”。使工程遭受严重损失的11级大风远远超过保险单条款约定的“八级、风速在17.2米/秒以上的自然风”。如果在保险合同中采用“暴风”

而不是“风暴”一词，法庭的判决结果可能不同，法庭会判实施 100000 元的免赔额。当然，前提是，“暴风”一词的定义十分明确，而且保险人在保险单中突出显示，而且向投保人作出说明。

该案的启示是，在建筑工程一切险业务中，保险人对“地震、海啸、洪水、风暴、暴雨、台风”等破坏力较强的自然灾害实施较高的免赔额（免赔率很常见），但对这些自然灾害的定义并不明确，甚至出现歧义，该案中对“风暴”一词的不同解释就是一个很好的例子。总之，保险人应设法对保险条款中的专业词汇进行定义，以避免出现歧义，但如果定义不到位，仍然达不到避免歧义的目的。保险业要善于从法庭因保单条款制定得不明确，造成对保单草拟者不利的判决中吸取教训，尽快采取措施对保险条款金额完善，否则，类似的判决还会不断地出现。

暴风是风力超过一定等级后的名词，10 级是狂风，11 级是暴风，12 级是飓风。风暴是气象学术语，风暴是单独的大气扰动（空气的移动形成了风），表现为气压、风、云、降水等。保险责任中采用风暴的表述是一种专业表述，暴风是风暴的后果之一，其他原因也可导致暴风，本案中的暴风是由风暴导致的。给投保人的启示是，如果需要把其他原因导致的暴风损失作为投保的风险，需要在保单中列明。

# 二十六 施工挖掘机侧翻事故是否属于保险事故

## 案情简介

上诉人（原审被告）：某保险支公司（以下简称保险公司）

被上诉人（原审原告）：浙江某路桥建设有限公司（以下简称路桥公司）

原告诉请：

2009 年 8 月 12 日，原告路桥公司向保险公司投保了建筑工程一切险，保单号 PGGC200330213170000，保险金额 1978140 元，保险费 35934.42 元，被保险工程名称为岱山县江南山至牛轭岛公路路基工程，位于岱山县高亭镇江南山，保险期间为 2009 年 8 月 21 日 0 时起，至 2011 年 11 月 20 日 24 时止。原告提供了需要投保的机械设备清单，其中包含小松 PC360 挖掘机 4 台。保险合同约定，每次事故绝对免赔额为 10000 元或免赔率 10%，以高者为准。建筑工程一切险保险条款约定，在保险期间内，若保单明细表中分项列明的保险财产在列明的工地范围内因保单除外责任以外的任何自然灾害或意外事故造成的物质损失或灭失，保险人按保单规定负责赔偿；被保险人及其代表的故意行为或重大过失引起的任何损失、费用和责任保险人不负责赔偿。保险合同订立后，路桥公司及时交纳了保险费。

2011 年 4 月 5 日，案外人孙幸福驾驶投保的小松液压挖掘机 PC360-7 在岱山江南山至牛轭岛公路路基工程工地上（K1+120）作业时，山体突然塌方，导致挖掘机侧翻，造成挖掘机受损。路桥公司立即向保险公司报案，后者经派员查勘事故现场后口头告知该事故不属于保险责任范围，因此拒绝理赔。

2011 年 4 月 21 日，路桥公司委托杭州安信保险公估有限公司（以下简称安信公估）对事故挖掘机进行定损，确定损失金额为 191200 元，公估费 6000 元。随后，路桥公司向舟山市定海区人民法院提起诉讼，要求被告保险公司赔偿上述损失及费用。

## 一审审裁

法院认为，路桥公司依约交纳了保险费，保险公司收取保险费并出具了保险单，所签订的保险合同是双方真实意思表示，合法有效。

该案争议焦点之一，路桥公司是否有要求保险公司赔偿的主体资格。路桥公司系投保人，事故挖掘机虽属他人所有，但包括在保险合同附件机械设备清单中，路桥公司作为投保人有权要求保险公司对涉事挖掘机的损失进行理赔。

争议焦点之二，事故是否是保险事故。事故发生在保险期间内和被保险工程所在地，系施工过程中挖掘机侧翻造成自身的损失。保险条款中对意外事故的定义为，不可预料的以及被保险人无法控制并造成物质损失或人身伤亡的突发性事件。挖掘机在施工过程中侧翻，该事故的性质安全监管部门未予责任认定，也无其他书面证据证明由保险单的除外原因造成，属于无法预料和控制的意外事故。挖掘机操作员已经上岗培训，拥有该技能的毕业证书，具有合格的挖掘机操作技能，且保险合同中也未特别注明，所投保的机械设备操作人员，如未持有操作证书属免责事由，故路桥公司不存在重大过失，其书面申请理赔后，保险公司却拒赔，应承担违约责任。

争议焦点之三，保险理赔金额是多少。事故发生时，路桥公司及时通知保险公司到事故现场勘察。保险公司勘察后认为不属保险事故，而未对损失进行评估。路桥公司为此委托安信公估对事故损失进行评估，不违反法律规定，故对安信公估作为有资质的保险公估公司所出具的公估报告中损失金额予以确认。保险公司未及时评估损失致使路桥公司支出公估费用6000元，该费用由保险公司承担，并确认挖掘机的损失金额扣除保险合同约定的免赔额后保险事故赔偿金为172080元。

一审法院根据《中华人民共和国保险法》第十条、第十四条、第二十三条的规定判决保险公司于判决生效后，10日内赔偿路桥公司挖掘机受损赔款172080元，并承担路桥公司保险事故评估费用6000元。案件受理费3862元，减半收取1931元，由保险公司负担。

## 二审审裁

上诉人保险公司不服一审法院民事判决，于2011年11月7日向浙江省舟山市中级人民法院提出上诉，并诉称：

（1）原审法院对事故性质认定不清。本案所涉挖掘机在施工过程中发生侧翻，施工单位没有及时通知安全监管部门，因而未能认定事故性质，不能排除本次事故属安全责任事故的可能性。从现场情况看，事故因挖掘机驾驶员无证驾驶，未尽安全注意义务，使挖掘机在施工过程中太靠近路基边沿，导致路基不堪承重而发生坍塌，挖掘机随之侧翻。本起事故不属于意外事故范畴。

（2）被上诉人主张此次事故属保险事故范围，应就此提供相关证据。现被上诉人未提供证据，应承担举证不能的不利后果。

（3）事故挖掘机不属于被上诉人所有，且小松PC360有多种型号，事故挖掘机不一定属于所投保的4台挖掘机范围。

综上所述，请求二审法院撤销原判决，改判驳回被上诉人的一审诉讼请求。

被上诉人路桥公司辩称：

该案事故发生时，被上诉人第一时间通知上诉人到场查勘，上诉人也对事故现场进行了勘察，现上诉人本身不能提供证据证明事故属保单约定的除外责任范围，故应对被上诉人的损失予以理赔。请求二审法院驳回上诉，维持原判。

二审期间双方当事人均未提供新的证据。

二审法院经审理查明的事实与原审法院查明的事实一致。另查明，上诉人对被上诉人主张的赔偿标准没有异议，对安信公估出具的公估报告、公估费发票真实性亦无异议。

二审法院认为，保险公司与路桥公司签订的保险合同合法有效，双方的权利义务应受保险合同及所附保险条款的约束。被上诉人就岱山县江南山至牛轭岛公路路基工程向上诉人投保建筑工程一切险，保险标的包括 4 台小松 PC360 挖掘机，现本案事故挖掘机型号为小松 PC360，事故发生时在保险工程所在地工作，原审认定事故挖掘机属保险标的范围并无不当。事故发生后，被上诉人及时通知上诉人，并配合上诉人进行现场勘察，已尽其所能提供了与确认保险事故性质、原因、损失程度等有关的证明和资料。现无证据证明事故由保险单及所附保险条款约定的除外责任造成，对原审认定本起事故为保险事故、予以确认。事故挖掘机驾驶员经上岗培训并获结业证书，有驾驶挖掘机资质，上诉人以被上诉人单位的挖掘机驾驶员没有获得驾驶证书为由认为被上诉人对事故发生存在重大过失的主张不予采纳。综上所述，上诉人的上诉理由不能成立，其上诉请求，法院不予支持。原审判决认定事实清楚，实体处理得当。

2011 年 11 月 24 日，舟山市中级人民法院依照《中华人民共和国民事诉讼法》第一百五十三条第一款第一项之规定，作出（2011）浙舟商终字第 156 号民事判决：驳回上诉，维持原判。二审案件受理费 3862 元，由保险公司负担。

## 编者评论

本案的焦点问题是该挖掘机侧翻是否属于保险责任范围。保险公司以以下四个理由拒绝承担保险责任：

（1）被保险人未及时通知安全监管部门对事故性质进行认定，不能排除该事故属安全责任事故。

（2）挖掘机驾驶员无证驾驶，未尽安全注意义务，使挖掘机在施工过程中太靠近路基边沿，导致路基不堪承重而发生坍塌，挖掘机随之侧翻，该起事故不属于意外事故范畴。

（3）被保险人认为此次事故属保险事故范围，却无法提供相关证据证明。

（4）挖掘机不一定属于所投保的4台挖掘机范围。

对于保险人提出的以上四个问题，编者认为：

（1）安全责任事故并不是《建筑工程一切险附加施工机器、设备保险条款》（尽管以上并未提及投保该条款事宜，但是据分析，只有在投保了该附加条款的情况下，保险人才负责施工设备损坏的赔偿责任）项下的除外责任。

（2）虽然该挖掘机驾驶员无证驾驶，但他已经经过岗前培训，获得结业证书，而且保单条款并未将驾驶员无证驾驶除外；更重要的是，该附加险条款承保操作人员疏忽、过失造成的设备损坏。

（3）一切险条款项下的索赔程序与非一切险条款不同，一切险条款项下的被保险人只要证实自己遭受了保险损失，而保险人需要举证损失由除外条款造成，但后者却无法做到这一点。

（4）既然涉事挖掘机型号为所投保的小松PC360型号，保险公司认为该涉事挖掘机不一定属于所投保的4台挖掘机范围，存有争议。

该案的启示是，在法庭诉讼时，通过举证来证实自己的观点是诉讼方取胜的关键。被保险人需要提供证据来证实自己的诉因和依据。保险人更要如此，除了根据保险合同的约定来支持自己的抗辩理由，还需要用证据来推翻原告不合理的诉求或证据，任何在缺乏信服的理由或在纯粹猜测的情况下拒赔，不但对自己的信誉造成损害，甚至有可能以“极不诚信”为由，被法庭判决惩罚性赔偿。

本案对被保险人的启示是，要确保施工设备操作者具有相关的资格。

# 二十七 保险公司应当如何对包括免赔额在内的责任免除条款向投保人说明

## 案情简介

上诉人（原审被告）：某保险支公司（以下简称保险公司）

被上诉人（原审原告）：四川某水利水电工程有限公司（以下简称水电工程公司）

上诉人保险公司因与被上诉人水电工程公司财产保险合同纠纷一案，不服四川省雅安市雨城区人民法院（2017）川 1802 民初 1172 号民事判决，向二审法院提起上诉。

## 一审审裁

### 一审原告诉求

水电工程公司向一审法院起诉请求：

1. 判决保险公司依据保险合同约定赔付其因自然灾害遭受的损失 1159527 元。

2. 判决保险公司支付因迟延理赔给畅越公司造成的损失 52166 元。

3. 本案诉讼费由保险公司承担。

## 一审法院查明

2016 年 3 月 16 日，水电工程公司通过保险公司的保险代理人刘某文在保险公司投保了建筑工程一切险，双方建立了保险合同关系。保险合同由保险条款、投保单、保单明细表以及批单组成。工程名称为：芦山县禾茂大桥新建工程；保险期间自 2016 年 3 月 17 日 0 时起至 2016 年 9 月 30 日 24 时止；保险项目分为财产损失和第三者责任，在财产损失项下，总保险金额为 2476711 元。保险单明细表第 5 条载明：特种风险赔偿限额（洪水、暴雨、暴风、台风）为总保险金额的 80%；免赔设定为："财产损失：全部风险每次事故绝对免赔额为 300000.00 元或者损失金额的 30%，两者以高者为准"。《道路建设工程一切险条款》第三条约定，"下列财产未经保险合同双方特别约定并在保险合同中载明保险金额的，不属于保险合同的保险标的：（一）施工机具、设备、机械装置……" 投保单的投保人声明部分，保险公司以黑体加粗的文字形式向投保人作出说明，"本投保人已经收悉并仔细阅读保险条款，尤其是加黑突出标注的、免除保险人责任的条款内容。保险公司业务人员已就本合同所涉及的所有免除保险人责任条款的概念、内容及其法律后果向投保人作出了通俗的、投保人能够理解的解释和明确说明，投保人对其真实含义和法律后果完全理解，没有异议、特签字、盖章予以确认并申请投保"。水电工程公司在投保人签章处加盖公章。

2016 年 7 月 5 日，因工程所在地暴雨引发特大洪水，水电工程公司已经完成的工程被洪水毁损。水电工程公司向保险公司书面报告了受灾情况。

2016 年 7 月 23 日，新建工程再次受到暴雨洪灾的侵袭，造成第二次保险事故。事故发生后，因双方对保险理赔金额未达成一致意见，水电工程公司遂起诉。一审审理中，又发现 3 号桥墩、4 号桥墩受损，4 号桥墩台背锥坡遭毁损，1 号桥台处堆放的水泥遭洪水冲刷失效。

2017 年 12 月 6 日，西南交通大学建设工程质量事故鉴定中心出具的鉴定报告载明：

经现场检查检测并综合分析：

1. 芦山县禾茂大桥 3 号桥墩的桥柱及桩基强度验算、抗裂验算及桩基单桩承载力均满足荷载等级“公路—II 级”的承载能力要求。3 号桥墩经冲刷后，桩柱结构发生变化——桩基外露部分成为墩柱的一部分，新的墩柱柱底区域无加密箍筋，不符合《公路桥梁抗震设计细则》(JTGB 02-01-2008)对延性构造设计构造措施的规定，抗震性能不满足规范要求。芦山禾茂大桥 4 号桥台的桩基单桩承载力满足荷载等级“公路—II 级”的承载能力要求，桩基强度验算、抗裂验算均不满足荷载等级“公路—II 级”的承载能力要求。4 号桥台经冲刷后，桩柱结构发生变化——桩基外露部分成为墩柱的一部分，新的墩柱柱底区域无加密箍筋，不符合《公路桥梁抗震设计细则》(JTGB 02-01-2008)对延性构造设计构造措施的规定，抗震性能不满足规范要求。芦山禾茂大桥 3 号桥墩、4 号桥台均存在受损现象，目前不能使用，需进行相关处置。

2. 芦山县禾茂大桥 3-1 号桥墩墩柱的混凝土抗压强度满足设计要求；3-1 号桥墩桩基及 4 号桥台桩基的混凝土抗压强度均存在不满足设计要求的现象。3-1 号桥墩桩基、4 号桥台桩基直径满足设计及规范要求。3-1 号桥墩墩柱竖向钢筋数量满足设计要求。

一审另查明，鉴定结束后，水电工程公司应业主方和设计单位的要求，已将 3 号桥墩、4 号桥墩全部拆除。

一审法院认为，水电工程公司与保险公司签订的保险合同系双方当事人的真实意思表示，合同内容未违反法律、行政法规的强制性规定，应为合法有效。依法成立的合同，对缔约双方均具有法律约束力，应当作为处理该案的主要依据。

该案双方争议的焦点为：(1)保险公司是否对免责条款尽到提示说明义务；(2)两次保险事故中，属于保险标的范围内的物质损失分别是多少；(3)保险公司是否应当支付水电公司因迟延赔付造成的损失。

1. 保险公司是否对免责条款尽到提示说明义务

《中华人民共和国保险法》第十七条第二款规定：“对保险合同中免除保险人责任的条款，保险人在订立合同时应当在投保单、保险单或者其他保险凭证上作出足以引起投保人注意的提示，并对该条款的内容以书面或者口头的形式向投保人作出明确说明；未作提示或者明确说明的，该条款不产生效力。”《最高人民法院关于适用〈中华人民共和国保险法〉若干问题的解释（二）》第十三条规定：“保险人对其履行了明确说明义务负举证责任。投保人对保险人履行了符合本解释第十一条第二款要求的明确说明义务在相关文书上签字、盖章或者以其他形式予以确认的，应当认定保险人履行了该项义务。但另有证据证明保险人未履行明确说明义务的除外。”

该案中，投保人水电工程公司虽然在投保单上签章，但由于在办理水电工程公司向保险公司投保案涉保险业务过程中，刘某文作为保险中间人是以保险公司的保险代理人身份接手了案涉保险业务，将空白投保单交由水电工程公司盖章，然后由保险公司填写的投保人信息、承保信息，结合投保单中涉及“免赔设定”内容页无水电工程公司加盖的骑缝章的事实，可以认定保险公司并未向水电工程公司明确说明保险合同中所规定的免责条款，因此该保险合同中涉及的每次事故免赔额部分条款不产生法律效力。

2. 两次保险事故中，属于保险标的范围内的物质损失分别是多少

《中华人民共和国保险法》第五十五条规定“投保人和保险人约定保险标的的保险价值并在合同中载明的，保险标的发生损失时，以约定的保险价值为赔偿计算标准”。依据该规定，保险公司仅应在其承保的保险标的的范围内承担保险责任。结合本案水电工程公司向保险公司投保的保险标的项目为芦山县禾茂大桥新建工程，工程量价值为 2476711 元，并附有工程量清单予以具体明确，且水电工程公司也是按照此保险标的缴纳的保险费。因此，保险公司应当在芦山县禾茂大桥新建工程的工程量清单范围内承担保险责任。而畅越公司提交的报损清单项目中，除钢材、水泥、砂、石、空心板砼和空心板钢筋在工程量清单范围之内，其余的损失项目均未在工程量清单中体现。《道路建设工程一切险条款》第三条约定，“下列财产未经保险合同双方特别约定并在保险合同中载明保险金额的，不属于保险合同的保险标的：（一）施工机具、设备、机械装置……”而上述特约的保险标的，水电工程公司在投保时并未购买。水电工程公司申请理赔的水泵、电镐、铜电缆、柴油发电机、柴油、木材、施工电线、便道、架管、扣件、钢模板、顶托、圆

柱钢模、钢棒、楔铁、工字钢、防撞墙钢模、冰柜等均属于“施工机具、设备、机械装置”，因不在涉案保险合同的保险标的范围内，不论以上施工机具、设备、机械装置是水电工程公司自行购买，还是向第三方租赁所得，均不属于保险责任范围。根据保险合同约定，钢材、水泥、砂、石、空心板砼和空心板钢筋均属于保险标的。第一次保险事故中，保险公司对钢材、砂、石的报损金额未提出异议，仅认为报损的水泥损失20640元并不属实，但未提供相关证据予以佐证，故对该辩解理由不予采信。因此，水电工程公司在第一次保险事故中共计损失229840元。针对第二次保险事故中空心板砼和空心板钢筋的损失部分双方存在争议。水电工程公司报损空心板砼和空心板共损失17片，而保险公司在《芦山县禾茂大桥7·23暴雨损失核定清单》中核定该次保险事故共损失空心板砼和空心板11片。水电工程公司提交的《损失说明》中载明：“2016年7月5日特大暴雨导致4号桥台周围悬空严重（上下游约40米）；2016年7月23日暴雨冲走8片预应力空心板，靠4号桥台有8片空心板悬空，导致该段预应力空心板严重变形。2016年8月8日，业主、监理现场查勘，4号桥台的8片空心板严重变形，不能使用”。该损失说明系经该工程的业主、监理、施工三方确认形成。由于业主、监理系案外人，又与案涉工程有密切关联，对相关情况最为了解，其现场确认的事实具有较强的客观性和公正性，相对于水电工程公司和保险公司的陈述可信度更高。水电工程公司、保险公司也未提供足以反驳的证据推翻该证明内容，因此一审法院对损失说明中所确认的第二次保险事故中空心板砼和空心板钢筋共损失16片的事实予以认可。按照双方认可的空心板砼和空心板钢筋单价17837.12元/片计算，第二次保险事故中空心板砼和空心板钢筋共计损失285393.92元，加之保险公司在第二次保险事故中认可了水电工程公司对钢铰线的报损金额121674元，故水电工程公司在第二次保险事故中共计损失407067.92元。

一审审理中，水电工程公司新发现的3号桥墩、4号桥墩受损事实（根据工程量清单载明的单价及数量计算：桥墩损失196104元、台背锥坡损失24814元、水泥损失46440元，共计267358元），根据鉴定结论，芦山禾茂大桥3号、4号桥台均存在受损现象，现状下不能使用，需进行相关处置。水电工程公司已应业主方和设计单位的要求，将3号、4号桥墩全部拆除。但3号桥墩桩基及4号桥台桩基的混凝土抗压强度均存在不满足设计要求的现象，这对3号、4号桥墩受损事实的发生存在一定影响。因此，一审法院对于水电工程公司的该部分损失酌情支持70%，即267358元 ×0.7=187150元。综上所述，水电工程公司两次保险事故损失金额为：229840元+594217.92（407067+187150）=824057.92元，该赔偿金额未超过合同约定的特种风险赔偿限额，应予以支持。

3. 保险公司是否应当支付水电工程公司因迟延赔付造成的损失

保险人收到被保险人给付保险金的请求后，应当在规定时间内及时核定，保险人未及时履行理赔义务的，除支付保险金外，应当赔偿被保险人或者受益人因此受到的损失。《最高人民法院关于适用〈中华人民共和国保险法〉若干问题的解释（二）》第十五条规定“《保险法》第二十三条规定的三十日核定期间，应自保险人初次收到索赔请求即投保人、被保险人或者受益人提供的有关证据证明和资料之日起算”。依据保险公司提交的《建安工险索赔资料清单》可以证明，水电工程公司提出理赔时，保险公司针对理赔所需准备的资料对水电工程公司进行了书面告知，即保险公司未予以理赔是因为水电工程公司未按照规定提交完整的理赔资料。因此，对于水电工程公司请求保险公司赔偿因未及时理赔造成损失的请求，不予支持。

综上所述，一审法院依照《中华人民共和国合同法》第六十条第一款，《中华人民共和国保险法》第十七条、第五十五条，《最高人民法院关于适用〈中华人民共和国保险法〉若干问题的解释（二）》第十三条、第十五条的规定，判决如下：

“一、保险公司于判决发生法律效力之日起十日内支付水电工程公司保险理赔款824057.92元。

二、驳回水电工程公司的其他诉讼请求。”

## 二审审裁

保险公司不服雅安市雨城区人民法院的判决，遂向雅安市中级人民法院提起上诉。

上诉人诉称：

1. 要求依法变更一审判决第一项为由保险公司支付水电工程公司保险理赔款 17882.3 元。

2. 一审、二审案件受理费由水电工程公司承担。

**事实和理由**

1. 一审判决错误认定刘某文是保险公司保险代理人。经中国保监会中介监管信息系统查询，刘某文系另一家保险公司的中介从业人员，并非上诉人保险公司的从业人员。根据案涉《投保单》记载，该案保险的代理经办人为杨某，而不是刘某文。刘某文以水电工程公司代理人身份在保险公司办理投保手续，特别是其代表水电工程公司刷卡支付保费，已经证实刘某文系工程公司代理人。

2. 一审判决错误认定水电工程公司损失金额和保险赔付范围。

（1）一审判决认定事故中损失空心板 16 片有错。根据《现场查勘记录》记载及现场查勘照片显示，空心板损失最多不超过 11 片。

（2）一审判决将芦山县禾茂大桥 3 号、4 号桥墩纳入保险赔付范围有错。根据西南交通大学建设工程质量鉴定中心的鉴定报告可以确定，该两处桥墩存在明显的施工质量与设计要求不符的情形，3 号桥墩桩基及 4 号桥墩桩基的混凝土抗压强度不满足设计要求。《芦山禾茂大桥新建工程设计工程设计变更通知单》已说明案涉工程的选址、地勘、设计存在重大错误。根据案涉保险条款第七条“下列原因造成的损失、费用，保险人不负责赔偿：（一）设计错误引起的损失和费用。（二）因原材料缺陷或工艺不善引起的保险财产本身的损失”的约定，3 号、4 号桥墩不属保险赔偿范围。

3. 案涉投保单“免赔设定”及保险单“每次事故免赔额”的内容系合法有效的绝对免赔约定条款，不属于保险法规定的“免除保险人责任的条款”。

4. 一审判决采信以下证据，明显适用法律错误：

（1）《关于芦山县禾茂大桥新建工程特大暴雨损失的说明》及损失清单，不符合证据的三性。

（2）证据名称为“水电工程公司项目负责人赵某林与刘某文电话通话记录”的录音资料，不符合证据的三性。

（3）证人唐某、姜某等的证言不符合证据三性。

5. 根据保险合同约定，在扣除不合理部分和绝对免赔额后，保险公司只应支付水电工程公司保险理赔款 17882.30 元。

6. 一审判决在确定保险公司负担部分案件受理费等方面存在与相关规定不符合、处理不当的情形，应予以纠正。

被上诉人辩称：

1. 保险公司质疑刘某文保险代理人身份，是将法律意义上的保险代理人与事实上的保险居间人混淆所致。

2. 对于空心板损失，水电工程公司提交了相关证据证实，空心板有 8 片已被水冲走，有 8 片严重受损，监理和业主已确认报废。3 号、4 号桥墩在洪水之前经业主和监理检验合格，洪水之后经业主、监理、设计单位确认为不合格后撤除，符合保险合同约定的赔付范围。水泥损失属于保险责任范围，应由保险公司赔付。

3. 投保单“免赔设定”和保险单“每次事故免赔额”的内容属于法律规定的“免除保险人责任的条款”。

4. 一审判决采信水电工程公司提交的证据材料完全正确。

5. 保险公司的其他主张均与事实不符，请求二审法院不予支持。

综上所述，请求二审法院依法驳回上诉，维持原判。

二审法院查明的事实与一审查明的事实一致。二审法院另查明，案涉《道路建筑工程一切险条款》第二十二条约定，“责任限额包括每次事故责任限额、每人人身伤亡责任限额、累计责任限额，由投保人与保险人协商确定，并在保险合同中载明。”第二十三条约定，“每次事故免赔额（率）由投保人与保险人在订立保险合同时协商确定，并在保险合同中载明。”对该两条约定，保险公司未采取加黑、加粗或单独印制等方式加以提示。

二审法院认为：

水电工程公司与保险公司建立了保险合同关系，保险合同由保险条款、投保单、保单明细表以及批单组成。该保险合同系双方真实意思表示，且不违反法律、行政法规的强制性规定，合法有效。关于保险单明细表第5条载明的“特种风险赔偿限额（洪水、暴雨、暴风、台风）为总保险金额的80%；免赔设定为：‘财产损失：每次事故绝对免赔额为300000.00元或者30%，两者以高者为准’”是否约束双方当事人的问题。第一，该条载明的内容从字面含义来看减轻了保险公司的责任，应当认定为免除保险人责任的条款。第二，案涉《道路建筑工程一切险条款》第二十二条、第二十三条虽然约定了每次事故责任限额、免赔额（率）等由投保人和保险人协商确定并载于保险合同中，但对该两条约定，保险人也未采取加黑、加粗等方式向投保人加以提示。第三，保单明细表载明的内容未经水电工程公司签字或加盖印章确认。保险公司无证据证明保险单明细表中记载的特种风险赔偿限额是经双方协商后形成的一致意思表示，加之该条款系免除保险人责任的条款，本应由保险人履行提示和明确说明义务，而本案中该条款未采取加黑标注等方式加以提示且未作说明，故该条款对水电工程公司不具有约束力。

关于损失数额和保险赔付范围的问题。一审法院将冲走的8片空心板及严重变形不能使用的空心板8片，共计16片计算入损失并无不当，应予确认。西南交通大学建设工程质量事故鉴定中心出具的鉴定报告载明：芦山禾茂大桥3号桥墩、4号桥台均存在受损现象，现状下不能进行使用，需进行相关处置。且3号、4号桥墩受损已进行拆除。保险公司提供的证据不足以证明3号、4号桥墩工艺存在缺陷，即使存在工艺缺陷，也无证据证明该缺陷与桥墩受损之间存在因果关系。因此一审法院对该部分损失酌情处理并无不当，二审法院予以确认。

综上所述，保险公司的上诉理由不成立，应予驳回；一审判决认定事实清楚，适用法律正确，应予以维持。依照《中华人民共和国民事诉讼法》第一百七十条第一款第（一）项规定，判决如下：驳回上诉，维持原判。二审案件受理费 18109 元，由保险公司负担。鉴定费 40000 元，保险公司负担 28000 元，水电工程公司 12000 元。一审案件受理费按一审判决执行。

## 编者评论

本案涉及的焦点问题是关于保险人对除外条款是否尽到向投保人作出提示及明确说明的义务。《中华人民共和国保险法》第十七条第二款规定，“对保险合同中免除保险人责任的条款，保险人在订立合同时应当在投保单、保险单或者其他保险凭证上作出足以引起投保人注意的提示，并对该条款的内容以书面或者口头形式向投保人作出明确说明；未作提示或者明确说明的，该条款不产生效力”。由于保险人在保险合同中对免赔条款未采取加黑、加粗等方式向投保人作出提示，法院认为该免赔条款对被保险人不具有约束力。尽管在投保单的投保人声明部分，保险人以黑体加粗的文字形式表示，“本投保人已经收悉并仔细阅读保险条款，尤其是加黑突出标注的、免除保险人责任的条款内容。保险公司业务人员已就本合同所涉及的所有免除保险人责任条款的概念、内容及其法律后果向本投保人作出了通俗的、本投保人能够理解的解释和明确说明。本投保人对其真实含义和法律后果完全理解，没有异议、特签字、盖章予以确认并申请投保”。由于在投保单中涉及“免赔设定”内容的扉页上投保人未加盖骑缝章，法庭认定保险人实际上并未向投保人明确说明保险合同中所规定的免责内容，因此该免赔条款不产生法律效力。

保险公司认为，该保险是由刘某文作为畅越公司的代理人为投保人安排的（类似保险经纪人那样），言外之意，该代理人有义务了解保险人在保险合同中的免赔约定，并告知投保人，而刘某文并未履行这一义务，因此应承担投保人不知道该免赔条款存在的责任。保险人的这一辩解并未得到法院的支持，因为即使刘某文代表投保人向保险公司投保，保险人也有义务向刘某文明确告知保险合同存在免赔条款这一事实，并从刘某文处获得其对保险人这一行为的书面确认，可是保险人并未这么做。此外，投保人也完全可以以表见代理这一原则（指行为人虽无代理权，但因具有足以使善意相对人客观上有充分正当理由相信其有代理权的表面特征，因而被代理人须承受行为人所实施行为的法律效果的制度），将刘某文在安排保险行为上的过失归咎于保险人，由保险人为其承担替代责任。

该案的启示是，保险人应当在投保书、保险单以及其他相关材料上以黑体加粗等方式认真做好对责任免除条款的突出提示，使得投保人一目了然。此外，对于向投保人明确告知责任免除事宜，不能仅依靠投保人在投保书上或者在关于保险人已经做好责任免除条款说明的表述上签字盖章，以作为投保人对保险人已经明确告知的确认，而应当实实在在地向投保人作出说明或解释，形式上的说明或解释往往无法达到其预期目的。

本案对投保人的启示是：投保单、保单都是保险合同的重要组成部分，在投保时和收到保单后需要仔细确认，以确保自己的保险权益不受损害。

# 二十八 保险人未如实告知以及单方委托公估公司定损所带来的不利后果

## 案情简介

上诉人（原审原告）：四川某公路工程有限公司（以下简称公路工程公司）

被上诉人（原审被告）某保险支公司（以下简称保险公司）

上诉人公路工程公司因与被上诉人保险公司财产保险合同纠纷一案，不服四川省雅安市雨城区人民法院（2012）雨城民初字第925号民事判决，向四川省雅安市中级人民法院提起上诉。二审法院于2013年7月2日受理后，依法组成合议庭，于2013年8月22日公开开庭进行了审理。审理中，双方当事人于2013年8月22日向该院申请庭外调解期间60日，根据《最高人民法院关于人民法院民事调解工作若干问题的规定》第四条第一款“双方当事人申请庭外和解的期间，不计入审限”的规定，和解期间不计入审限。

## 一审审裁

一审法院查明：2009年12月，某公路工程公司为其承建的汉源县汉泸路九襄至三交段灾后重建工程B标段在保险公司投保了建筑工程一切险，保险金额为13231842元，保险期间为2009年12月30日0时起，至2010年12月29日24时止。该保险投保单上特别条款及其他内容为手写，其中第5

款为指定公估人条款，第 13 款为洪水及暴雨除外条款。在该保单上存在手写文字盖压投保人印章的情况。2010 年 7 月 15 日 20 时至 17 日 14 时，汉源县九襄、清溪等降暴雨，引发特大洪水。公路工程公司承建的汉泸路九襄至三交段 B 标段公路工程遭受暴雨和洪水袭击，工地施工材料路沿石、水泥、砂石以及施工设备被冲走、淋坏。事发后，公路工程公司立即向保险公司报案，提出索赔申请。2010 年 8 月 15 日，保险公司向公路工程公司发出拒赔通知书，告知该损失原因是由于暴雨、洪水造成，根据保险合同特别条款中洪水及暴雨除外条款规定，该次事故不属于保险单特别约定保险责任范围。公路工程公司主张的该次事故损失为：路沿石 778.7 立方米，残值 800 块；水泥 360 吨，残值 49 吨；砂石成品料 35330 立方米，砂残值 1200 立方米，碎石残值 1500 立方米，已出库（已使用）7545 立方米，金额总计 1917461 元。保险公司经民太安保险公估公司公估报告确认损失为：路沿石 771 立方米，残值 800 块；水泥 49 吨；砂石 5800 立方米，砂残值 1200 立方米，碎石残值 1500 立方米，已使用 2654.36 立方米，金额总计 479890.39 元。

原审审理中，公路工程公司和保险公司共同委托平量行保险公估（上海）有限公司成都分公司（以下简称平量行公估公司）对公路工程公司洪水致损案进行定损，并一致同意以公估报告的结论作为确定该案损失的依据。平量行成都公司的公估报告核定公路工程公司 2010 年 7 月 17 日洪水损失为：路沿石 749 立方米，砂、砂石 13197.08 立方米，水泥 49 吨，金额总计为 917560.86 元；2010 年 7 月 17 日 9 时之前被冲走的“可能”损失（无依据核定）为 437581.16 元。

一审原告诉称：

公路工程公司于 2012 年 5 月 3 日提起诉讼，请求保险公司支付保险赔偿款 1917461 元。

一审法院认为：

案件争议的焦点是保险合同中洪水及暴雨除外条款是否产生效力；公路工程公司财产损失情况如何。

1. 关于保险合同中洪水及暴雨除外条款的效力问题。

公路工程公司陈述该保险合同的订立情况为，其先在保险公司提供的空白投保单上盖印，再交给保险公司填写内容。结合投保单上存在的手写文字盖压投保人印章的情况，公路工程公司的陈述应当属实。在手写填入的投保单特别条款中有洪水及暴雨除外条款的名称，但无相应的解释说明内容。

《中华人民共和国保险法》第十七条规定："订立保险合同，采用保险人提供的格式条款的，保险人向投保人提供的投保单应附格式条款，保险人应当向投保人说明合同的内容。对保险合同中免除保险人责任的条款，保险人在订立合同时应当在投保单、保险单或者其他保险凭证上作出足以引起投保人注意的提示，并对该条款的内容以书面或者口头形式向投保人作出明确说明；未作提示或者说明的，该条款不产生效力。"特别条款中的洪水及暴雨除外条款系免责条款，作为保险人的保险公司应在投保单等保险凭证上作出足以引起投保人注意的提示，并对条款内容向投保人作出明确说明。就双方订立保险合同存在的非常规操作情形，保险公司不能证明其对洪水及暴雨除外条款向公路工程公司尽了明确说明的义务。因此，保险合同中洪水及暴雨除外条款不产生效力，保险公司应对该次保险事故承担赔付责任。

2. 关于保险事故的财产损失。保险事故发生后，保险公司委托民太安公估公司对受损标的予以检验、估损及理算，其作出的公估报告估损金额为479890.39 元。但该公估报告中有关砂石损失量的核定计算有明显错误，若将该错误计算予以修正，则结果为负数，与认定的永久到达现场砂石量相矛盾，故该公估报告不能采信。基于此，双方共同委托平量行公估公司对公路工程公司 2010 年 7 月 17 日因洪水而造成的损失定损，并一致同意该公估报告的结论作为确定本案损失的依据。平量行公估公司的公估报告核定的公路工程公司 2010 年 7 月 17 日因洪水而造成的损失为 917560.86 元。对该公估报告，保险公司就报告中料场砂石宽度、高度，以及单价等提出异议。一审法院认为，公路工程公司和保险公司均对平量行公估公司程序不持异议；保险公司对定损结论并无足以反驳的相反证据。因此，对该公估报告的证明力应予确认。对公估报告中公路工程公司 2010 年 7 月 17 日 9 时之前被洪水冲走的"可能"损失，因证据不足不予采信。

综上所述，一审法院依照《中华人民共和国合同法》第六十条第一款、第一百零七条、《中华人民共和国保险法》第十七条之规定，判决如下：保险公司于判决书发生法律效力之日起10日内支付公路工程公司保险赔偿款917560.86元。如果未按判决指定的期间履行给付金钱义务，应当依照《中华人民共和国民事诉讼法》第二百五十三条之规定，加倍支付迟延履行期间的债务利息。案件受理费22057元，由公路工程公司承担11502元，保险公司承担10555元。

## 二审审裁

上诉人公路工程公司和被上诉人保险公司均不服上述民事判决，遂向二审法院提起上诉。

公路工程公司上诉称：该次保险事故从2010年7月15日20时至17日14时呈持续状态，公路工程公司承建的汉泸路九襄至三交段B标段公路工程遭受暴雨和洪水袭击，工地施工材料路沿石、水泥、砂石及施工设备被冲走、淋坏。公路工程公司举证证明了该案所涉暴雨的起始时间为2010年7月15日20时至17日14时。在2010年7月17日，工程所需的水泥、砂石、路沿石已经生产、准备完毕并全部堆放于事故地点。暴雨的起始时间与公估报告确认的时点2010年7月17日9时早36个小时，洪水暴发后36小时现场砂石量能够得以确认，公估报告中的“可能”损失具有存在的合理性，被冲走也是事实，而且保险事故发生后，公路工程公司在第一时间向保险公司报案要求查勘，但保险公司直至事故发生后半年才查勘，导致具体的损失资料难以取得，保险公司应对此承担相应的责任。故一审法院未对“可能”损失认定，对公路工程公司是不公平的，请求二审法院确认公估报告中的“可能”损失437581.16元。

被上诉人辩称：

公路工程公司明确提到他们的损失是可能损失，也就是可能没有损失，公估报告中未发现任何证据证明公路工程公司的损失，且公路工程公司提交的一审诉状中说的事故发生时间是2010年7月17日，保险公司于2010年7月20日派人到场查勘，与二审上诉状前后矛盾，请求二审法院依法驳回公路工程公司的诉讼请求。

被上诉人诉称：

1. 保险公司与公路工程公司之间建立了合法有效的保险合同关系，相关投保单及条款公路工程公司已签章确认，保险公司已尽到了条款说明义务，相关保险条款，特别是免责部分应当对各方产生约束力。本案系洪水及暴雨导致事故，属于合同约定的除外责任，保险人不应承担赔偿责任。一审法院仅凭公路工程公司陈述的“投保单存在手写文字盖压投保人印章”一处瑕疵，就认定保险公司未尽到明确说明义务，存在严重事实认定错误。

2. 一审法院确定损失的依据公估报告存在重大瑕疵，不能反映真实的损失情况，不应采信。公估报告存在重大瑕疵是因为公路工程公司提供其损失的证据存在诸多瑕疵，其中部分证据存在造假嫌疑，故依据该证据作出的公估结论必然不能反映公路工程公司的真实损失情况。

3. 保险公司与公路工程公司签订的保险合同约定有每次事故免赔额，但一审法院在确定保险人赔偿责任时未予以减扣。故一审判决事实认定不清，适用法律有误，请求依法撤销一审判决并改判，并由公路工程公司承担一审、二审诉讼费用。

公路工程公司辩称：

关于免责条款的问题，一审已查明，保险公司没有尽到告知义务。公司的建筑工程材料主要是砂石、水泥，最怕的是洪水，投保建筑工程一切险化解风险，投保的目的实际上主要是防洪水。免责条款是在公路工程公司不知情的情况下保险公司加上去的，免责条款不应产生效力。关于公估报告的问题，该报告由双方共同委托的平量行公估公司作出，三方在现场进行了确认，并就案件中所涉及的相应问题按技术规程进行了确认，一审中，公估公司也出庭进行了说明。公路工程公司认为一审法院依据公估报告作出的判决是正确的，公估程序是完善的，公估结论当然具有约束力。

## 二审审理过程

二审法院查明：二审过程中，保险公司于 2013 年 8 月 12 日向法院提交了通知鉴定人出庭申请、专家证人出庭申请、重新鉴定申请。法院经审查，依法对保险公司的三份申请作出了不予准许通知书。

二审过程中，保险公司提交了一份证据，即根宁翰保险公估有限公司《关于平量行保险公估公司出具的（上海）有限公司所出具〈四川一达机械公路工程有限公司汉源县汉泸路九襄至三交段灾后重建 B 标段砂料场“2010·7·17”洪水致损案定损报告之分析意见〉》（以下简称《平量行公估公司“2010·7·17”洪水致损案定损报告之分析意见》），拟证明公路工程公司损失的砂石量为 8182.50 立方米，而平量行的公估报告估计的砂石量总额高出了 4000 余立方米，增大了公路工程公司的损失 20 多万元。

公路工程公司质证认为，对保险公司提交的《平量行公估公司“2010·7·17”洪水致损案定损报告之分析意见》持有异议，该证据不是新证据。根宁翰公估公司与平量行公估公司都是中介机构，保险公司自行委托一家公估公司来推翻双方共同委托的公估公司的公估意见违反诚信。

法院认为，关于公路工程公司的砂石损失量，因一审审理中双方存在较大争议又无充分证据确定具体损失数额，故双方当事人经协商，一致同意在原审法院的主持下，按照法定程序共同委托平量行保险公估有限公司对此进行定损并以该公司的定损结论作为确定损失的依据。现保险公司在二审中单方委托另一家公估机构重新对公路工程公司的砂石损失量作出分析，该分析意见明确载明：“仅是根据保险公司提供的定损报告及其附件基础上，结合我司公估师的工程施工经验及类似赔案的处理经验所做的分析意见”。根据最高人民法院《关于民事诉讼证据的若干规定》第二十七条的规定，保险公司未向法院提交证据证明平量行保险公估（上海）有限公司在公估过程中有违法行为，其出具的《四川一达机械公路工程有限公司汉源县汉泸路九襄至三交段灾后重建 B 标段砂料场“2010·7·17”洪水致损案定损报告》有不符合法律规定的情形，故法院对保险公司提交的《平量行公估公司“2010·7·17”洪水致损案定损报告之分析意见》不予采纳。

二审查明的事实与一审查明的事实基本一致，法院对一审查明的事实予以确认。

法院另查明：

1. 保险公司的负责人王某荣已于 2013 年 7 月 3 日变更为罗某桥。

2. 支公司与公路工程公司签订的建筑工程一切险保险合同中，固定格式条款的太平财产保险有限公司建筑工程一切险条款（2009 年版）中载明的保险责任为："在保险期间内，本保险合同分项列明的保险财产在列明的工地范围内，因本保险合同免除以外的任何自然灾害或意外事故造成的物质损坏或灭失，保险人按本保险合同的约定负责赔偿。在释义部分对自然灾害的释义为：指地震、海啸、雷击、暴雨、洪水、暴风、龙卷风、冰雹、台风、飓风、沙尘暴、暴雪、冰凌、突发性滑坡、崩塌、泥石流、地面突然下陷下沉及其他人力不可抗拒的破坏力强大的自然现象。"

3. 公路工程公司的建筑工程一切险投保单中的特种风险赔偿限额、每次事故免赔额、特别条款均为手写字样。其中特种风险赔偿限额中约定洪水、暴雨、风暴的赔偿限额为保险金额的 80%；特别条款约定了 20 款，其中第 7 款和第 13 款为"7. 时间调整特别条款（在连续 72 小时内遭受暴风雨、台风、洪水或地震所致损失应视为一单独事件""13. 洪水及暴雨除外条款。"以上 20 款特别条款的具体释义附在建筑工程一切险及第三者责任险条款（2008 年版）的格式条款中。

4.《公路工程有限公司汉源县汉泸路九襄至三交段灾后重建 B 标段砂料场"2010 · 7 · 17"洪水致损案定损报告》明确载明："鉴于被保险人提交的料场生产记录和施工日志与之前提供给民太安公估公司的不一致，我司无法采信。同理，我司也无法采信水泥出入库记录。就目前资料而言，我司能够采信的资料仅有投标文件、工程计量支付报表和被保险人拍摄的 5 张照片。鉴于上述原因，我司只能对 2010 年 7 月 17 日 9 时及以后的损失进行核定。""在 2010 年 7 月 17 日之前被冲走的可能损失（437581.16 元），我司无依据核定"。

上述事实，有双方当事人提交的证据和当事人的陈述意见在案佐证。

二审法院认为，根据该案当事人的上诉理由和答辩意见，涉案保险合同的洪水及暴雨除外条款、每次事故免赔率条款的效力问题，平量行成都公司公估报告中的可能损失 437581.16 元是否确认，以及损失的砂石量是否应依据平量行成都公司公估报告进行认定，是二审争议的焦点问题。

关于涉案保险合同的洪水及暴雨除外条款、每次事故免赔率条款的效力问题。根据该案已经查明的事实和双方签订的《建筑工程一切险保险合同》，涉案事故是发生在保险有效期内及由暴雨引发“洪水”引起的损失，该事故是属于保险责任范围的保险事故双方当事人无争议。保险公司上诉称，公路工程公司已签章确认了投保单中的特别条款约定，保险公司对该条款已尽到了说明义务，不应承担赔偿责任，即使要赔偿，也应按约定免赔率扣减 10%。根据《中华人民共和国保险法》第十七条第二款的规定，对免除保险人责任的条款，保险人应负有明确说明的义务。本案双方争议的特别条款中的“洪水及暴雨除外条款”、每次事故免赔额均属于免除保险人责任的条款，故保险人在订立保险合同时必须向投保人就免除保险人责任的条款作明确说明。该义务是法定义务，也是特别告知义务。这种义务不仅是指经过专业培训而具有从事保险资格的保险人在保险单上提示投保人特别注意，更重要的是做出明确解释。如合同当事人对保险人就保险合同的免责条款是否明确说明发生争议，保险人应当负有必须提供其对有关免责条款内容做出明确解释的相关证据的举证责任，否则该免责条款不产生效力。该案所争议的特别条款即免除保险人责任的条款的填写存在“先有盖印，后有手写内容”的事实，且从保险合同中的投保单的特别条款内容上审查，第 7 款、第 13 款约定的内容均涉及洪水及暴雨，第 7 款约定了在连续 72 小时内遭受暴风雨、台风、洪水或地震所致损失应视为一单独事件，但第 13 款又约定将洪水及暴雨除外。可见，在同一份投保单中，保险公司对洪水及暴雨的约定矛盾。因保险公司未能提供证据证明其在先有盖印、后有手写内容的操作方式下就免除保险人责任的条款对投保人作了明确说明，该条款不能发生相应的法律效力。保险公司上诉主张因特别条款约定不予赔偿及要赔偿应免赔 10% 的理由不能成立，法院不予支持。

关于平量行成都公司公估报告中的可能损失 437581.16 元是否确认及损

失的砂石量是否应依据平量行成都公司公估报告进行确认的问题。公路工程公司上诉请求对公估报告中的“可能”损失437581.16元进行确认，根据“谁主张、谁举证”的规则，公路工程公司应就其主张的时间点的损失提供相应的证据供公估公司进行定损，但因其未能提交证据致定损不能，公路工程公司应承担举证不能的法律后果。原审法院依据本案案情对公估报告中的“可能”损失437581.16元未进行认定，不违反法律规定，二审法院予以确认。

保险公司上诉提出公估报告存在重大瑕疵是因为公路工程公司提供其损失的证据存在诸多瑕疵，即平量行成都公司的公估意见附件中采用的素材都由公路工程公司提供。公安机关调查笔录中，平量行成都公司在引用公安笔录时，刻意不采用钱某等人明确称损失总量（砂石）在8000立方米左右，而采用了公路工程公司提供的料场生产日志、施工日志，因此要求按照其提供的根宁翰保险公估有限公司的分析意见确定公路工程公司损失的砂石量为8182.50立方米来计算本案的损失金额的上诉理由，因未提供充分有效的证据，且其提出的平量行公估报告采用了公路工程公司提供的料场生产日志、施工日志等理由与平量行成都公司的公估报告的记载内容明显不一致，故不能成立，二审法院对保险公司上诉主张公路工程公司的砂石损失金额按8182.50立方米确定的上诉请求不予支持。

综上所述，原审判决认定事实清楚，适用法律正确，处理结果并无不当，二审法院予以维持。依照《中华人民共和国民事诉讼法》第一百七十条第一款第（一）项“原判决、裁定认定事实清楚，适用法律正确的，以判决、裁定方式驳回上诉，维持原判决、裁定”的规定，判决如下：

本案裁判结果：驳回上诉，维持原判。

二审案件受理费20840元，由上诉人公路工程公司承担7864元，上诉人保险公司承担12976元。原审案件受理费按原审判决执行。

## 编者评论

该案值得探讨的焦点问题有以下两个：一是洪水及暴雨除外条款、每次事故免赔率条款的效力问题。被保险人认为，洪水及暴雨除外条款是在其不知情的情况下被保险人加上去的，该除外条款不应产生效力。但保险人认为，被保险人已签章确认了投保单中的洪水及暴雨除外特别条款的约定，保险人对该条款已尽到了说明义务，但不能提供证据证明其对洪水及暴雨除外条款向被保险人尽了明确说明的义务。法庭经过审理认定，保险人让投保人在空白投保单上盖印，然后再交给保险公司手工填写内容。虽然投保单的特别条款中有洪水及暴雨除外条款的名称，但无相应的解释说明内容。因此判该除外条款无效。

从上述情况分析，如果保险人确实如法院所认定的那样，先让被保险人在投保书上盖章，后通过手写方式将洪水及暴雨除外条款名称写上去，并且出具了将洪水及暴雨除外的保险合同，而且未将此事向投保人说明，是不合适的。如果被保险人确实不知道保险人私下将洪水及暴雨除外，而该保险又是由经纪人安排，该经纪人也应当为其未认真审核保险合同，未将保险人在未经被保险人同意的情况下增加洪水及暴雨除外条款的情况告知被保险人，而承担过失和遗漏责任。

该案中，保险合同项下的每次事故免赔额（率）条款，也因为保险人未向被保险人明确说明而被判无效。

二是公估报告的效力问题。该案由三家公估公司提供公估报告。其一是 2010 年 7 月 15 日 20 时至 17 日发生暴雨、洪水灾害，对被保险人的施工材料和设备造成损失，被保险人向保险人报案，保险人单方委托民太安公估公司对损失进行鉴定并出具公估报告。但由于该公估报告对损失计算出现差错，法院不予采信。其二是在一审审理过程中，由于双方对暴雨和洪水造成的损失金额无法达成一致，则由保险人和被保险人共同委托平量行保险公估进行定损。但是，由于保险人认为平量行的公估报告存在重大瑕疵，砂石定损总量远超过其认定的损失数量，又单独委托根宁翰公估公司定损并出具对平量行定损报告的分析意见，力图推翻平量行的公估结论。保险公司这种单方委托公估的行为都被法院所否定，最后的定损结果则以双方共同委托的平量行公估报告为依据。

该案的启示是，保险人应当意识到按照《保险法》的规定，在投保时向投保人明确说明除外责任和其他相关条款的重要性。任何故意或疏忽未说明的行为只会给自己带来不利的后果。至于委托公估人的问题，保险人应当在投保时就要与投保人约定发生损失时拟委托查勘定损的公估公司，以免在发生损失时，双方对委托哪一家公估公司产生争议。另外，保险人单方委托公估公司的做法是不可取的。如果发现双方委托的公估公司出具的公估报告存在不合理的地方，应当在公估报告未定稿之前，就要找公估公司交涉，要求其如实反映并解决公估过程中所发现的问题。

本案对投保人的启示是：投保单是投保人要约的法律文件，绝对不能在空白的投保单上随便盖章，对投保单上涉及的，对于暴风、暴雨等工程险最常见的风险保障的表述必须重点关注。

# 二十九 如何解决保险合同中格式条款和非格式条款之间的歧义问题

## 案情简介

上诉人（原审原告）：广州某建筑防水补强有限公司（以下简称鲁班建筑公司）

被上诉人（原审被告）：某保险支公司（以下简称保险公司）

原告诉请：

2004 年 3 月 12 日，鲁班建筑公司作为承包方（乙方）与发包方广东省地质建设工程集团公司（甲方）、建设方广州市清平市场建设发展有限公司（丙方）签订了《建设工程施工合同》。合同订明，因甲方与丙方所订“广州清平中药材专业市场基坑维护工程发包合同”执行过程中，受多种原因的影响，导致原已施工的止水帷幕失效，现甲方委托乙方承建广州市清平中药材专业市场基坑维护工程，工程名称为“广州市清平中药材市场基坑维护工程”，工程地点广州市荔湾区清平路与梯云路交界西南侧，工程总造价为6529544.84 元，乙方采用包设计、包工、包料、包工期、包质量、包所有施工责任与安全、包工程造价的综合包干方式。

2004 年 8 月 8 日，保险公司向鲁班建筑公司签发了保险号为PGC0044010 的《建筑工程一切险保险单》。保险单明细表列明，被保险人为鲁班建筑公司，保险工程名称为“广州市清平中药材市场基坑维护工程”（以下简称基坑维护工程），保险工程地点在广州市荔湾区清平路与梯云路交界西南侧，保险项目包括物质损失和第三者责任。物质损失包括永久和临时工程及所用材料，保险金额为 500000 元；每次事故免赔额为 2000 元，适用于第一部分物质损失项下的财产损失。保险期间订明：建筑期自 2004 年 8 月 1 日 0 时起，至 2004 年 11 月 11 日 24 时止，保证期自 2004 年 11 月 12 日起，至 2006 年 5 月 11 日止。

保险单所附《中国人民保险公司建筑工程一切险条款》第 1 条第一部分物质损失中责任范围订明，在本保险期间内，若本保险单明细表中分项列明的保险财产在列明的工地范围内，因本保险单除外责任以外的任何自然灾害或意外事故造成的物质损坏或灭失（简称损失），该公司按保险单的规定负责赔偿；对经保险单列明的因发生上述损失所产生的有关费用，该公司亦可负责赔偿；意外事故是指不可预料的以及被保险人无法控制并造成物质损失或人身伤亡的突发性事件，包括火灾和爆炸。

第 4 条保险金额订明，若被保险人是以保险工程合同规定的工程概算总造价投保，被保险人应：（1）在保险项下工程造价中包括的各项费用因涨价或升值原因而超出原保险工程造价时，必须尽快以书面形式通知该公司，该公司据此调整保险金额……；（4）在保险单列明的保险期届满后 3 个月内向该公司申报最终的工程总价值，该公司据此以多退少补的方式对预收保险费进行调整。否则，针对以上各条，该公司将视为保险金额不足，一旦发生保险责任范围内的损失时，该公司将根据保险单总则中第 6 款的规定对各种损失按比例赔偿。

第 5 条保险期间订明，该公司的保险责任自保险工程在工地动工或用于保险工程的材料、设备运抵工地之时起始，至工程所有人对部分或全部工程签发完工验收证书或验收合格，或工程所有人实际占有或使用或接收该部分或全部工程之时止。以先发生者为准，但在任何情况下，建筑期保险期限的起始或终止不得超出保险单明细表中列明的建筑期保险生效日或终止日。上述保险期间的展延，须事先获得该公司的书面同意，否则，从保险单明细表中列明的保险期间终止日起至保证期终止日止期间内发生的任何损失、费用和责任，该公司不负责赔偿；保证期的保险期间与工程合同中规定的保证期一致，从工程所有人对部分或全部工程签发完工验收证书或验收合格，或工程所有人实际占有或使用或接收该部分或全部工程时起算，以先发生者为准，但在任何情况下，保证期的保险期间不得超出保险单明细表中列明的保证期。

第6条赔偿处理订明，在发生保险单物质损失项下的损失后，被保险人为减少损失而采取必要措施所产生的合理费用，该公司可予以赔偿，但该项费用以保险财产的保险金额为限。

第7条被保险人义务订明，在发生引起或可能引起该保险单项下索赔的事故时，被保险人或其代表应立即通知该公司，并在7天或经该公司书面同意延长的期限内以书面报告提供事故发生的经过、原因和损失程度，在该公司的代表或检验师进行查勘之前，保留事故现场及有关实物证据。

第8条总则第6项比例赔偿订明，在发生保险物质损失项下的损失时，若受损保险财产的分项或总保险金额低于对应保险金额，其差额部分视为被保险人所自保，该公司则按保险单明细表中列明的保险金额与应保险金额的比例负责赔偿。

附加条款的特别附加条款订明，建筑工程一切险，以鲁班建筑公司与客户签订的加固、纠偏、补强等工程合同金额作为保险金额。加固工程因自然灾害或意外事故受损时按保单条款和附加条款赔偿鲁班建筑公司的损失。

1. 赔偿责任范围：

（1）负责赔偿因保单除外责任以外的任何自然灾害或意外事故造成的物质损坏、灭失及物质损失。

（2）负责赔偿因发生上述损失所产生的有关费用，如修复费用、处理事故费用等。

2. 赔偿标准：以鲁班建筑公司实际所受的物质损失和因该损失所产生的实际费用，在保单标准条款约定的最高限额内赔偿。

2004年10月27日，保险公司再向鲁班建筑公司签发了保单号为PGGC20044401AC02000125的《建筑工程一切险保险单》，保险单明细表列明的建筑工程物质损失保险金额为4000000元。其他明细表列明的内容以及所附《中国人民保险公司建筑工程一切险条款》、附加条款与PGGC20044401AC02000092《建筑一切险保险单》一致。

2004年10月27日、10月30日、11月2日、11月5日、11月15日，在基坑维护过程中，基坑发生局部管涌及漏水事故。鲁班建筑公司与保险公司就上述管涌漏水事故保险赔偿问题产生争议，原告鲁班建筑公司诉至广州市越秀区人民法院，请求判令保险公司支付保险金590215.63元。

## 原被告举证、质证及一审审裁

鲁班建筑公司就其主张向法院提交了以下证据：

（1）鲁班建筑公司制作的，由建设单位广州市清平市场建设发展有限公司加盖公章的《广州清平中药材市场基坑维护工程管涌事故工程量清单》，证明鲁班建筑公司为5次管涌事故支出的费用合计590215.63元。

（2）建设单位广州市清平市场建设发展有限公司出具的《关于广州市清平中药材专业市场基坑维护工程管涌、流沙事故抢险情况的证明》，说明鲁班建筑公司在施工过程中对5次管涌事故所支出的抢险费用，根据合同约定应由鲁班建筑公司负责承担，且鲁班建筑公司已经承担了上述抢险费用。

（3）签证单6份，证明对管涌等保险事故进行施救的工程量。

该6份签证单记载："此基坑挖至8.10~10.10米时，局部发生管涌及漏水。经我司采取打槽形钢板桩、沙袋反压、注化学浆等工作控制管涌及防止基坑壁漏水注化学浆及工作量如下……"签证单记载的工程日期自2004年10月3日至2004年12月28日，其中2004年10月27日、11月2日、11月5日注明"抢险"。单上有发包方广东省地质建设工程集团公司和建设方广州市清平市场建设发展有限公司盖章，并注明工程量属实，费用由鲁班建筑公司承担。

（4）《保险公估报告》，该报告是广州圣意保险公估有限公司接受保险公司理赔/客户服务中心的委托，对鲁班建筑公司在2004年10月27日至11

月15日之间因基坑维护工程发生管涌事故提出核损理赔意见。

该公估公司认为，在保险期间以及在保险单列明的工地范围发生的5次意外事故应属保险责任范围，保险人应根据条款予以赔偿。建议赔付金额总计41258.30元。鲁班建筑公司以此证明5次管涌事故属于保险事故，保险公司应承担赔偿责任，但鲁班建筑公司不同意公估公司计算的赔付金额。该公估报告没有加盖广州圣意保险公估有限公司的印章。保险公司对上述证据的质证意见如下：

（1）《基坑维护工程管涌事故工程量清单》是鲁班建筑公司单方制作，不能证明鲁班建筑公司主张的抢险费用。

（2）《关于基坑维护工程管涌、流沙事故抢险情况的证明》是建设单位的说明，保险公司不予认可。

（3）鲁班建筑公司要求理赔时提交给保险公司的签证单没有建设单位的盖章，建设单位的公章是后补的，而且没有监理公司的盖章。签证单只能证明是鲁班建筑公司增加的工程量，不能证明是鲁班建筑公司抢险的工程量。签证单上注明用于抢险的只有2004年10月27日和2004年11月2日、5日，共3天，签证单上很多日期与鲁班建筑公司主张的管涌事故日期不相吻合。

（4）公估报告是鲁班建筑公司事后向保险公司提出索赔时，因保险公司对事故发生和具体金额不清楚，所以委托公估公司进行评估，但该报告只是草稿，没有正式定稿，所以公估公司没有加盖印章。

庭审中，鲁班建筑公司称其在工程发生保险事故时电话通知保险公司，保险公司派人到过事故现场一次，但没有做现场勘察笔录。保险公司称其仅接到过一次鲁班建筑公司的电话通知，也已到事故现场进行查勘，但没有制作现场查勘记录。该案审理过程中，越秀区人民法院委托广东广信会计师事务所有限公司对鲁班建筑公司主张的在5次管涌事故中其因抢险施救所支出的费用损失（包括物损、人工费用）进行评估。广东广信会计师事务所有限公司函复法院，因资料不全，签证单中无法确定哪些项目属于抢险救灾，因此无法进行评估。越秀区人民法院再次通知鲁班建筑公司、保险公司双方补充提交有关资料，但鲁班建筑公司表示没有资料补交。保险公司向法院补交了用于广州圣意保险公估有限公司评估时的出险通知书、情况反馈表、保险公司致鲁班建筑公司的函件2份，清平市场基坑周边建筑物及地面沉降观测结果表，管涌及注浆处理工程量清单（鲁班建筑公司制作），10月注浆工程量统计表（鲁班建筑公司制作）。越秀区人民法院将上述保险公司补交的资料提交给广东广信会计师事务所有限公司，并委托该公司根据现有材料，对鲁班建筑公司提交的6份签证单记载的总工程量的工程造价进行审核，另再针对鲁班建筑公司主张的5次管涌事故发生日即2004年10月27日、10月30日、11月2日、11月5日、11月15日工程量的工程造价进行审核。2006年12月11日，广东广信会计师事务所有限公司出具了《基本建设工程造价核定报告》，核定结论为，6份签证单记载工程量的总工程造价为570167.13元，其中2004年10月27日、10月30日、11月2日、11月5日、11月15日的工程造价为124250.52元。

法院认为，保险公司于2004年8月8日和10月18日，以鲁班建筑公司为被保险人签发了《建筑工程一切险》保险单，鲁班建筑公司依约向保险公司交纳了保险费，即鲁班建筑公司与保险公司之间的保险合同关系成立。保险单、明细表记载的内容以及保险单所附保险条款等是保险合同双方权利义务的书面凭证。合同双方当事人意思表示真实，合同内容不违反法律、法规的规定，合法有效，各方均应遵守。保险条款在物质损失责任范围中约定，保险单明细表列明的保险财产在列明的工地范围内，因保险单除外责任以外的任何自然灾害或意外事故造成的物质损坏或灭失，以及所产生的有关费用，保险公司应按规定负责赔偿。对意外事故的定义是指不可预料的以及被保险人无法控制并造成物质损失或人身伤亡的突发性事件。

该案中，鲁班建筑公司在承建基坑维护工程过程中，基坑发生局部管涌及漏水，是鲁班建筑公司不可预料及无法控制的意外事故，应属保险事故，对该保险事故发生造成的鲁班建筑公司因施救所产生的费用，保险公司应按保险合同的约定承担保险赔偿责任。关于保险公司对鲁班建筑公司主张的2004年10月27日、10月30日、11月2日、11月5日、11月15日是否发生管涌事故提出的异议。依照保险理赔的正常程序，发生保险事故后，被保险人应及时通知保险人，并保留事故现场。保险人应进行现场查勘、制作查勘笔录。但由于该案保险事故是属于突发性事件，为防止损失的扩大，鲁班建筑公司及时进行施救防止损失扩大是其合同义务，因此事故现场无法完全保存是客观事实。

本案保险公司所承保的工程险存在突发和不可预知的特质，保险公司有义务在任何适当的时候对保险财产的风险情况进行现场查勘，以确保事故发生的真实。而保险公司在合同期间从未对现场进行过查勘，且在鲁班建筑公司通知其到事故现场后，也没有对事故现场做好查勘笔录，因此保险公司对其没有尽到妥善履行合同义务负有责任。结合在鲁班建筑公司提出索赔申请时，保险公司也委托保险公估公司对 2004 年 10 月 27 日、10 月 30 日、11 月 2 日、11 月 5 日、11 月 15 日发生的事故所产生费用进行评估的行为。

可以认定，鲁班建筑公司主张的上述 5 次管涌事故属保险事故发生，保险公司应对该 5 次保险事故所产生的损失费用承担保险赔偿责任。关于保险公司认为发生于 2004 年 11 月 15 日的管涌事故不在保险期间内的问题。保险明细表订明，保险期间包括建筑期和保证期，其中保证期至 2006 年 5 月 11 日止。可见在保证期内发生的保险约定的意外事故，仍属于保险期间内保险公司应承保的保险事故范围。因此，对保险公司认为 2004 年 11 月 15 日的管涌事故不属于保险责任范围的答辩意见，法院不予采纳。

关于鲁班建筑公司提交的 6 份签证单。保险公司虽对签证单记载的工程量提出异议，并认为签证单没有监理公司盖章，工程建设方的公章是事后补盖，但其没有相反的证据证明该 6 份签证单不真实，故法院对该 6 份签证单的真实性予以确认。然而，本案中，鲁班建筑公司主张的 5 次保险事故发生于 2004 年 10 月 27 日、10 月 30 日、11 月 2 日、11 月 5 日、11 月 15 日，而签证单记载的工程日期自 2004 年 10 月 3 日至 2004 年 12 月 28 日，且仅有 2004 年 10 月 27 日和 2004 年 11 月 2 日、5 日这 3 天注明是“抢险”，鲁班建筑公司没有其他证据佐证 5 次管涌事故的施救工程期是自 2004 年 10 月 3 日起至 2004 年 12 月 28 日止。因此，鲁班建筑公司认为，该 6 份签证单记载的全部工程量均是其主张的对 5 次保险事故进行施救所产生的工程量显然证据不足，对此，鲁班建筑公司应承担举证不能的不利后果。根据现有证据，越秀区人民法院认定，签证单中记载的2004年10月27日、10月30日、11月2日、11月5日、11月15日的工程量是属鲁班建筑公司主张的对5次保险事故进行施救所发生的工程量，该5日工程量经广东广信会计师事务所有限公司核定工程造价为124250.52元。保险公司应对该5日的损失费用予以理赔。关于保险赔偿金额问题。根据保险条款约定，在发生保险物质损失项下的损失时，若受损保险财产的总保险金额低于对应保险金额，其差额部分视为被保险人所自保，保险公司则按保险单明细表中列明的保险金额与应保险金额的比例负责赔偿。其中特别附加条款订明，建筑工程一切险以鲁班建筑公司与客户签订的加固、纠偏、补强等工程合同金额作为保险金额。本案中，鲁班建筑公司与发包方广东省地质建设工程集团公司及建设方广州市清平市场建设发展有限公司签订了《建设工程施工合同》，合同总造价为6529544.84元，而鲁班建筑公司投保的总保险金额为4500000元，属于不足额投保，投保比例为4500000元 ÷6529544.84元=68.92%，保险公司依约在保险金额范围内对上述损失124250.52元按比例赔偿。保险公司认为，鲁班建筑公司的实际工程总造价超过1000万元没有证据证实。至于鲁班建筑公司认为，特别附加条款中订明了赔偿标准是以鲁班建筑公司实际所受的物质损失和因该损失所产生的实际费用，在保单标准条款约定的最高限额内赔偿，即保险公司应对其损失全额予以赔偿的意见。法院认为，就该条款的文义理解，鲁班建筑公司的实际损失只是计算保险赔偿金的前提，而赔偿金的计算标准仍应按保险条款的其他相关规定执行。这种理解符合该条款的文义解释、合同整体解释和合同习惯解释的原则。故对鲁班建筑公司认为保险公司应对其损失全额予以赔偿的意见，不予采纳。另根据保单明细表规定，物质损失项下的财产损失每次事故免赔额为2000元，该案鲁班建筑公司主张的保险事故5次，免赔额为10000元。因此，保险公司的应赔偿的保险金额为75633.46元。

广州市越秀区人民法院依照《中华人民共和国合同法》第八条、第六十条，《中华人民共和国保险法》第十三条、第十四条的规定，作出（2006）

越法民二初字第1421号判决：

（1）该判决发生法律效力之日起十日内，保险公司赔偿鲁班建筑公司76346元。逾期付款，按《中华人民共和国民事诉讼法》第二百三十二条的规定执行。

（2）驳回鲁班建筑公司的其余诉讼请求。案件受理费10912元和评估审计费10000元，合计20912元，由鲁班建筑公司负担18323元，保险公司负担2680元。

## 二审审裁

鲁班建筑公司不服原审法院判决，向广州市中级人民法院提起上诉。

鲁班建筑公司诉称：

（1）原审判决未能区别出鲁班建筑公司承包的基坑围护工程的工程内容与因管涌事故而进行抢险施救的工程内容。其实两者的工程内容完全不同。根据鲁班建筑公司和广东省地质建设工程集团公司和广州市清平市场建设发展有限公司签订的《建设工程施工合同》第1条工程项目和内容三款规定，“工程内容：按广州市鲁班建筑防水补强有限公司主持、广东省地质建设工程勘察院辅助提交，经广州市建设科学技术委员会审核通过的设计图纸，广州市清平中药材专业市场基坑围护工程设计施工图（2004年2月5日）中有关基坑围护的工程内容。”由此可见，鲁班建筑公司与广东省地质建设工程集团公司、广州市清平市场建设发展有限公司签订的工程内容属于基坑围护工程，具体的工程内容是建排桩墙、旋喷、钢筋砼内支撑。在没有发生管涌等意外事故的情形下，完成上述工作即完成了基坑围护工程。管涌事故抢险修复具体的工程内容则为：先用砂袋堵塞漏水、流沙，然后打钢板桩，最后用注浆管将化学水泥浆用套管法注入，两者的工程内容完全不同。

（2）原审判决未能准确地查明管涌事故的发生存在一个由量变到质变的过程，管涌事故是由小的渗水、涌水、涌砂现象引起的，处理小的渗水、涌水、涌砂工程也是抢险工程的内容。管涌事故是先由小的渗水、涌水、涌砂引起的，由此产生大面积的大量涌水、涌砂便称作管涌事故。小的渗水、涌水、涌砂是管涌事故的先兆。在2004年10月3日至2004年12月28日鲁班建筑公司进行工程施工期间，发生管涌事故共有5次，其他小的渗水、涌水、涌砂现象在发生管涌事故前后就经常发生，必须采取相应措施，有关的记录在6份签证单中已有详尽的反映。鉴于管涌事故存在由量变到质变的过程，不处理小的渗水、涌水、涌砂问题，管涌事故就不断发生，而且后果不堪设想。鲁班建筑公司对小的渗水、涌水、涌砂立即采取排险补救措施，避免更多更大的管涌事故发生是完全必需的。其工程内容同样是抢险工程范围，产生的费用同样是抢险的费用。原审判决对作为管涌事故先兆的小的渗水、涌水、涌砂的处理的工程内容视而不见，不作出保险赔偿的认定是错误的。

（3）鲁班建筑公司抢险的工程造价已经经过有关单位鉴定。广东广信会计师事务所有限公司所做的《基本建设工程造价核定报告》（广信工咨字2006-000144号）的报告反映，所评估的项目和内容均属于本案所涉及的抢险补救工程的项目和内容，共计工程造价570167.13元。上述评估的项目、内容与鲁班建筑公司所承包的基坑围护工程的项目、内容是分开的、完全不同的，该评估报告是客观公正的。由此可见，原审判决认为鲁班建筑公司进行基坑围护工程内容与管涌事故或管涌现象的抢险补救工程的内容是重叠和混同的说法是不成立的。

（4）原审判决在计算保险赔偿金额问题上产生错误。保险赔偿金应当以抢险工程所产生的实际费用为准。

首先，以124250.52元作为计算保险赔偿金的依据是错误的。如前所述，抢险工程的工程内容是独立存在的。经过工程造价单位核算，抢险工程总造价是570167.13元。而124250.52元仅是发生大的管涌事故采取抢救措施所产生的小部分费用。至于应当以何种标准计算保险赔偿金，双方在“特别附加条款”中已经有明确约定，赔偿标准是“以鲁班建筑公司实际所受的物质损失和因该损失所产生的实际费用，在保单标准条款约定的最高限额内赔偿。”同时，双方在《建筑一切险保险单》标准条款中又明确约定，物质损失的最高保险限额是450万元。鲁班建筑公司的实际损失是570167.13元，在保险金额450万元以内。因此，保险赔偿金应当以鲁班建筑公司抢险工程的570167.13元为准。原审判决以124250.52元作为保险金赔偿依据是错误的。

其次，按比例计算保险赔偿金也是错误的。鲁班建筑公司认为，特别附加条款中订明了赔偿标准是以鲁班建筑公司实际所受的物质损失和因该损失所产生的实际费用，在保单标准条款约定的最高限额内赔偿，即保险公司应对其损失全额予以赔偿。二审法院认为，就该条款文义理解，鲁班建筑公司的实际损失只是计算保险赔偿金的前提，而赔偿的计算标准仍应按保险条款的其他相关规定执行。这种理解符合该条款的文义解释、合同整体解释和合同习惯性解释的原则，故对鲁班建筑公司认为保险公司应对其损失全额予以赔偿的意见，该法院不予采纳。

鲁班建筑公司认为，原审判决的上述认定与《合同法》和双方保险合同的约定相悖，没有正确处理“格式条款”和“非格式条款”的关系问题。本案中，《建筑工程一切险条款》是保险公司提供的格式条款。而合同双方特别约定的“特别附加条款”是非格式条款，《合同法》第四十一条“格式条款和非格式条款不一致的，应当采用非格式条款”。在双方签订的保险合同第9条也特别注明：“下列条款适用于本保险单的各个部分，若其与本保险单存在冲突，则以下列特别条款为准。”在目前格式条款和非格式条款中均对保险金额和赔偿标准有约定且存在冲突的情况下，应当按照特别条款的约定，应当“以鲁班建筑公司实际所受的物质损失和因该损失所产生的实际费用，在保单标准条款约定的最高限额内赔偿”作为保险赔偿的依据。由此可见，在格式条款和非格式条款有冲突的情况下，原审法院判决没有对特别条款的效力做出正确判断，而导致本案处理结果的错误。

综上所述，鲁班建筑公司认为，应当根据抢险工程所产生的工程量造价的570167.13元计算保险赔偿金，由保险公司全额支付给鲁班建筑公司。原审判决保险公司只承担75633.46元的保险金额是错误的，依法应当纠正。特此上诉，请求二审法院能查明案件事实，支持上诉请求。鲁班建筑公司的上诉请求为：依法撤销原审判决，改判保险公司支付鲁班建筑公司保险赔偿金570167.13元。

保险公司答辩称：同意原审判决。

二审法院认为，就上述条款的文义理解，鲁班建筑公司的实际损失只是计算保险赔偿金的前提，而赔偿的计算标仍应按保险条款的其他相关规定执行。这种理解符合该条款的文义解释、合同整体解释和合同习惯性解释的原则。故对鲁班建筑公司认为保险公司应对其损失全额予以赔偿的意见，法院不予采纳。

二审法院还认为，鲁班建筑公司为其承包的工程分两次向中保江湾公司投保，保险公司以鲁班建筑公司为被保险人签发了《建筑工程一切险》保险单，鲁班建筑公司也依约向保险公司交纳了保险费，鲁班建筑公司与保险公司之间的保险合同关系成立。上述保险单及保险单明细表、《中国人民保险公司建筑工程一切险条款》所记载的内容是合同双方当事人的真实意思表示，且不违反法律、法规的强制性规定，均合法有效，双方当事人均应依照约定履行。根据保险条款中物质损失责任范围的约定，保险单明细表列明的保险财产在列明的工地范围内，因保险单除外责任以外的任何自然灾害或意外事故造成的物质损坏或灭失以及所产生的有关费用，保险公司应按规定负责赔偿。对意外事故的定义是指不可预料的以及被保险人无法控制并造成物质损失或人身伤亡的突发性事件。该案中，鲁班建筑公司在承建基坑维护工程过程中，基坑发生局部管涌及漏水，是鲁班建筑公司不可预料及无法控制的意外事故，原审法院认定属保险事故，对该保险事故发生造成的鲁班建筑公司因施救所产生的费用，保险公司应按保险合同的约定承担保险赔偿责任。

鲁班建筑公司上诉称，自2004年10月3日起，至2004年12月28日止，其承包的工地发生了5次管涌事故，其他小的渗水、涌水、涌砂现象也经常发生。因此，认为其为此采取的相应措施也属抢险工程范围，产生的费用同样是抢险的费用。对此法院认为，鲁班建筑公司主张的5次保险事故发生于2004年10月27日、10月30日、11月2日、11月5日、11月15日，但根据鲁班建筑公司所提交的签证单记载的工程日期，自2004年10月3日起，至2004年12月28日止，仅有2004年10月27日、2004年11月2日、11月5日3天注明是“抢险”。鲁班建筑公司没有提供其他充分的证据来证明其对5次管涌事故的抢救工程期需自2004年10月3日起，至2004年12月28日止。因此，法院对于鲁班建筑公司上诉理由不予采纳，予以驳回。原审法院根据已查明的事实认定签证单中记载的2004年10月27日、10月30日、11月2日、11月5日、11月15日的工程量属鲁班建筑公司主张的对5次保险事故进行施救所发生的工程量，该5日工程量核定工程造价为124250.52元，法院予以支持。

关于保险公司赔偿鲁班建筑公司的赔偿金应以何种标准计算的问题。鲁班建筑公司与发包方广东省地质建设工程集团公司及建设方广州市清平市场建设发展有限公司签订的《建设工程施工合同》，合同约定的工程总造价为6529544.84元，而鲁班建筑公司投保的总保险金额为4500000元，属于不足额投保。根据鲁班建筑公司与保险公司所共同认可的《保险条款》第8条总则第（六）比例赔偿约定：“在发生本保险物质损失项下的损失时，若受损保险财产的分项或总保险金额低于对应保险金额，其差额部分视为被保险人所自保，本公司则按本保险单明细表中列明的保险金额与应保险金额的比例负责赔偿”的约定，保险公司赔偿鲁班建筑公司的赔偿金不是全额赔偿，而是按投保比例赔偿。鲁班建筑公司与保险公司上述约定与鲁班建筑公司与保险公司在保险单的特别附加条款中“赔偿标准以鲁班建筑公司实际所受的物质损失和因该损失所产生的实际费用，在保单标准约定的最高限额内赔偿”并不相悖，且鲁班建筑公司与保险公司在保险条款中的上述约定也符合《保险法》关于财产保险合同中的有关规定。因此，原审法院根据投保比例4500000元：6529544.84元，根据保险明细表约定的免赔金额，认定保险公司应赔偿鲁班建筑公司的保险金额为75663.46元，法院予以支持。鲁班建筑公司对此提起上诉，法院予以驳回。综上所述，原审判决认定事实清楚，程序合法，适用法律正确，处理恰当，法院予以维持。鲁班建筑公司上诉理由不成立，法院予以驳回。

2007 年 6 月，广东省广州市中级人民法院依照《中华人民共和国民事诉讼法》第一百五十三条第一款第一项之规定，作出（2007）穗中法民二终字第 610 号判决：驳回上诉，维持原判。二审案件受理费 10912 元，由上诉人广州市鲁班建筑防水补强有限公司负担。

## 编者评论

财产保险属于不定值保险，在出险理赔时，可能会出现足额投保或不足额投保两种情况。足额投保的，足额赔偿；不足额投保的，比例赔偿。这一原则在我国《保险法》中有明确规定。

保险标的在出险受损时，存在部分损失或全部损失两种情况。足额投保时，因为是足额赔偿，保险合同双方不会产生歧义；但在不足额投保的情况下，保险人的损失赔偿以保额为限，在发生部分损失时，采取比例赔偿。这一点，法院的判决是正确的。

该案的焦点问题是，在保险合同中既有格式条款又有非格式条款，在前者的约定和后者产生冲突的情况下该如何解决这两种条款的歧义。该案的保险合同中包括了格式条款和非格式条款。被保险人认为，虽然“建筑工程一切险”条款（为格式条款）约定，“在发生本保险物质损失项下的损失时，若受损保险财产的分项或总保险金额低于对应保险金额，其差额部分视为被保险人所自保，本公司则按本保险单明细表中列明的保险金额与应保险金额的比例负责赔偿”。

1. 赔偿责任范围

（1）负责赔偿因保单除外责任以外的任何自然灾害或意外事故造成的物质损坏、灭失及物质损失。

（2）负责赔偿因发生上述损失所产生的有关费用，如修复费用、处理事故费用等。

2. 赔偿标准

以鲁班建筑公司实际所受的物质损失和因该损失所产生的实际费用，在保单标准条款约定的最高限额内赔偿。

由于该格式条款和非格式条款产生歧义，被保险人认为，应作有利于被保险人的解释，即在“在保单标准条款约定的最高限额内赔偿。”

一审和二审法院都拒绝接受被保险人的这种看法，认为就该合同条款的文义理解，被保险人的实际损失只是计算保险赔偿金的前提，而赔偿金的计算标准仍应按保险条款的其他相关规定执行。这种理解符合该条款的文义解释、合同整体解释和合同习惯解释的原则，也符合《保险法》的规定。

该案中被保险人滥用“有利于被保险人的原则”(即于草拟人不利原则)。并不是说，如果保险合同的格式条款和非格式条款之间，或者格式合同中的不同条款之间存在歧义，都可以立即采用“于草拟人不利原则”。

实际上，在采用“于草拟人不利原则”之前要先检查一些项目，直到这些项目都检查后才可以采用该原则。这些项目包括：

- 从保单持有人角度阅读保单语言；
- 遵守普通意义规则；
- 使用正确的词典定义；
- 正确地采用特殊词汇；
- 是否涉及首要考虑的问题；
- 不能从上下文中取出词语单独解释；
- 不能使得其他词语变得多余；
- 是否产生荒谬的结果；
- 不能使保险交易的目的落空；
- 不能使得保险单承保近似于非法活动造成的损害赔偿；
- 要与同一个主题的所有其他条款协调起来；
- 不能起潜在保障限制的作用，对此一般保单持有人未预期到或不了解。

该案的启示是，如果保险合同中的格式条款和非格式条款存在歧义，保险人和经纪人应当在非格式条款旁边作一批注，大意是由该非格式条款替代合同中的某一可能存在歧义的相对应格式条款，或删除该有歧义的格式条款。而不能仅泛泛地表示，如果保险合同中的其他条款与该非格式条款产生歧义，则以该非格式条款为准。如果不作这种批注，被保险人仍然可能认为，在合同条款出现歧义的时候，作对保险人不利的解释，应采用对其有利的条款。

本案对被保险人的启示，一是工程保险的风险很大，不足额投保不可取；二是投保人对事故和施救费用的管理存在问题。从案情描述来看，在施工过程中不断出现各种管涌等现象，这些都属于保险事故，如果被保险人能做好记录、及时报案，其损失才可能得到充分的赔偿。

# 三十 绿化苗木是否属于建安工险的保险标的

## 案情简介

上诉人（原审被告）：某保险支公司（以下简称保险公司）

被上诉人（原审原告）：衢州市某基础设施公司（以下简称基础设施公司）

上诉人某保险公司与被上诉人基础设施公司保险合同纠纷一案，不服浙江省衢州市柯城区人民法院（2007）柯民二初字第352号民事判决，向二审法院衢州市中级人民法院提起上诉。二审法院于2008年1月8日受理后，依法组成合议庭，于2008年3月3日对该案进行了公开审理。

## 一审审裁

原审法院审理查明：

2005年10月7日，基础设施公司就衢州市西区石梁溪河道整治二期河口绿化A部分工程（以下简称河道整治绿化工程）向保险公司投保，双方签订《建筑安装工程保险》合同一份，约定被保险人为基础设施投资公司，保险项目为建筑工程（包括永久和临时工程及材料），该工程为河道整治绿化工程，保险金额为7548654元，保险期间自2005年10月8日0时起，至2006年10月7日24时止，保险费为22645.96元。合同签订后，基础设施公司支付了保险费 22645.96 元。2006 年 5 月 9 日至 5 月 10 日，由于暴风雨侵袭，造成基础设施公司承保的部分河道整治绿化工程受损。2006 年 5 月 11 日，基础设施公司与保险公司对受损歪倒的树木进行清点。之后，双方分别于同年 5 月 19 日、7 月 7 日、8 月 13 日对 2006 年 5 月 11 日清点歪倒树木经种植后仍死亡的树木作进一步确认。基础设施公司向保险公司提出赔偿保险金 282950 元的要求，但保险公司以基础设施公司的财产损失不在其公司承保范围为由作出拒赔处理。2007 年 7 月 13 日，基础设施公司向原审法院提起诉讼，要求保险公司支付保险赔偿款 282950 元。

原审法院认为，基础设施公司与保险公司签订的《建筑安装工程保险》合同系双方真实意思表示，合法有效，双方之间的保险关系成立。基础设施公司已按约支付了保险费。在保险期间内，基础设施公司投保的绿化工程因暴风雨侵袭受损，双方对受损的树木经过四次清点确认，现基础设施公司要求保险公司对其投保的绿化工程进行理赔，理由正当，予以支持。

保险公司抗辩认为，苗木是活体，不在建筑安装保险标的范围内。双方签订的合同虽名为《建筑安装工程保险》，但其投保的工程为河道整治绿化工程，该工程包括栽植各类乔木、灌木、花卉、草等绿化工程，且投保金额 7548654 元与基础设施公司的工程总价一致，故保险公司的抗辩理由不能成立，不予采纳。保险公司认为，赔偿处理按照出险时的实际损失，基础设施公司不能举证证明后面的苗木死亡与暴风雨事故有直接关系，不是出险当天的实际损失。发生暴风雨事故后，双方在 2006 年 5 月 11 日对受损歪倒的树木进行清点。之后，基础设施公司对歪倒的树木进行重新种植，系基础设施公司防止或者减少损失的行为，并无不当。后来，双方三次对 2006 年 5 月 11 日清点后经重新种植仍死亡的苗木作进一步确认。故保险公司认为，后面的苗木死亡与暴风雨事故无直接关系，该理由不能成立，不予支持。

基础设施公司主张赔偿的苗木应以 2006 年 5 月 11 日清点数为准，其中直径 10 厘米香樟清点时为 37 株，现基础设施公司要求赔偿 39 株，对多余的 2 株、每株计 280 元不予支持；直径 18 厘米杜英当时清点时无受损记录，故对基础设施公司要求赔偿 2 株、每株计 1500 元亦不予支持；其余于 2006

年5月11日均有清点记录的诉请赔偿，予以支持。基础设施公司主张赔偿的苗木单价以《分部分项工程量清单计价表》为准，由于该计价表均为当时基础设施公司投保时的价格，对该主张予以支持。2007年11月15日，原审法院依照《中华人民共和国保险法》第十条、第四十二条第一款的规定，作出判决：

一、保险公司于判决生效之日起十日内赔偿基础设施公司保险金279390元；

二、驳回基础设施公司的其他诉讼请求。案件受理费5544元，由基础设施公司负担70元，保险公司负担5474元。

## 二审审裁

**上诉人和被上诉人的诉辩**

上诉人保险公司不服原审法院上述民事判决，向二审法院提起上诉称：

1.原审判决认定双方签订的《建筑安装工程保险》合同包含苗木是错误的。

（1）保险合同与其他合同不同，不是任由合同当事人随意变更的。《建筑安装工程保险》合同必须经过保监会批准，它包括建筑工程保险和安装工程保险，只针对建筑安装这种永久性、非生命体征的工程。而苗木属于农业险（包括种植业保险和养殖业保险）中的种植业保险范围，不属于建筑安装工程保险范围。两个险种承保的范围、保费计算、风险评估、理赔计算都不一样。农业险上诉人还未获得保监会批准，《建筑安装工程保险》合同保险范围包含苗木的部分是无效的，应当按照无效合同的法律规定进行处理，即上诉人退还该部分的保险费。

（2）上诉人按照工程概算价格承保并测算保险费，并不表示上诉人承保了整个工程的所有标的。《建筑安装工程保险》合同条款也约定可先按照工程概算价格进行保险，再按照建筑安装工程的实际造价计算。由于被上诉人的工程既包含建筑安装工程，也包含非建筑安装工程，但在承保时很难准确核算，因此先按总额保险，但不能就此认定《建筑安装工程保险》合同包含苗木。

2. 原审判决认定“双方三次对 2006 年 5 月 11 日清点后经重新种植仍死亡的苗木作进一步清点确认”错误。双方在 2006 年 5 月 11 日以后，三次对死亡苗木进行过清点，属实，但上诉人从未确认过死亡苗木就是 2006 年 5 月 11 日双方清点的歪倒又重新种植的苗木，被上诉人也未提供任何这方面的证据。况且，三次对死亡苗木的清点数目与歪倒树木不一致。苗木是活体，本身就存在死亡因素，因此，原审判决在没有证据的情况下认定死亡苗木就是因暴风雨事故歪倒重新种植的苗木是不对的。保险条款也明确约定按照出险当时的实际损失赔偿，也就是保险人只赔偿出险当时已经产生可以明确测算的实际损失，比如当场折断的苗木。该约定是对保险人与被保险人权益的公平保护。

3. 双方在《建筑安装工程保险》合同中约定每次事故绝对免赔额 5000 元，原审计算赔偿金时没有扣除该款。上诉人保险公司请求二审法院撤销原判，依法改判驳回被上诉人基础设施公司的诉讼请求。

被上诉人基础设施公司答辩称：

1. 上诉人提出《建筑安装工程保险》合同包含苗木错误的上诉理由不能成立。

（1）被上诉人于 2005 年 10 月 7 日向上诉人投保了总保险金额为 7548654 元的工程，当时被上诉人很明确是将河道整治绿化工程进行投保。而被上诉人投保的 7548654 元绿化工程中大部分是苗木、树木、花卉、植物的栽植工程，上诉人对被上诉人这一投保标的是明知的。双方在保险合同特别约定条款中注明该工程为绿化工程。被上诉人投保的保险合同是由上诉人提供的格式合同，当时上诉人提供给被上诉人，并与被上诉人签订的合同就是建筑安装工程保险合同。被上诉人向上诉人投保的其他标段的绿化工程，上诉人提供的也是建筑安装工程保险合同。同时，从本案保险事故发生后上诉人出具的联系处理记录单中可以看到，被上诉人投保的苗木栽植等绿化工程，完全属上诉人承保范围内。

（2）被上诉人向上诉人投保的总保险金额 7548654 元的工程中，双方明确约定包括苗木栽植等绿化工程。上诉人按被上诉人投保的总保险金额计算了保险费，被上诉人也已交纳了全部保险费。现上诉人却提出并不表示上诉人承保了整个工程的所有标的，这一上诉理由完全违背诚实信用原则，也没有法律依据。

2. 上诉人提出原审认定双方三次对苗木清点确认错误的理由同样不能成立。该案保险事故发生后，2006 年 5 月 11 日，上诉人即派出工作人员到现场，对被暴风雨侵袭受损的苗木一一进行清点。为了减少损失，降低上诉人的赔偿责任，被上诉人又将受损苗木重新进行栽植。通过被上诉人的努力，部分受损苗木被救活，但大部分还是死亡。之后，又经上诉人工作人员三次到现场清点、核对，确认了被上诉人总的苗木死亡数量。上诉人工作人员四次到现场清点确认死亡苗木的过程，都有《联系处理记录单》作了明确的记载。该记录单不仅有上诉人工作人员的签名，而且还加盖了保险公司的印章。这难道还不能证明上诉人对死亡苗木的确认？

3. 上诉人在原审没有提出绝对免赔额 5000 元的抗辩意见，是二审新增加的，根据不告不理的原则，二审不应支持。被上诉人基础设施公司请求二审法院驳回上诉，维持原判。

法庭意见及判决：

二审法院除对原审法院认定的事实予以确认外，另认定：

1. 2005 年 10 月 7 日，基础设施公司与保险公司签订《建筑安装工程保险》合同一份，约定每次事故绝对免赔额为 5000 元。

2. 基础设施公司与保险公司在 2006 年 5 月 11 日对受损歪倒的树木进行清点后，双方当事人又分别于 2007 年 5 月 19 日、同年 7 月 7 日、同年 8 月 13 日以共同出具《联系处理记录单》的方式，对“河道整治绿化工程”的苗木损失作进一步清点确认；三份《联系处理记录单》均记载“以上损失数量由双方共同清点确认，损失数字准确、无误！”。

3. 除诉争《建筑安装工程保险》合同外，基础设施公司另与保险公司订立《建筑安装工程保险》合同两份，分别为 2006 年 2 月 10 日签订的保险标的为“衢州市西区石梁溪河道整治一期绿化景观”的《建筑安装工程保险》合同，2006 年 10 月 13 日签订的保险标的为“衢州西区三江东路紫桂南路紫薇中路景观绿化工程”的《建筑安装工程保险》合同。

法院认为，上诉人保险公司认为诉争保险合同的保险责任范围不包含苗木部分，并应当按照无效合同的法律规定进行处理。但从双方当事人订立《建筑安装工程保险》合同等事实来看：

1. 诉争《建筑安装工程保险》合同明确约定保险标的为“河道整治绿化工程”。

2. 被上诉人基础设施公司提供的《分部分项工程量清单计价表》，载明总价款 7548654 元的绿化工程分部分项工程主要为苗木等植物栽植，该价款 7548654 元与诉争合同约定的保险价值一致。

3. 除诉争合同之外，双方当事人还分别订立以绿化景观工程作为保险标的的《建筑安装工程保险》合同两份。综合上述事实，应确认诉争保险合同的内容具体确定，保险标的为包含苗木栽植在内的绿化工程；且诉争绿化工程作为保险标的并没有违反法律、行政法规的强制性规定。保险公司关于合同无效的上诉主张不能成立，法院不予支持。

保险公司上诉主张其从未确认过死亡苗木就是 2006 年 5 月 11 日双方清点的歪倒又重新种植的苗木，原审判决系在没有证据的情况下作出相关认定。但从《联系处理记录单》的内容来看，基础设施公司与保险公司在 2007 年 5 月 19 日、7 月 7 日、8 月 13 日共同出具的《联系处理记录单》，均载明统计损失内容为“河道整治绿化工程”的苗木损失，且“以上损失数量由双方共同清点确认，损失数字准确、无误!”。故原审判决认定双方当事人对受损树木经过四次清点确认的事实正确，保险公司该上诉主张亦不能成立，法院不予采信。

保险公司另上诉认为原审计算赔偿金时没有扣除《建筑安装工程保险》合同中约定的绝对免赔额 5000 元。法院经审查认为，诉争保险合同约定每次事故绝对免赔额为 5000 元，该款应在保险公司赔偿的保险金中扣除。但保险公司在原审法院审理本案过程中未提出相应的抗辩主张，不应当认为属于原审裁判错误，保险公司应负担相应的诉讼费用。

综上所述，保险公司与基础设施公司签订的《建筑安装工程保险》合同，系双方当事人的真实意思表示，内容不违反法律、行政法规的强制性规定，应依法确认有效。原审判决认定本案事实基本清楚，但原审判决确定的赔偿保险金应扣除诉争保险合同约定的绝对免赔额部分，法院对此作相应变更。在扣除绝对免赔额 5000 元的款项后，保险公司应赔偿基础设施公司保险金 274390 元。法院依照《中华人民共和国民事诉讼法》第一百五十三条第一款第（一）项、第（三）项的规定，判决如下：

1. 维持浙江省衢州市柯城区人民法院（2007）柯民二初字第 352 号民事判决第二项“驳回基础设施公司的其他诉讼请求”及关于诉讼费负担部分的内容；

2. 变更浙江省衢州市柯城区人民法院（2007）柯民二初字第 352 号民事判决第一项“保险公司于判决生效之日起十日内赔偿基础设施公司保险金 279390 元”的内容为“保险公司于本判决送达之日起十日内支付基础设施公司保险金 274390 元”。

如果未按本判决指定的期间履行赔偿义务，应当依照《中华人民共和国民事诉讼法》第二百三十二条之规定，加倍支付迟延履行期间的债务利息。

二审案件受理费 5491 元，由上诉人保险公司负担 5393 元，被上诉人基础设施公司负担 98 元。

## 编者评论

该案保险公司以河道整治绿化工程（大部分是苗木、树木、花卉、植物的栽植工程）作为保险标的向被保险人出具《建筑安装工程一切险》保险单，但是在暴风雨造成苗木损失后，又以苗木属于农业险中的种植业保险标的，不属于建筑安装工程保险标的范围为由，拒绝承担赔偿责任，根据“禁止反言”原则，很难获得法院的支持。现在的焦点问题是，到底绿化工程中的植物栽植工程是否可作为建安工险的保险标的。首先，建安工险条款并未明确将植物栽植工程除外，其次，从实务操作上看，大量的含有植物栽植的道路、河道城市基础设施建设工程都用建安工险保单承保，植物活体不可避免地被作为保险标的。农险承保的动植物的保险期间一般包括禽畜和农作物的部分或全部生命周期（一般为期一年），禽畜和农作物发生保险责任范围的死亡时，损失计算以其死亡时的实际价值为基础，而在保险期间的不同时点，其实际价值并不相同。建安工险承保的栽植植物的损失计算方式不同，基本上按照其投保价值及投保金额赔偿。

因此，如果保险人认为，建安工险不保植物栽植工程，或者建安工险所承保的植物栽植工程的保险金额和损失赔偿金额的确定需要参照农险计算方式的话，就应当在保险条款中明确约定，而不是在发生保险事故时，保险人对如何赔偿无所适从。

该案对投保人的启示是，对投保的资产需要以清单的形式列明，以确保这些财产得到承保。

# 三十一 建安工险投保人在什么情况下履行如实告知义务

## 案情简介

原告：江苏省某建设集团公司（以下简称建设集团公司）

被告：某保险分公司（以下简称保险公司）

原告建设集团公司诉被告中银保险分公司保险合同纠纷一案，一审法院于2018年1月18日受理后，依法适用普通程序，于2018年8月22日进行了公开开庭审理。

**原告和被告的辩诉**

原告诉请：

1. 请求确认被告保险公司解除合同无效；

2. 判令被告保险公司支付保险理赔款8483039.51元、公估费用117010元；

3. 由被告保险公司负担诉讼费用。

事实和理由：2017年6月28日，某建设集团公司为其所承接的三亚临空国际旅游商贸区填海护岸工程（以下简称“填海护岸工程”）向保险公司投保建筑工程一切险，其中物质损失部分的保险金额为129804961.20元，保险期间为2017年6月30日0时起，至2018年4月30日24时止，特种危险（含台风）赔偿限额为总保险金额的80%。同年7月16日，因台风导致所投保的工程遇险，建设集团公司及时向保险公司报险，保险公司委托上海恒量保险公估公司（以下简称“恒量公估公司”）对损失进行评估，但双方未能就损失达成一致。8月15日，保险公司通知建设集团公司解除保险合同。9月15日，案涉填海护岸工程再次遭到台风袭击造成损失，建设集团公司再次向保险公司报险，但保险公司以合同已解除为由拒绝对损失进行评估，建设集团公司只得自行委托泛华保险公估江苏分公司（以下简称“泛华公估公司”）进行评估。建设集团公司认为，双方订立的保险合同合法有效，保险公司单方解除合同构成违约，其解除合同的行为无效，应对两次台风造成的损失承担理赔责任。为此，建设集团公司特提起诉讼，请求法院依法保护。

被告保险公司辩称：

1. 保险合同订立前，建设集团公司未将涉案工程已建设到水面以上，以及工程相应标段未通过环境测评评估等影响据以确定保险费率或确定是否同意承保的重要情况告知保险人，保险公司有权依法解除保险合同，并对合同解除前发生的事故损失不承担保险责任。

2. 建设集团公司未能维护保险标的安全，保险公司有权解除合同，并对其后2017年9月25日发生的事故不承担责任。

3. 涉案工程存在工艺不善，根据保险合同条款第七条第（三）项约定，保险公司可以依法免责，无须承担保险责任。

4. 建设集团公司提出的索赔金额不合理。

**原被告的举证及质证**

当事人围绕诉讼请求依法提交了证据，法院组织了当事人进行了证据交换和质证。

原告建设集团公司向法院提交了以下证据：

证据1，建筑工程一切险保险单。证明建设集团公司向保险公司投保了建筑工程一切险，双方约定每次事故赔偿限额为损失的80%。

证据2，2017年8月14日业务联系函。证明保险公司提出解除合同。

证据3，2017年10月24日三方会议纪要。证明双方当事人认可涉案工程第一次遭台风袭击，但对损失的数量存在不同意见。

证据4，2017年9月26日业务联系函。证明建设集团公司就涉案工程第二次遭台风袭击进行了报案，但保险公司以保险合同已解除为由复函拒绝受理。

证据5，泛华公估公司出具的《公估报告书》及附件。证明建设集团公司在保险公司拒绝受理第二次遭台风袭击报案情况下，自行委托公估公司对损失进行评估，确定相关损失共计6413910.98元。

证据6，照片一组。证明两次台风前后涉案工程的外观状况。

证据7，《填海护岸工程专业分包合同》。证明中国建筑第六工程局有限公司（以下简称“中建六局”）将包括涉案工程在内的三亚临空国际旅游商贸区填海护岸工程发包给海南海建工程管理总承包有限公司（以下简称“海南海建公司”），海南海建公司又将涉案工程分包给建设集团公司。

被告保险公司质证意见：对证据1至证据4的三性认可。证据5，公估报告中的测量系单方进行，不能证明结果的真实性和准确性，所附合同清单没有相关支持性文件，单价的计算没有依据，计算结果错误；该标段未通过环境评测，无法再行修复施工，没有发生实际损失；报告的附件是建设集团公司单方制作，真实性无法核实。对证据6中的照片内容不认可，照片证明只有小部分坡堤上安装了扭王块，大部分并未安装。对证据7的三性不认可，该合同是复印件上加盖海南海建公司工程项目承包章，形式上不属于原件，真实性无法核实，合同签订时间远在开工时间之后，不能证明建设集团公司合法承包该工程。

被告保险公司向法院提交了以下证据：

证据1，投保单及保险条款。证明建设集团公司没有将影响承保及承保费率的相关重要情况和信息（包括工程进度、扭王块未按要求和规范安装等）如实告知保险人，对因工艺不善造成的保险财产损失，保险人不承担赔偿责任。

证据2，2017年8月1日业务联系函。证明案涉工程的实际施工单位是江苏瀚星航运有限公司，保险公司明确要求尽快按照工程要求安装扭王块，维护保险标的安全，防止损失的进一步发生。

证据3，三亚新机场临空旅游产业园项目一期工程海洋环境影响报告书简本。证明涉案填海护岸工程Ⅲ标段至今未取得环境测评评估。

证据4，《填海护岸工程专业分包合同》。证明与建设集团公司签订分包合同的是海南海建公司，并非涉案工程承包人中建六局。

证据5，建设集团公司《扭王块安装专业分包专项施工方案》。证明扭王块施工紧随在垫层块石抛填之后，尽可能减少堤心石和垫层石暴露面，大风季节暴露长度不超过30米，其他时间不超过50米。关于扭王块的安装，水下部分安装2804块，水上部分安装1683块，护岸护面块体安装施工紧随堤身抛石的垫层石的施工进行，才能防止涌浪冲刷。

证据6，王登婷出具的《对扭王块在建筑工程中功能和作用的几点意见》。证明施工过程中应采取必要的防浪措施，有扭王块护面的堤段，不会发生破坏，而在未铺设扭王块护面的堤段，垫层块石及堤心石可能发生位移，在波浪持续作用下发生损毁。由于防波堤顶部的防浪墙尚未施工完毕，台风带来的更大波浪越过护面后对堤顶产生作用，最终导致铺设有扭王块护面的堤段发生损毁。

证据7，恒量公估公司出具的《公估报告》，证明2017年7月16日及24—26日事故的原因是由于工程主体位于海域之中，在垫层块石抛填后，未能按照施工方案及国家强制性行业标准的规定安装扭王块，在台风影响下，导致石料缺失。由于涉案工程仍未修复，相关损失的评估仅是依据建设集团公司所提供材料核算。依据分包合同及预结算单，核算出堤心石价格是115.20元/$m^3$，垫层块石价格是115.20元/$m^3$，涉案工程的修复金额是3440449.44元。

证据8，恒量公估公司出具的《公估补充报告》，证明涉案工程因第二次台风造成的损失尚未有修复方案，考虑到可能存在的不同修复方案，相关修复费用最少是960958.27元，最多是1969075.45元。

原告建设集团公司质证意见：对证据1的真实性、合法性无异议，但不同意证明目的。对证据2的真实性无异议，涉案工程的施工单位是建设集团公司，并非江苏瀚星航运有限公司；虽然保险公司要求安装扭王块，但由于护岸已被台风损坏，无法安装扭王块，且保险公司理赔不及时，影响了建设集团公司资金运转，导致后续施工无法跟进。对证据 3 的真实性、合法性无异议，环评报告指的是临空旅游商贸区一期工程，保险公司却曲解表述为工程Ⅰ标段，误导涉案工程（TH–3）标段不属环评报告涉及的临空旅游商贸区一期工程内。即便环评没有通过，责任也不在于建设集团公司，不影响工程分包合同的效力及主张保险赔款权利。对证据 4 的真实性、合法性无异议，海南海建公司系从中建六局分包后再分包给建设集团公司。对证据 5 的真实性、合法性无异议，但不能证明建设集团公司的施工工艺存有问题，在先有施工图纸的情况下，保险公司仍同意承保，说明其认可该施工工艺；受多种因素的影响导致扭王块的安装没跟上，但不是建设集团公司的故意行为。对证据 6 专家证言的真实性、合法性无异议，但证言提到“未铺设扭王块护面的堤段，垫层石块及堤心石可能会发生位移，并在波浪持续作用下发生损毁”仅是一种可能性，不能证明台风来临前，未铺设扭王块的堤段已在波浪作用之下损毁。对证据 7 的真实性、合法性无异议，不同意其证明目的，导致建设集团公司损失的直接原因是台风，报告中所称的理坡之后暴露长度不宜超过 50 米的规定不属国家强制性规定；双方 2017 年 10 月 24 日的会议纪要中有异议的数据是第（5）项，但保险公司提供的恒量公估公司《公估报告》认可了建设集团公司主张的损失数量 21526$m^3$；双方主张的石料缺失数量一致，即堤心石损失总数为 37594$m^3$，垫层块石为 2922$m^3$，报告称考虑沉降量及浪损量要扣除 30%，没有依据。对证据 8《公估补充报告》的真实性予以认可，不认可其合法性和证明目的。泛华公估公司的《公估报告》认定堤心石损失 48376.83$m^3$，垫层石 2801.42$m^3$，恒量公估公司的《公估补充报告》认定堤心石损失 45366$m^3$，垫层石 2453$m^3$。但恒量公估公司扣除被台风引起的海浪冲刷走滑移到其他石料填充区域的 40004$m^3$ 没有依据，建设集团公司履行的是护岸施工合同，并非吹沙工程，石料被吹到其他吹沙地域便是损失。

**法庭意见及判决**

对当事人真实性无异议的证据，法院予以确认并在卷作证。被告保险公司对原告建设集团公司提交的证据6照片和证据7分包合同有异议，但该照片与保险公司提供的恒量公估公司《公估报告》所附照片基本一致。同时，分包合同盖有海南海建公司工程项目专用章，被告保险公司并不否认分包合同发包方系中建六局，故对上述证据的真实性予以确认。

根据当事人陈述和经审查确认的证据，本案认定事实如下：

2016年9月8日，中建六局将其中标的三亚临空国际旅游商贸区填海护岸工程分包给海南海建公司，海南海建公司将填海护岸工程（TH–3）部分工程分包给原告建设集团公司，双方签订了《填海护岸工程专业分包合同》，约定承包范围为填海护岸工程（TH–3）中的土工织物铺排、石料抛填、理坡、扭王块安装等；合同金额129804961.20元，堤心石单价为137.5元/$m^3$，垫层块石单价为167元/$m^3$，工程计划完工时间为2017年7月15日。

原告建设集团公司于2016年9月26日开始抛填块石，至2017年4月23日已理坡100米，具备安装扭王块条件。因生产扭王块的预制场所在的起运港口淤沙严重，不具备船运条件，须通过汽车将扭王块转运至预制场旁边另一码头出运，转运效率低，致扭王块迟迟未能安装到位。截至同年6月17日，共运输扭王块431块，因安装船舶受风浪影响，仅安装了161块。

6月28日，原告建设集团公司为其所承接的填海护岸工程向被告保险公司投保了建筑工程一切险，被告保险公司签发了保单。双方约定：保险金额129804961.20元（工程承包价），保险费558161.33元；特种危险（含地震、海啸、洪水、风暴、暴雨、台风等）每次事故免赔额5万元或者核损金额的20%，以高者为准，赔偿限额103843968.96元；保险期限自2017年6月30日0时起，至2018年4月30日24时止等内容。保单所附《建筑工程一切险条款》第二条约定，本保险合同明细表中分项列明的在列明工地范围内的与实施工程合同相关的财产或费用，属于本保险合同的保险标的；第五条（保险责任）约定：在保险期间内，该保险合同分项列明的保险财产在列明工地范围内，因本保险合同责任免除以外的任何自然灾害或意外事故造成的物质损坏或灭失，保险人按本合同的约定负责赔偿；第七条（免责条款）第（三）项约定：因原材料缺陷或工艺不善引起的保险财产本身的损失以及为换置、修理或矫正这些缺点错误所支付的费用，保险人不负赔偿责任。

6 月 30 日，原告建设集团公司因风浪对船舶的影响改变扭王块安装方式，将船吊安装改为堤上履带安装，至 7 月 8 日共安装完成 704 块。7 月 10 日后，因台风影响工程停止施工。7 月 16 日，台风“塔拉斯”经过涉案工程所在海域，护岸工程 TH–3 标段严重受损。原告苏中建设有限公司随即向被告保险公司报险。7 月 26 日、27 日，被告保险公司与原告建设集团公司就损失现场进行复勘，并共同委托恒量公估公司对事故后工程断面标高进行测量，以确定损失。8 月 1 日，被告保险公司鉴于现场施工停止致函原告建设集团公司，要求尽快进行扭王块安装防护，采取必要、合理措施防止损失扩大，表示对工程中无扭王块保护的部分在停工期间造成进一步的损失将不予赔付。由于原告建设集团公司收到被告保险公司要求消除不安全因素和隐患函件后，未进行扭王块安装防护实际施工。8 月 14 日，被告保险公司再次致函原告建设集团公司，提出因不能及时对具备施工条件的工程按照施工工艺及方案要求进行防护施工，决定自 8 月 15 日 0 时起解除双方建设工程一切险合同。

9 月 15 日，台风“杜苏芮”经过涉案工程海域，再次造成护岸工程 TH–3 标段受损。原告建设集团公司报险后，被告保险公司以双方合同已解除为由，复函拒绝受理。原告建设集团公司便自行委托泛华公估公司对台风“杜苏芮”造成的工程损失进行公估，确定本次台风造成的工程修复费用为 6413910.98 元。

10 月 24 日，原告建设集团公司、被告保险公司及恒量公估公司三方代表就台风“塔拉斯”造成的损失进行商讨，形成会议纪要。原告建设集团公司对相关损失提出意见为：（1）桩号：1+851~2+001 段堤心石损失数量 5873m$^3$；（2）桩号：2+001~2+051 段堤心石损失数量 1950m$^3$；（3）桩号：2+051~2+251 段堤心石损失数量 2933m$^3$；（4）桩号：2+251~2+326 段堤心石损失数量 5312m$^3$；（5）桩号：2+326~2+571.3 段堤心石损失数量 21526m$^3$；（6）垫层块石损失量 2922m$^3$。被告保险公司及恒量公估公司对原告建设集团公司提出的（1）至（4）项堤心石损失数量及（6）垫层块石损失数量表示认可，但认为（5）桩号堤心石损失数量应为 9389m$^3$，同时对合同单价要求扣除 11% 增值税和 7% 工程利润后予以确认。

2018 年 1 月 27 日，恒量公估公司就台风“塔拉斯”造成保险标的损失作出《公估报告》。该报告分析事故原因为海域作业垫层块石抛填后，未能按照施工方案及国家强制性行业标准安装扭王块。受台风影响，海浪波高增大，对工程结构造成直接冲刷，且堤心石质量及粒径相对较小，导致石料大量缺失。该报告根据共同测量数据，测定缺失的堤心石总数为 37594m$^3$、垫层块石为 2922m$^3$。考虑最终沉降量一般可达填筑数量的 40%，而工程已完成 70%，计算现阶段沉降量为 28%，并考虑正常浪损为填筑数量的 2%，确定堤心石的沉降量和正常浪损综合应扣减 30%，核定堤心石缺失数量为 2616m$^3$（37594m$^3$ × 70%），垫层块石 2922m$^3$ 不变。同时，根据分包合同价及预结算单，扣减 11% 增值税及施工利润 7% 后，确定堤心石修复单价为 115.20 元 /m$^3$（137.5 元 /m$^3$ ÷ 1.1 × 0.93），垫层块石修复单价为 139.92 元 /m$^3$（167 元 /m$^3$ ÷ 1.1 × 0.93）。据此，评估保险标的损失分别为堤心石 3031603.20 元（26316m$^3$ × 115.20 元 /m$^3$）、垫层块石 408846.24 元（139.92 元 /m$^3$ × 2922m$^3$），合计 3440449.44 元。2018 年 4 月 15 日，恒量公估公司接受被告保险公司委托，就台风“杜苏芮”经过涉案工程海域造成护岸工程 TH-3 标段损失，依据恒量公估公司出具的《公估报告》进行数据核算，作出《公估报告》，核定本次海浪冲刷导致保险标的损失最小金额为 960958.27 元，最大损失金额为 1969075.45 元。其后，双方协商未果，原告建设集团公司诉讼至法院。

法院认为，原被告之间以保单形式成立的保险合同系双方当事人真实意思表示，内容合法，为有效合同。双方均应严格依照合同约定和法律规定行使民事权利，全面履行民事义务。

本案争议焦点为：

1. 原告建设集团公司投保时是否未履行如实告知义务。

2. 台风“塔拉斯”造成保险事故后，被告保险公司是否因原告建设集团公司未采取维护保险标的安全的措施而有权解除合同，并对解除后发生的保险事故造成的损失不承担保险责任。

3. 被告保险公司以施工工艺不善免除赔偿责任是否成立。

4. 被告保险公司关于缺失石料应扣减 30% 的沉降量和浪损量的主张是否成立，涉案保险赔偿金额如何计算。

（1）原告建设集团公司投保时是否未履行如实告知义务。被告保险公司认为，原告建设集团公司在投保时未将涉案工程已建设到水面以上，以及工程相应标段未通过环境测评评估等影响保险费率或确定是否同意承保的重要情况告知保险人，其有权解除合同，并对解除前发生的保险事故造成的损失不承担保险责任。

首先，《中华人民共和国保险法》（以下简称《保险法》）第十六条规定，订立保险合同，保险人应当向投保人说明保险合同的条款内容，并可就保险标的或者被保险人的有关情况提出询问，投保人应当如实告知。《最高人民法院关于适用〈中华人民共和国保险法〉若干问题的解释（二）》第六条规定，投保人的告知义务限于保险人询问的范围和内容，当事人对询问范围及内容有争议的，保险人负举证责任。据此可知，我国保险法律对投保人履行如实告知义务的方式是采取询问告知制，即投保人告知的事项范围仅限于保险人询问的范围和内容。上述相关规定，旨在要求保险人履行核保程序。涉案保险标的为填海护坡工程，作为谨慎的保险人，承保前除向被保险人询问有关情况，必要时亦应进行工程现场查勘，充分了解承保风险，以决定是否同意承保或者提高保险费率。被告保险公司未举证证明承保前对其认为的涉案工程重要情况（包括工程施工进度、工艺流程等）向原告建设集团公司进行过询问，且合同履行过程中，被告保险公司并未向原告建设集团公司主张其没有如实告知。

其次，被告保险公司承保的填海护坡建设工程一切险，其保险责任至该工程竣工终止，相关法律并未对在建工程限制投保。原告建设集团公司投保时间为 2017 年 6 月，在工程计划完工期间（2017 年 7 月 15 日）内。虽然承保前工程已建设到水面以上，接近合同约定完工时间，但被告保险公司仍同意承保。其以原告建设集团公司未告知工程建设进度为由，主张有权解除合同，并对解除前发生的保险事故造成的损失不承担保险责任，没有法律依据。事实上，被告保险公司仅是在台风“塔拉斯”造成保险标的损失后，因原告建设集团公司未按其发函要求采取维护保险标的安全措施，而提出解除合同履行。

最后，环境影响评价是指分析项目建成投产后可能对环境产生的影响，并提出污染防治对策和措施。若涉案工程项目是否通过环评足以影响被告保险公司决定是否同意承保或者提高保险费率，保险公司应当向投保人提出询问，但无证据表明其进行了询问。被告保险公司的证据 3 不能证明涉案工程（TH–3）标段不属环评报告涉及的临空旅游商贸区一期工程。被告保险公司认为，涉案工程项目建成投产后对环境产生影响不属承保范围，与承保建设填海护坡工程一切险并无关系。被告保险公司以工程未通过环评影响承保风险为由，主张原告建设集团公司未履行如实告知义务，理由不能成立。

据此，被告保险公司未举证证明承保前，其对自己认为的涉案工程的重要情况向原告建设集团公司进行过询问，且涉案填海护坡工程的相关损失系合同约定的特种危险台风所致，与承保前护坡工程是否建设到水面以上，涉案工程项目是否通过环评并无关联。被告保险公司主张原告建设集团公司违反如实告知义务不成立。

（2）台风“塔拉斯”造成保险事故后，被告保险公司是否因原告建设集团公司未采取维护保险标的安全的措施而有权解除合同，并对解除后发生的保险标的损失不承担保险责任。《保险法》第五十一条第三款规定，投保人、被保险人未按照约定履行其对保险标的安全应尽责任的，保险人有权要求增加保险费或者解除合同。被告保险公司在台风“塔拉斯”造成保险标的损失后，发函要求原告建设集团公司尽快安装扭王块，并表示对工程中无扭王块保护的部分在停工期间因承保风险进一步造成的损失不予赔付，但原告建设集团公司收到函件后未安排施工，以消除不安全因素和隐患。在原告建设集团公司怠于采取相关保护措施情况下，被告保险公司向原告建设集团公司发出解除保险合同通知，符合法律规定，应予支持。法院确认原被告双方保险合同自 2017 年 8 月 15 日 0 时起解除，被告保险公司对解除后发生的保险标的损失不承担保险责任。

（3）被告保险公司以施工工艺不善免除赔偿责任是否成立。被告保险公司提出的施工工艺不善，是指原告建设集团公司在每段堤心石抛填后未及时理坡，未覆盖垫层块石及护面层，未安装扭王块，抛填的堤心石暴露长度大于 50 米，违反了《防波堤设计与施工规范》的第 7.2.5 条及第 7.3.3 条规定，并据此主张因没有及时安装扭王块，导致已经完成的垫层块石遭受风浪的冲刷和破坏，不属于保险责任。首先，被告保险公司列举的《防波堤设计与施工规范》第 7.2.5 条及第 7.3.3 条不属该规范强制性条文，不能据此主张原告建设集团公司有违施工工艺。其次，恒量公估公司出具的《公估报告》对工程施工实际情况的描述，仅能证明运输扭王块至工程现场不及时。船吊安装因受风浪影响改为堤上履带安装，扭王块没有全部安装到位的事实，不能证明原告建设集团公司不按施工流程安装或怠于安装扭王块，不构成有违施工工艺。最后，涉案《建筑工程一切险条款》第七条（免责条款）第（三）项约定，因原材料缺陷或工艺不善引起的保险财产本身的损失以及为换置、修理或矫正这些缺点错误所支付的费用，保险人不负赔偿责任。该处所谓工艺不善引起的损失是指采用不善工艺而产生的工程质量瑕疵，由此引起返工换置产生的财产本身损失或额外支付费用。涉案工程没有及时全部安装扭王块不属工程质量瑕疵，亦不属工艺不善。

客观上，未安装扭王块会导致已经完成的垫层块石遭台风引起的风浪冲刷和破坏更严重，但原告建设集团公司并未怠于安装扭王块，至 7 月 8 日已共安装完成 704 块，仅因台风来袭停止施工。且上述状况在投保前已客观存在，被告保险公司亦同意承保，原告建设集团公司不存在故意隐瞒的情况。事实上，涉案保险标的损失的近因系台风“塔拉斯”的特种危险所致，被告保险公司以未全部安装扭王块为由，主张涉案保险标的损失系施工工艺不善而免责，没有合同依据和法律依据，法院不予支持。

（4）被告保险公司关于缺失的石料应扣减 30% 的沉降量和浪损量的主张是否成立，涉案保险赔偿金额如何计算。原告建设集团公司提供的石料抛填记录统计 2017 年 7 月 10 日前累计抛填堤心石累计 471100m$^3$，中建六局与原告建设集团公司 2017 年 7 月 10 日签订的《分包合同预结算单》确定堤心石累计抛填量为 434606m$^3$。恒量公估公司的《公估报告》系根据《分包合同预结算单》确定的堤心石累计抛填量 434606m$^3$ 计算事故前对应的断面标高，经与台风“塔拉斯”经过后双方于 2017 年 7 月 27 日测量的断面标高进行对比，测定本次台风造成的石料损失数据，即堤心石缺失 37594m$^3$、垫层块石缺失 2922m$^3$。恒量公估公司综合扣减 30% 堤心石的沉降量和正常浪损，核定堤心石缺失数量为 26316m$^3$（37594m$^3$ × 70%），并根据分包合同价及预结算单，扣减 11% 增值税及施工利润 7% 后，确定堤心石修复单价为 115.20 元 /m$^3$，垫层块石修复单价为 139.92 元 /m$^3$。据此评估保险标的损失分别为堤心石 3031603.20 元、垫层块石 408846.24 元，合计 3440449.44 元。

原告建设集团公司认可堤心石和垫层块石测定数量及修复单价扣减 11% 增值税及施工利润 7% 后确定，但对扣减 30% 堤心石的沉降量和正常浪损表示异议。

法院注意到：

1. 案涉工程自 2016 年 9 月 26 日开始抛填石料，至 2017 年 7 月 10 日原告建设集团公司与中建六局以《分包合同预结算单》确认工程量时，已近 10 个月时间，沉降应逐步趋于稳定。同时，从原告建设集团公司与中建六局在 2017 年 5 月 1 日至 7 月 10 日期间共同对工程七个观测点进行八次测量而制作的《建筑物沉降观测测量记录》数据看，其中累计最大沉降仅有 45 毫米，亦表明沉降已趋于稳定。

2. 恒量公估公司系根据 2017 年 7 月 10 日的《分包合同预结算单》确定的石料抛填量计算事故前对应的断面标高，与台风“塔拉斯”经过后 2017 年 7 月 25 日测量的断面标高进行对比，确定石料损失数据，断面标高之差与 2017 年 7 月 10 日前的沉降并无关系，仅与 2017 年 7 月 10 日至 2017 年 7 月 25 日期间的沉降有关。上述两个时间节点之间仅相隔 15 日，在沉降已趋于相对稳定状况下，15 日内产生的沉降数据，恒量公估公司的《公估报告》并未确定。

3.《分包合同预结算单》确定的工程量是已完成的工程量，该工程数量低于原告建设集团公司提供的石料抛填记录统计数量，恒量公估公司计算堤心石缺失数量不应包括此前在施工过程中耗损（包括正常浪损）的石料。且被告保险公司不能证明台风来临前，未铺设扭王块的堤段已在波浪作用之下损毁。综上所述，恒量公估公司给出扣除30%沉降量和浪损量，既无行业规范依据，也无事实依据，属自己主观认识。被告保险公司关于缺失的石料应扣减30%的沉降量和浪损量的主张无事实依据，法院不予支持。

据此，台风“塔拉斯”造成的堤心石损失总数为37594m$^3$，垫层块石为2922m$^3$。依据《填海护岸工程专业分包合同》约定的堤心石单价为137.5元/m$^3$，垫层块石单价为167元/m$^3$，并根据2017年10月24日的会议纪要，扣除11%增值税和7%工程利润后，堤心石单价为115.2元/m$^3$（137.5元/m$^3$/1.11×0.93=115.2元/m$^3$），垫层块石单价为139.92元/m$^3$（167元/m$^3$/1.11×0.93=139.92元/m$^3$）。堤心石损失金额为4330828.8元，垫层块石金额为408846.24元，合计4739675.04元。扣除保单约定20%的免赔额，被告保险公司应支付的保险赔偿金共计3711089.74元。

综上所述，涉案保险标的填海护岸工程（TH–3）发生石料缺失损失，系因台风“塔拉斯”的特种危险所致，属双方保险合同约定的赔偿责任范围，被告保险公司应予赔偿。被告保险公司未依约支付保险赔偿金构成违约，应承担继续履行的违约责任。被告保险公司是按涉案工程现状承保，其以原告建设集团公司投保时未履行告知义务，以及以涉案工程因未全部安装扭王块构成施工工艺不善主张免责，理由均不能成立，法院不予支持。原告建设集团公司在台风“塔拉斯”造成保险标的损失后，怠于履行其对保险标的安全应尽责任，被告保险公司有权依法解除合同，并对其后发生的保险标的损失不负赔偿责任。原告建设集团公司请求确认被告保险公司解除合同无效，法院不予支持。

依照《中华人民共和国合同法》第一百零七条，《中华人民共和国保险法》第二十三条第一款、第五十一条第三款、第五十五条第一款，以及《中华人民共和国民事诉讼法》第一百四十二条的规定，判决如下：

一、被告保险公司于本判决生效之日起十日内向原告建设集团公司支付保险赔偿金3711089.74元；

二、驳回原告建设集团公司其他诉讼请求。

如果未按本判决指定的期间履行给付金钱义务，应当依照《中华人民共和国民事诉讼法》第二百五十三条规定，加倍支付迟延履行期间的债务利息。

案件受理费 72000 元，由原告建设集团公司负担 35512 元，被告保险公司负担 36488 元。

## 编者评论

该案值得探讨的焦点问题有三个：

一是被保险人建设集团公司投保时是否未履行如实告知义务。保险公司认为，被保险人在投保时未将涉案工程已建设到水面以上，以及工程相应标段未通过环境测评评估等影响保险费率或确定是否同意承保的重要情况告知保险人。由于其在投保时未如实告知，保险人有权解除保险合同。法庭认为，我国保险法律对投保人履行如实告知义务的方式是采取询问告知制，即投保人告知的事项范围仅限于保险人询问的范围和内容。由于该保险项目为填海护坡工程，保险人应该在投保时除了要求投保人填写投保书，还需要进行现场查勘，充分了解拟承保风险，以决定是否同意承保及如何制定包括费率在内的保险条件。由于保险人既未对该项目的风险情况询问被保险人，也未实地查勘了解风险状况，却以被保险人在投保时未告知工程建设进度为由主张解除合同，由于缺乏法律依据，法院不予支持。

二是台风“塔拉斯”造成保险事故后，保险人是否有权因被保险人未采取维护保险标的安全措施而有权解除合同，并对解除后发生的保险标的损失不承担保险责任。《保险法》第五十一条第三款规定，投保人、被保险人未按照约定履行其对保险标的安全应尽责任的，保险人有权要求增加保险费或者解除合同。保险人在台风“塔拉斯”造成保险标的损失后，发函要求被保险人尽快安装扭王块，并表示对工程中无扭王块保护的部分在停工期间因承保风险进一步造成的损失不予负责，但被保险人收到函件后并未安排施工，以消除不安全因素和隐患。在被保险人怠于采取相关保护措施情况下，保险人向被保险人发出解除保险合同通知，符合法律规定，法庭对此予以支持。

三是保险人以被保险人施工工艺不善为由，免除赔偿责任是否成立。首先，保险人提出被保险人施工工艺不善，是指被保险人施工过程中违反《防波堤设计与施工规范》，并据此认为被保险人未及时安装扭王块，导致已经完成的垫层块石遭受风浪的冲刷和破坏不属于保险责任。法院认为，《防波堤设计与施工规范》不是强制性条文，不能据此认为被保险人有违施工工艺。其次，公估公司出具的《公估报告》仅能证明被保险人运输扭王块至工程现场不及时，船吊安装因受风浪影响改为堤上履带安装，扭王块没有全部安装到位的事实，不能证明被保险人不按施工流程安装或怠于安装扭王块，不构成有违施工工艺。最后，所谓工艺不善引起的损失是指采用不善工艺而造成工程质量瑕疵，但该工程没有及时全部安装扭王块不属工程质量瑕疵，亦不属工艺不善。实际上，被保险人并未怠于安装扭王块，仅因台风来袭停止施工。保险人以被保险人未全部安装扭王块为由，认定保险标的损失系施工工艺不善而免责，没有合同依据和法律依据，法院不予支持。

该案的借鉴意义是，由于建筑工程一切险投保单仅适用于一般性的建设工程项目，投保单内容并不涉及一些特殊风险标的，如类似填海护岸工程。因此，保险人还有必要让被保险人填写与此类工程相关的问询表，必要时还应当到施工现场查勘，以了解工程的风险状况，而不是等到保险事故发生并造成损失后，以投保人未如实告知为由拒绝承担保险责任。特别是投保人履行如实告知的义务采取的询问告知制，投保人无义务向保险人回答后者未提出的问题。谨慎的保险人应当在投保书中列出与标的风险状况相关的所有问题，再附之于从现场查勘了解到的情况进行风险评估及保费测算。

另外，在保险期间如果发现被保险人未能采取必要的措施避免或减少保险事故造成的损失，保险人有权按照保险合同赋予的权利增加保险费或解除合同，对此法院一般会给予支持。

本案对被保险人的启示是：在第一次出险后，保险人提出了相关的控制风险的措施，被保险人应付诸实施而不是无动于衷，以避免保险人有理由拒绝赔偿而造成损失。

# 三十二 作为非保险人的承包商是否会成为保险人的代位求偿对象

## 裁判摘要

一、《中华人民共和国保险法》第六十条第一款规定，因第三者对保险标的的损害而造成保险事故的，保险人自向被保险人赔偿保险金之日起，在赔偿金额范围内代位行使被保险人对第三者请求赔偿的权利。根据该条文的文义及保险代位求偿权制度的立法目的，保险人行使代位求偿权必须以被保险人对第三者享有损害赔偿请求权为前提。这里的赔偿请求权既可因第三者对保险标的实施的侵权行为而产生，也可基于第三者的违约行为等产生，不应仅限于侵权赔偿请求权。

二、施工过程中造成发包人的设备毁损灭失，承包人以其对该设备也具有保险利益，且发包人已对该设备投保财产损失保险为由，主张驳回保险人对其行使代位求偿权的请求的，因承包人虽对施工所涉发包人设备也具有保险利益，但该保险利益系责任保险利益，不同于发包人对其设备具有的所有权保险利益。保险利益不同，可以投保的保险类别亦不同，不能相互替代。承包人欲将施工过程中可能产生的损害赔偿责任转由保险人承担，应当投保相关责任保险，而不能借由发包人投保的财产损失保险免除自己应负的赔偿责任。故其主张不应予以支持。

## 案情简介

原告：某保险分公司（以下简称保险公司）

被告：某联合制罐有限公司（以下简称制罐公司）

2008年10月28日，被告制罐公司与江苏镇江安装集团有限公司（以下简称镇江安装公司）签订《建设工程施工合同》，约定由镇江安装公司负责被保险人整厂机器设备迁建安装等工作。《建设工程施工合同》第二部分“通用条款”第38条约定：“承包人按专用条款的约定分包所承包的部分工程，并与分包单位签订分包合同，未经发包人同意，承包人不得将承包工程的任何部分分包”；“工程分包不能解除承包人任何责任与义务。承包人应在分包场地派驻相应管理人员，保证本合同的履行。分包单位的任何违约行为或疏忽导致工程损害或给发包人造成其他损失，承包人承担连带责任”。《建设工程施工合同》第三部分“专用条款”第14条第（1）项约定“承包人不得将本工程进行分包施工”。“通用条款”第40条约定：“工程开工前，发包人为建设工程和施工场地内的自有人员及第三人人员生命财产办理保险，支付保险费用”；“运至施工场地内用于工程的材料和待安装设备，由发包人办理保险，并支付保险费用”；“发包人可以将有关保险事项委托承包人办理，费用由发包人承担”；“承包人必须为从事危险作业的职工办理意外伤害保险，并为施工场地内自有人员生命财产和施工机械设备办理保险，支付保险费用”。

2008年11月16日，镇江安装公司与镇江亚民大件起重有限公司（以下简称亚民运输公司）签订《工程分包合同》，将前述合同中的设备吊装、运输分包给亚民运输公司。2008年11月20日，就上述整厂迁建设备安装工程，制罐公司向保险公司投保了安装工程一切险。投保单中记载被保险人为制罐公司，并明确记载承包人镇江安装公司不是被保险人。投保单“物质损失投保项目和投保金额”栏载明“安装项目投保金额为177465335.56元”。附加险中，还投保有“内陆运输扩展条款A”，约定每次事故财产损失赔偿限额为200万元。投保期间从2008年11月20日起，至2009年7月31日止。

投保单附有被安装机器设备的清单，其中包括：SEQUA 彩印机 2 台，合计原值为 29894340.88 元。投保单所附保险条款中，对“内陆运输扩展条款 A”作如下说明：经双方同意，鉴于被保险人已按约定交付了附加的保险费，保险公司负责赔偿被保险人的保险财产在中华人民共和国境内供货地点到保险单中列明的工地，除水运和空运以外的内陆运输途中因自然灾害或意外事故引起的损失，但被保险财产在运输时必须有合格的包装及装载。

2008 年 12 月 19 日 10 时 30 分许，亚民运输公司驾驶员姜某才驾驶苏 L06069、苏 L003 挂重型半挂车，从旧厂区承运彩印机至新厂区的途中，在转弯时车上钢丝绳断裂，造成彩印机侧翻滑落地面损坏。保险公司接到报险后，对受损标的确定了清单。经镇江市公安局交通巡逻警察支队现场查勘，认定姜某才负事故全部责任。后制罐公司、保险公司、镇江安装公司及亚民运输公司共同委托泛华保险公估有限公司（以下简称泛华公估公司）对出险事故损失进行公估，并均同意认可泛华公估公司的最终理算结果。2010 年 3 月 9 日，泛华公估公司出具了公估报告，结论：出险原因系设备运输途中翻落（意外事故）；保险责任成立；定损金额总损 1518431.32 元、净损 1498431.32 元；理算金额 1498431.32 元。泛华公估公司收取了保险公司支付的 47900 元公估费用。

2009 年 12 月 2 日，制罐公司向镇江安装公司发出《索赔函》，称“该事故导致的全部损失应由贵司与亚民运输公司共同承担。我方已经向保险公司报险。一旦损失金额确定，保险公司核实并先行赔付后，我方将赔付限额内的权益让渡给保险公司行使。对赔付不足部分，我方将另行向贵司与亚民运输公司主张”。

2010 年 5 月 12 日，制罐公司向保险公司出具赔款收据及权益转让书，载明：已收到保险公司赔付的 1498431.32 元。同意将上述赔款部分保险标的的一切权益转让给保险公司，同意保险公司以保险公司的名义向责任方追偿。后保险公司诉至法院，请求判令镇江安装公司支付赔偿款和公估费。

## 法院裁判

江苏省镇江市京口区人民法院于2011年2月16日作出（2010）京商初字第1822号民事判决：

1. 镇江安装公司于判决生效后10日内赔偿保险公司1498431.32元；

2. 驳回保险公司关于赔偿47900元公估费的诉讼请求。

一审宣判后，镇江安装公司向江苏省镇江市中级人民法院提起上诉。江苏省镇江市中级人民法院于2011年4月12日作出（2011）镇商终字第0133号民事判决：

1. 撤销镇江市京口区人民法院（2010）京商初字第1822号民事判决；

2. 驳回保险公司对镇江安装公司的诉讼请求。

二审宣判后，保险公司向江苏省高级人民法院申请再审。

江苏省高级人民法院于2014年5月30日作出（2012）苏商再提字第0035号民事判决：

1. 撤销江苏省镇江市中级人民法院（2011）镇商终字第0133号民事判决；

2. 维持镇江市京口区人民法院（2010）京商初字第1822号民事判决。

**裁判理由**

法院生效裁判认为，本案的焦点问题是：

1. 保险代位求偿权的适用范围是否限于侵权损害赔偿请求权；

2. 镇江安装公司能否以华东制罐公司已购买相关财产损失险为由，拒绝保险人对其行使保险代位求偿权。

关于第一个争议焦点。《中华人民共和国保险法》（以下简称《保险法》）第六十条第一款规定："因第三者对保险标的的损害而造成保险事故的，保险人自向被保险人赔偿保险金之日起，在赔偿金额范围内代位行使被保险人对第三者请求赔偿的权利。"该款使用的是"因第三者对保险标的的损害而造成保险事故"的表述，并未限制规定为"因第三者对保险标的的侵权损害而造成保险事故"。将保险代位求偿权的权利范围理解为限于侵权损害赔偿请求权，没有法律依据。从立法目的看，规定保险代位求偿权制度，在于避免财产保险的被保险人因保险事故的发生，分别从保险人及第三者获得赔偿，取得超出实际损失的不当利益，并因此增加道德风险。将《保险法》第六十条第一款中的“损害”理解为仅指“侵权损害”，不符合保险代位求偿权制度设立的目的。故保险人行使代位求偿权，应以被保险人对第三者享有损害赔偿请求权为前提。这里的赔偿请求权既可因第三者对保险标的实施的侵权行为而产生，也可基于第三者的违约行为等产生，不应仅限于侵权赔偿请求权。该案保险公司是基于镇江安装公司的违约行为而非侵权行为行使代位求偿权，镇江安装公司对保险事故的发生是否有过错，对案件的处理并无影响。并且，《建设工程施工合同》约定“承包人不得将本工程进行分包施工”。因此，镇江安装公司关于其对保险事故的发生没有过错因而不应承担责任的答辩意见，不能成立。保险公司向镇江安装公司主张权利，主体适格，并无不当。

关于第二个争议焦点。镇江安装公司提出，在发包人与其签订的建设工程施工合同通用条款第 40 条中约定，待安装设备由发包人办理保险，并支付保险费用。从该约定可以看出，就工厂搬迁及设备的拆解安装事项，发包人与镇江安装公司共同商定办理保险，虽然保险费用由发包人承担，但该约定在双方的合同条款中体现，即该费用系双方承担，或者说，镇江安装公司在总承包费用中已经就保险费用作出了让步。由发包人向保险公司投保的业务，承包人也应当是被保险人。关于镇江安装公司的上述抗辩意见，《保险法》第十二条第二款、第六款分别规定：“财产保险的被保险人在保险事故发生时，对保险标的应当具有保险利益”；“保险利益是指投保人或者被保险人对保险标的具有的法律上承认的利益”。据此，不同主体对于同一保险标的可以具有不同的保险利益，可就同一保险标的投保与其保险利益相对应的保险险种，成立不同的保险合同，并在各自的保险利益范围内获得保险保障，从而实现利用保险制度分散各自风险的目的。因发包人和承包人对保险标的具有不同的保险利益，只有分别投保与其保险利益相对应的财产保险类别，才能获得相应的保险保障，二者不能相互替代。发包人华东制罐公司和华东制罐第二公司作为保险标的的所有权人，其投保的安装工程一切险是基于对保险标的享有的所有权保险利益而投保的险种，旨在分散保险标的的损坏或灭失风险，性质上属于财产损失保险；附加险中投保的“内陆运输扩展条款A”约定，“保险公司负责赔偿被保险人的保险财产在中华人民共和国境内供货地点到保险单中列明的工地，除水运和空运以外的内陆运输途中因自然灾害或意外事故引起的损失”，该项附加险在性质上亦属财产损失保险。镇江安装公司并非案涉保险标的所有权人，不享有所有权保险利益，其作为承包人对案涉保险标的享有责任保险利益，欲将施工过程中可能产生的损害赔偿责任转由保险人承担，应当投保相关责任保险，而不能借由发包人投保的财产损失保险免除自己应负的赔偿责任。

发包人不认可承包人的被保险人地位。案涉《安装工程一切险投保单》中记载的被保险人为制罐公司及制罐第二公司，并明确记载承包人镇江安装公司不是被保险人。因此，镇江安装公司关于“由发包人向保险公司投保的业务，承包人也应当是被保险人”的答辩意见，不能成立。《建设工程施工合同》明确约定“运至施工场地内用于工程的材料和待安装设备，由发包人办理保险，并支付保险费用”及“工程分包不能解除承包人任何责任与义务，分包单位的任何违约行为或疏忽导致工程损害或给发包人造成其他损失，承包人承担连带责任”。由此可见，发包人从未作出在保险赔偿范围内免除承包人赔偿责任的意思表示，双方并未约定在保险赔偿范围内免除承包人的赔偿责任。

在保险事故发生后，被保险人积极向承包人索赔并向保险公司出具了权益转让书。根据以上情况，镇江安装公司以其对保险标的也具有保险利益，且保险标的所有权人制罐公司和制罐第二公司已投保财产损失保险为由，主张免除其依建设工程施工合同应对两制罐公司承担的违约损害赔偿责任，并进而拒绝保险公司行使代位求偿权，没有法律依据，不予支持。

## 编者评论

此案经过一审、二审最后由江苏省高级人民法院作出终审判决，堪称经典案例。此案的被保险人为华东制罐公司，该公司将整厂机器设备迁建安装工程交由镇江安装公司承包，而后者又将设备吊装、运输工作分包给亚民运输公司。该案的争议焦点是，镇江安装公司是否要为其在运输过程中对设备造成损坏承担赔偿责任。

镇江安装公司认为，待安装设备由发包人与镇江安装公司共同商定保险事宜，最后由发包人实际办理安装工程一切险以及附加货物运输保险，并支付保险费用，镇江安装公司理应成为被保险人。但法院认为，镇江安装公司并非该设备的所有人，它无法像发包人那样享受该设备的所有权利益，而成为上述两险种项下的被保险人，而且《安装工程一切险投保单》已明确记载承包人镇江安装公司不是被保险人。如果要规避自己的责任风险，镇江安装公司应当投保安装责任和承运人责任保险。比如，一旦由其负责运输的设备发生损失，当保险人赔偿被保险人之后向镇江安装公司追偿时，承运人责任保险可以为其提供保障。

另外关于货物运输险的代位求偿问题。镇江安装公司认为，自己在设备运输过程中无过失，不应承担设备损坏的责任。由于代为求偿的前提仅是“第三者对保险标的的损害造成保险事故”，而未限定为“第三者对保险标的的侵权损害造成保险事故”。前者是不论任何原因造成保险标的的损害，而后者仅限于因过失侵权造成的损害。在货物运输承运人责任保险项下，如果所承运的货物发生损坏或短少，承运人都必须向货主赔偿，而不管他是否有过失或是否对货物已经履行了谨慎照管的职责。

本案的启示是，如果由业主安排安装工程一切险和其他附加险，一般情况下就会把承包商作为被保险人。但是，一旦业主未把承包商纳入作为被保险人，承包商就要考虑为自己购买保险，以防范由于其过失或在无过错情况下对设备或第三者人身和财产造成灭失或损坏的责任风险。

# 三十三 需要提供有效证据来证实施工前已经向有关部门了解原有地下电缆的确切位置

## 案情简介

上诉人（原审被告）：某保险分公司（以下简称保险公司）

被上诉人（原审原告）：北京市某建设工程有限责任公司（以下简称建设工程公司）

上诉人某保险公司因与被上诉人财产保险合同纠纷一案，不服广东省佛山市禅城区人民法院（2013）佛城法民二初字第1117号民事判决，向二审法院广东省佛山市中级人民法院提起上诉。

## 一审审裁

一审法院查明：

某建设工程公司向某保险公司投保了建筑工程一切险及第三者责任险。承保工程：南海区九江镇污水处理厂三级管网梅圳、镇南、烟南标段铺设项目，铺设污水管道等。保险金额/赔偿限额：第一部分物质损失54186564.45元，包括但不限于工程合同项下永久性及临时性工程、设备、建筑材料、安装设备、周转性材料等所有附加及相关设施和工程用的材料等；第二部分第三者责任，每次事故赔偿限额为300万元，保险期限内累计赔偿限额600万元。保险期间：自2011年8月13日上午0时起，至2013年2月12日下午24时止（18个月）。扩展条款：……；3.地下电缆、管道及设施特别条款；……。其中建筑工程一切险条款第五条约定：在保险期间内，本保险合同分项列明的保险财产在列明的工地范围内，因本保险合同责任免除以外的任何自然灾害或意外事故造成的物质损坏或灭失，保险人按本保险合同的约定负责赔偿。第二十八条约定：下列原因造成的损失、费用和责任，保险人不负责赔偿：……；除外责任：（四）被保险人及其代表的故意行为或重大过失行为。第四十六条：保险标的遭受损失后，如果有残余价值，应由双方协商处理。若协商残值归被保险人所有，应在赔偿金额中扣减残值。第四部分扩展条款第三条“地下电缆、管道及设施特别条款”：兹经双方同意，保险人负责赔偿被保险人对原有的地下电缆、管道及其他地下设施造成的损失，但被保险人须在工程开工前，向有关当局了解这些电缆、管道及其他地下设施的确切位置，并采取必要措施防止损失发生。另外约定：（1）对图纸上错误标明位置的地下设施的损失赔偿应先扣除以下列明的免赔额：每次事故免赔额① 10000元或损失金额的20%，以高者为准；② 5000元或损失金额的20%，以高者为准；（2）任何损失赔偿仅限于电缆、管道及地下设施的修理费用，任何后果损失及罚金均不负责。本附加险条款与主险条款内容相悖之处，以本附加险条款为准……

2011年9月20日，广东电网公司佛山南海供电局某某供电所出具事故责任认定书，内容：2011年9月20日14时30分，烟南变电站10kV711沙岗甲线、10kV726三乡乙线线路发生因外力破坏导致线路停电事故，经抢修人员巡视发现故障点为10kV711沙岗甲线、10kV726三乡乙线33号塔至34号塔之间电缆，经现场勘察取证，认定北京二建公司在使用顶管机械施工过程中，顶断运行中的10kV711沙岗甲线、10kV726三乡乙线33号塔至34号塔之间电缆，是导致本次事故的直接原因。因此，建设工程公司在本事故中应负全部责任，并应向抢修工程单位支付修复及由此而引起其他用户损失的一切费用。

保险公司在建设工程公司报案后到事故现场进行查勘，并出具现场查勘记录：2011 年 10 月 21 日，被保险人向保险公司报案称其公司施工过程中破坏电缆，向保险公司提出索赔。同年 10 月 23 日，保险公司理赔人员到达现场查勘，被保险人现场联系人曹先生称，2011 年 9 月底（具体时间不清楚），南方电网通知其公司在施工时损坏电缆，但一直未查到具体地点。直到 10 月 20 日左右才发现具体位置，而后向保险公司报案。现场联系人曹先生称，该工程施工前，南方电网公司已向其公司说明电缆大概位置，但没说明地下电缆有两道，所以在施工时避开了南方电网告知的上道电缆，但位于下方的电缆未避开，造成其中一条电缆断开，另一条需检测，其他电缆无损。

2013 年 7 月 4 日，保险公司向建设工程公司出具理赔通知书，内容：关于建设工程公司 2011 年 10 月 22 日向保险公司报称的事故，保单号为 ××××××××××133100030，报案号为 ××××××××××011000001，保险公司根据现场查勘双方共同确认的情况及建设工程公司提供的索赔材料，核定本次事故损失为 140000 元，具体赔付金额依保单约定理算赔付为准。

2012 年 5 月 24 日，建设工程公司作为发包方与作为承包方的佛山市南海某某电力电气安装有限公司（以下简称南海某某安装公司）签订电气安装工程承包合同，内容：发包方同意将西樵烟南站沙岗甲线、沙岗乙线、三乡甲线、三乡乙线 27 号至 28 号塔电缆抢修工程交由承包方承包；第四条：本工程合同价款采用固定总价形式，双方确认本工程造价为 236200 元；第十一条：本工程合同价款共计 236200 元，由发包方在本合同签订后 5 天内预付 120000 元，工程竣工验收合格后、送电前付清余额……南海某某安装公司出具收款收据，确认收到建设工程公司支付的 120000 元。

2013 年 9 月 25 日，南海某某安装公司出具证明函，证明其与建设工程公司签订的合同已于 2013 年 4 月 24 日完成工程预算书内全部工程量，并通知供电部门验收送电，现电缆工程已验收通电并正常使用。该合同金额为 236200 元，建设工程公司前期已支付工程款 120000 元，余款 116200 元尚未支付。

一审法院另查明：南海某某安装公司属有限责任公司，经营范围为电力工程设计、安装及技术咨询（按有效地资质证经营），主项资质等级为送变电工程专业承包三级。该公司经监管部门准许从事承装（修、试）电力设施业务。

一审原告诉请：

2013年9月3日，建设工程公司向一审法院提起诉讼，请求判令保险公司向其赔偿保险金236200元，并从起诉之日起至支付之日止，以中国人民银行同期贷款利率计付利息，并承担本案所有诉讼费用。

一审法院认为：

北京市二建公司因保险公司拒绝理赔而提起诉讼，本案属财产保险合同纠纷。建设工程公司、保险公司之间签订的保险合同，是双方的真实意思表示，其有效性与有关法律法规并不相悖。建设工程公司按约定交纳了保险费，亦出具了保险单，故双方的保险合同关系已成立并生效，应依约履行。建设工程公司的诉求能否得到支持，分析如下：

关于本案事故是否属于保险责任的问题。被告保险公司辩称，建设工程公司在施工过程中未查询电缆的准确位置，属于重大过失行为，不属于保险责任。但原告认为，其已经依照合同的约定向供电部门查询有关电缆的走向、位置等信息，根据了解的相关信息进行设计及施工，已尽到了相应的义务。原告作为施工方，无法预知在征询供电部门的意见后进行设计及施工还会损坏地下电缆。因此，该事故的过错不在原告方，其在施工过程中损坏地下电缆，属于保险合同约定的由保险人赔偿的责任。对于被告保险公司的上述抗辩，法院不予采信。

关于损失的金额问题。被告保险公司辩称，原告建设工程公司主张的计算方式有误。一审法院认为，保险公司的赔偿义务以被保险人发生的损失为前提，而定损是以保险事故对保险标的造成的损失来确定。原告在发生事故时已通知了保险公司，被告也作出了定损。但被告的定损与原告委托南海某某安装公司所作出的工程预算价格存在差异。该安装公司具有专业从事承修电力设施的资质，其出具的工程预算书公信力显然高于保险公司自行定损。因此，一审法院采纳该安装公司核定的损失236200元作为本次事故造成保险标的损失的依据。保险公司的抗辩不成立，法院不予采纳。

至于扣除残值的问题，被告并未提交相应的证据予以证明，依据谁主张谁举证的原则，被告应承担举证不能的法律责任。因此，被告应按实际损失进行赔付。

关于利息的问题。基于被告应承担的赔付义务，保险公司应对其未能及时给付保险金的行为承担相应的责任。原告主张自起诉之日（2013 年 9 月 3 日）起按照中国人民银行同期贷款利率计算利息，法院依法予以支持。

一审法院判决：

综上所述，原告建设工程公司交纳了保险费，履行了合同义务，保险事故发生，被告保险公司应依约承担保险责任，向原告支付赔款 236200 元。依照《中华人民共和国保险法》第十四条、《中华人民共和国民事诉讼法》第六十四条的规定，作出如下判决：保险公司应在判决发生法律效力之日起 10 日内向建设工程公司支付赔款 236200 元及利息（自 2013 年 9 月 3 日起至付款之日止，按照中国人民银行同期贷款利率计算）。案件受理费减半收取为 2422 元，由保险公司负担。

## 二审审裁

保险公司不服一审法院的上述判决，遂向二审法院广东省佛山市中级人民法院提起上诉。

上诉人诉称：

1. 原审判决未扣残值，违反保险法的损失填补原则和案涉《保险合同》第四十六条的约定。该案受损电缆为 10kV 地下铺设 zryjv22—3*300 型号 420m，材质为铜，测算铜重量 = 体积 × 密度 = 横截面积 × 长度 × 密度 $=3\times0.0003m^2\times420m\times8.9\times1000kg/m^3=3364.2kg$，根据近 5 年的铜价走势判断，出险时间 2012 年 9 月的铜价约 50 元 /kg，保险公司按 40 元 /kg × 3364.2kg=134568 元核定残值，完全符合受损电缆实际情况及市场残值标准。但原审未扣除残值，也未按照《中华人民共和国保险法》第二十三条关于合法扣除残值的定损金额规定，而直接采纳建设工程公司与案外人南海某某安装公司签订的电气安装工程承包合同作为确认本保险合同的赔偿依据，严重违背了保险法的损失填补原则和案涉《保险合同》第四十六条的约定。

2. 原审未扣除免赔额，存在错误。本案中，保险公司对“不计免赔”履行了告知义务，依法应当按损失金额的20%计算免赔额。原审认定了合同中的免赔率约定，但并未对免赔金额进行任何说明及扣除，违反合同约定。

3. 原审混淆了保险人与被保险人、第三者间的关系。南海供电局作为案外第三者，没有提供证据证明其已收到赔款或主张过权利，原审仅凭建设工程公司与南海某某安装公司的安装合同判定损失，违反了保险法的补偿原则。《中华人民共和国保险法》第六十五条规定：“责任保险的被保险人给第三者造成损害，被保险人未向该第三者赔偿的，保险人不得向被保险人赔偿保险金”。本案中，无证据证明建设工程公司已向第三者南海供电局某某供电所支付任何赔款。原审未依法追加广东电网公司佛山南海供电局查明相关的事实，仅凭建设工程公司与南海某某安装公司之间的安装合同、证明函、收据等内部行为判决保险公司承担赔偿责任，混淆了被保险人、第三人、保险人之间的主体权利义务关系。

4. 本案不属于保险责任范围。建设工程公司具有施工资质，应当向电网管理部门了解电缆、管道的具体位置。而从保险公司在原审中提供的施工监理合同、施工日记可见，建设工程公司并没有履行该义务，其违反了保险合同最基本的保证义务，无保证则无保险责任。原审并未对此作出解释说明，属于错误认定保险责任。

5. 原审对部分证据及案件事实的认定有误。保险公司对建设工程公司提供的事故认定书持有异议，但原审判决中却记载为无异议，违背了保险公司的真实意思表示。此外，建设工程公司在原审期间未提供任何证据证明其已向供电部门查询了有关电缆的走向、位置等信息，但原审却认定建设工程公司已作信息查询，缺乏事实依据。

据此，请求改判驳回建设工程公司的全部诉讼请求。

二审法院认为：

上诉人保险公司在二审期间向该法院提交了现场查勘照片打印件 5 张，拟证明保险标的残值的存在。被上诉人建设工程公司质证认为，上诉人的此项举证已逾举证期限，并对上述证据的真实性、合法性及关联性均不予确认，即使图片是真实的，也不能证明保险标的存在残值。案涉受损电缆由供电部门回收，被上诉人并未获得受损电缆，故不存在计算残值的说法。法院认为，由于上述照片无法显示拍摄地点及内摄物件所属情况，且无其他证据补强印证，建设工程公司亦不予确认，故该法院对该证据不予采信。

被上诉人建设工程公司辩称：

1. 关于残值的问题。保险公司关于保险标的残值的计算方式，缺乏法律依据。建设工程公司并没有获得案涉的受损电缆，故不存在扣除残值一说。供电部门与南海某某安装公司间存在密切的联系，实际上被上诉人仅能联系南海某某安装公司对受损电缆进行修复。在两条受损电缆的修复过程中，其中一条新电缆由供电部门提供给南海某某安装公司，在材料计算方面也只计算了一条电缆的价值。

2. 保险公司未就保险合同中的免责条款履行明确说明义务，应认定为无效条款。

3. 保险公司曾向建设工程公司出具理赔通知书，同意理赔 140000 元，双方当时仅未就赔偿金额达成一致，故保险公司关于案涉事故不属于保险赔偿责任的主张，缺乏依据。况且，根据一切险条款中关于意外事故的约定，案涉事故亦属于保险责任范围。

综上所述，请求二审法院驳回上诉，维持原判。

被上诉人建设工程公司在二审期间向二审法院提交证明及发票复印件各一份，拟证明其委托案外人南海某某安装公司对受损电缆进行修复的工程已经全部完成及相应修复费用已全额支付。上诉人保险公司质证认为，对上述证据的真实性、合法性、关联性均不予确认；上述证据均为二审期间开具，且南海某某安装公司与建设工程公司存在利害关系，其为自己行为所开具的证明不具有证据证明力；此外，证明所述的修复情况未经受害人确认；发票不能代表财务进账的真实性。二审法院认为，建设工程公司提交的前述证据与其原审举证形成证据链，证明电缆损坏后的修复及相应费用的支付情况，故法院予以采信。

二审法院查明：

经审理，二审法院对一审法院查明的除“原告前期已支付工程款 120000 元，余款 116200 元尚未支付”以外的事实予以确认外，另查明：保险公司于 2013 年 10 月 11 日进行的原审庭审中对建设工程公司提交的理赔通知书、事故责任认定书、电气安装工程承包合同、收款收据、证明函、工程预算书，质证认为“理赔通知书、事故责任认定书、电气安装工程承包合同真实性无异议……”。截至 2014 年 3 月 28 日，建设工程公司已向南海某某安装公司全额支付工程款 236200 元，并取得相应发票。

关于案涉事故是否属于保险责任范围问题。二审法院认为，保险公司上诉主张建设工程公司未按合同约定了解电缆、管道的位置及采取必要措施避免损失发生，存在重大过失，因此，其不负保险赔偿责任。经审查，保险公司制作的现场查勘记录及理赔通知书反映建设工程公司在施工前向南方电网了解了电缆位置等，为现场查勘双方共同确认的情况，保险公司并在此基础上出具定损意见。因此，原审认为建设工程公司“向供电部门查询有关电缆的走向、位置等信息，根据了解的相关信息进行设计及施工，已尽到了相应的义务，其无法预知在征询供电部门意见后进行设计及施工会损坏电缆”，故不存在过错，具有事实依据。保险公司上诉认为建设工程公司在施工过程中存在重大过失，理据不足。《中国平安财产保险股份有限公司建筑工程一切险及第三者责任险保险合同》第四部分扩展条款第 3 条约定，“地下电缆、管道及设施特别条款兹经双方同意，保险人负责赔偿被保险人对原有的地下电缆、管道及其他地下设施造成的损失。但被保险人须在工程开工前，向有关当局了解这些电缆、管道及其他地下设施的确切位置，并采取措施防止损失发生。”建设工程公司在施工过程中损坏地下电缆造成的损失，属于上述条款约定的保险责任范围。

关于理赔金额的确定问题。建设工程公司主张其损坏电缆造成的损失为236200元，其原审提交的事故责任认定书、电气安装工程承包合同、收款收据、证明函、工程预算书等本证形成证据链，证明了电缆损坏后所需的修复费用为236200元，该费用损失现实存在且未超过保险合同约定的赔偿限额。因此，原审采纳前述证据并以之作为认定案涉事故损失的依据，符合《最高人民法院关于民事诉讼证据的若干规定》第六十三条、第七十二条第一款的规定，法院予以确认。建设工程公司二审提交的证明、发票进一步佐证了修复费用的金额及该公司已于二审诉讼终结前支付了相应费用，上述费用损失现实发生且未超过合同约定的赔偿限额。保险公司称即便案涉事故属保险责任范围，其亦仅对起诉前已支付的款项予以理赔，这与《中华人民共和国保险法》第六十五条的规定不符，如此赔付处理，只能徒增当事人诉累，法院不予采纳。保险公司原审已认可建设工程公司提交的相应证据，现虽上诉认为其实际上并不确认事故责任认定书的真实性，但未能举证推翻。根据《最高人民法院关于民事诉讼证据的若干规定》第七十四条的规定，法院对其上诉所提之异议主张不予采纳。由于双方在案涉保险合同第四部分扩展条款第3条中约定了事故免赔额的计算，且建设工程公司在投保单中盖章确认："本人确认已收到《建设工程一切险条款》及附加条款，且贵公司已向本人详细介绍了条款的具体内容，特别就该条款中有关免除保险人责任的条款（包括但不限于责任免除、投保人及被保险人义务），以及付款约定的内容做了明确说明，本人已完全理解，并同意投保"。因此，保险公司上诉主张其理赔金额应扣除本次事故损失金额的20%，合乎法律规定及合同约定，应予支持。原审对保险公司要求计算免赔额的主张不予支持，存在不当，二审法院对此予以纠正。至于应否在该案中扣除残值的问题。保险单第四十六条约定"保险标的遭受损失后，如果有残余价值，应由双方协商处理。若协商残值归被保险人所有，应在赔偿金额中扣减。"由于双方对保险标的是否存在残值及残值数额等均未协商一致，且保险公司主张扣除电缆残值，旨在部分抵消建设工程公司的原审诉请，属于独立的反诉请求。而保险公司在原审期间并未就此明确提起反诉，依据最高人民法院关于适用《中华人民共和国民事诉讼法若干问题的意见》第一百八十四条之规定，本院对此不作实质审查及处理，当事人可另行协商或另诉解决。由此，法院对保险公司在该案中提出的对电缆残值进行鉴定的申请亦不予采纳。

综上所述，原审认定事实基本清楚，但实体处理部分欠当，二审法院予以纠正。保险公司上诉理由部分成立，本院对其有理部分予以支持。据此，依照《中华人民共和国民事诉讼法》第一百七十条第一款第（二）项的规定，判决如下：

1. 变更广东省佛山市禅城区人民法院（2013）佛城法民二初字第1117号民事判决主文为：保险公司应在本判决发生法律效力之日起10日内向建设工程公司支付赔款188960元及利息（自2013年9月3日起，至付款之日止，按照中国人民银行同期贷款利率计算）。

2. 驳回建设工程公司的其他诉讼请求。

一审案件受理费2422元，由上诉人保险公司负担1937.6元，被上诉人建设工程公司负担484.4元；二审案件受理费4844元，由上诉人保险公司负担3875.2元，被上诉人建设工程公司负担968.8元。

## 编者评论

本案涉及以下四个焦点问题：

第一，案涉事故是否属于保险责任。保险公司认为，被保险人在原审期间未提供任何证据证明其已向供电部门查询了有关电缆的走向、位置等信息，根据其在原审中提供的施工监理合同、施工日记，被保险人并未履行该义务。法庭认为，由于被保险人已经在施工前向南方电网了解了电缆位置，而且根据了解的相关信息进行设计及施工，已尽到了相应的义务，其无法预知在征询供电部门意见后进行设计及施工会损坏电缆，故不存在过错，而且该情况为保险人和被保险人现场查勘所共同确认。因此，保险公司的辩解并未得到法庭的支持。此外，保险人认为，施工前未向电网公司了解电缆的位置，是被保险人违反了其“基本的保证义务，无保证则无保险责任。”其实，事先了解电缆的位置只是保险人在“地下电缆、管道及设施特别条款”项下承担赔偿责任的条件，被保险人未成就该条件或成就不完善无法免除保险人的赔偿责任，因此，不存在“无保证则无保险责任的说法”。

第二，保险人赔偿金额的问题。二审法院根据被保险人在原审中提交的事故责任认定书、电气安装工程承包合同、收款收据、证明函、工程预算书等确定了电缆损坏后所需的修复费用。然而，虽然保险人在原审中已认可建设工程公司提交的相应证据，但却在上诉时认为，保险人实际上并不确认事故责任认定书的真实性，却又未能举证推翻，故得不到二审法院的支持。

第三，免赔额的问题。在一审判决中，法庭并未在保险人的赔款中扣除免赔额。由于关于免赔额事项，保险人已经向投保人作了说明，而且被保险人也书面确认，“保险人已详细介绍了条款的具体内容，特别就该条款中有关免除保险人责任的条款（包括但不限于责任免除、投保人及被保险人义务），以及付款约定的内容做了明确说明”。二审法庭纠正了一审法庭未考虑免赔额的不当处理，判决应当在保险人的赔款中扣除免赔额。保险人一审败诉，上诉时仅挽回免赔额损失，说明了保险人在受理索赔时粗糙和草率，一审时又准备不足，应引以为戒。

第四，关于地下电缆修复后的残值问题。如果地下电缆损坏后用新电缆更换受损电缆，更换下来的受损电缆就是保险中所说的残值，保险人赔偿被保险人的损失金额后可以收回残值或由被保险人保留残值，保险人在赔款中扣除残值金额。根据二审法院的意见，在保险人的赔款中扣除残值是属于保险人的反诉请求，而保险人并未在一审提出该反诉，故二审法院也不作实质审查及处理。对残值问题保险人只好与被保险人另行协商或另诉解决。一般情况下，法庭会在审理案件时一并处理残值问题，而不应当让残值问题另案处理。但是，既然二审法庭作出如此判决，保险人也只好接受。

本案的启示是，在城市基础设施建设过程中，施工方经常由于疏忽对施工场所的一些地下设施，如电缆、煤气、自来水或废水管道等造成损坏。如果所承保的工程涉及这方面风险，保险人应当在保险合同中对被保险人在施工前需查证地下设施状况作出明确规定，包括应当如何查证以及保留何种查证记录等。由于被保险施工单位很有可能以“已经通过口头查证”作为托词，而口头查证往往难以证实。另外，在保险赔款中扣除免赔额是保险实务中的惯例，但是被保险人可能会以保险人在投保时未向其说明免赔额事宜而拒绝在赔款中扣除免赔额，而法庭往往会支持被保险人的这种观点。因此，在投保时，保险人向被保险人说明责任免除条款中应包括免赔额事项，千万不能认为在赔款中扣除免赔额是一种理所当然的做法，而忽略未予说明。

城市尤其是老城区，地下管网纵横交错，在这类管网改造工程中，类似风险经常发生，保险人从控制风险角度往往设置了免赔条件，投保人需要在施工中切实履行风险查询义务并留下档案，避免免责事项的发生。

# 三十四 如果施工项目未经主管部门批准，所出具的建筑工程保险合同可能被法庭判定无效

## 案情简介

原告：某电力开发公司（以下简称电力开发公司）

被告：某保险公司开发区支公司（以下简称保险公司）

原告诉请：

2007 年 3 月 19 日，原告电力开发公司向湖北省武汉市中级人民法院起诉称，被告保险公司于 2005 年 7 月 21 日就原告建设的柳园铺电站工程签发了《建筑工程一切险保单》，电力开发公司投保电站工程物质损失一切险及第三者责任险，并于 2005 年 7 月 27 日向保险公司支付保险费计人民币 62254.8 元，该保险合同期限自 2005 年 7 月 22 日起，至 2006 年 12 月 31 日止。2005 年 8 月 2 日，大雨导致山洪暴发，造成工程直接损失 3251305.5 元，5 名施工人员在抢险中死亡。同月 14 日，山洪再次造成工程直接经济损失 6584229 元，2 名施工人员和 1 名在场群众在山洪中死亡。2006 年 2 月 20 日，投保工程之一的张家沟隧洞发生大面积塌方，经工程技术人员、监理部门、设计部门实地勘察，为减少损失，采用隧道改道方式，该塌方及改道给电力开发公司造成经济损失共计人民币 1003427.15 元。上述三次保险事故发生后，电力开发公司都依合同约定向保险公司及时进行了报告并提出了赔偿申请及提供了所能提供的与确认保险事故的性质、原因、损失程度等有关

证明和资料。电力开发公司请求判令保险公司向其支付保险赔偿金计人民币10838961.65元并承担本案的诉讼费用。

被告辩称：

被告对电力开发公司的损失不应承担赔偿责任，理由如下：

1. 电力开发公司缺乏投保建筑工程合法建设的全套法律文件，因此保险公司对投保的工程项目不具有法律上认可的保险利益，保险合同无效，被告对电力开发公司的损失无赔付义务。

2. 电力开发公司签订保险合同时严重违反法定的诚实信用原则，根据法律和合同约定，保险单无效，保险公司对电力开发公司的损失无赔付责任。

3. 依据保险单的八条总则部分之（四）的约定，由于电力开发公司的索赔材料明显存在大量的伪造损失证据、欺诈性索赔，保险公司对电力开发公司无赔付责任。

4. 电力开发公司违反法定及约定的安全生产、管理义务，其过错直接导致其损失，应当由自己承担损失，无权请求保险公司赔偿。

5. 依据保险合同约定以及保险法、证据规则、建设工程国家标准和规范的规定，电力开发公司的索赔证据不足，其请求不应支持。

6. 电力开发公司将2006年2月20日张家沟隧洞塌方事故的损失要求保险公司赔偿缺乏事实和法律依据。

7. 电力开发公司所主张的7名工人及1名在场群众的死亡赔偿不属于保险公司的保险责任范围。

## 原被告举证、质证及一审审裁

电力开发公司在举证期间内向法院提交了如下证据：

第一组证据：（1）保险合同；（2）电力开发公司支付保险费凭证；（3）柳园铺电站工程招投标文件；（4）柳园铺电站施工组织设计文件；（5）气象部门关于暴雨灾害证明；（6）楚天都市报2005年8月4日的报道《突发洪水卷走5民工》；（7）水轮发电机组及其附属设备合同书；（8）机

电安装施工合同。

第二组证据：（1）电力开发公司给保险公司的关于洪灾情况的汇报；（2）电力开发公司出险前工程量清单；（3）电力开发公司关于“8·2”洪灾情况的说明；（4）洪灾造成厂区损失的统计情况及其证明材料；（5）洪灾造成樟木沟隧洞损失情况及其证明材料；（6）洪灾造成张家沟隧洞损失情况及其证明材料；（7）洪灾造成大沟隧洞损失情况及其证明材料；（8）洪灾造成杨家沟隧洞损失情况及其证明材料。

第三组证据：（1）电力开发公司给保险公司的关于施工工程塌方情况的汇报；（2）工程出现塌方期间的施工日志；（3）张家沟隧洞塌方损失清单；（4）工程监理中心关于张家沟隧洞的施工建议；（5）电力开发公司就改道增加工作量事宜向保险公司送交的汇报材料及费用计算表；（6）电力开发公司与施工方所签订的改道补充协议；（7）因塌方而改道的结算依据；（8）设计部门对改道变更施工的方案图纸；（9）电力开发公司向保险公司递交的索赔申请书。

第四组证据：（1）电力开发公司给保险公司的关于洪灾情况的汇报；（2）电力开发公司关于“8·14”洪灾情况的说明；（3）洪灾造成厂区及设备损失的统计情况及其证明材料；（4）洪灾造成张家沟隧洞损失情况及其证明材料；（5）洪灾造成大寨沟隧洞损失情况及其证明材料；（6）洪灾造成胡家岩隧洞损失情况及其证明材料；（7）洪灾造成樟木沟隧洞损失情况及其证明材料；（8）洪灾造成杨家沟隧洞损失情况及其证明材料。

保险公司在举证期限内向法院提交的证据：

第一组证据：（1）PGGC20054201980000 建筑工程一切险保险单及对应的保险单明细表、发票、保险单特别约定清单；（2）电力开发公司投保时提交的《房县柳园铺电站施工进度报告》；（3）电力开发公司投保时提交的《房县柳园铺电站土建工程剩余工程量》；（4）房县柳园铺电力开发有限责任公司发给保险公司的《房县柳园铺电力开发有限责任公司工程保险延期报告》；（5）保险公司给上级公司的《关于续保事宜的请示》及上级公司的《审批表》；（6）上海大洋保险公估有限公司《关于柳园铺电站“8·2”洪水损失的查勘报告》；（7）上海大洋保险公估有限公司《关于柳园铺电站“8·14”洪水损失的查勘报告》。

第二组证据：（1）房县椰口乡“8·2”特大自然灾害事故处理领导小组《情况汇报》；（2）房县椰口乡“8·2”特大自然灾害事故处理领导小组《房县椰口乡“8·2”特大自然灾害事故经过》；（3）电力开发公司依据湖北省水利电力勘测设计院《初设报告》编写的《柳园铺电站施工组织设计》；（4）2005年8月5日施工人员林某豹证言《关于杨家河隧道事故经过》。

第三组证据：（1）2005年8月3日县防汛抗旱指挥部办公室《房县青峰镇、椰口乡遭受特大暴雨灾害袭击》；（2）2005年8月4日县防汛抗旱指挥部办公室《房县椰口乡山洪灾害民工搜救进展情况报告》（2份）；（3）2005年8月5日房县“8·2”事故处理领导小组《房县椰口乡“8·2”特大自然灾害事故情况汇报》；（4）2005年8月5日房县椰口乡“8·2”特大自然灾害处理领导小组《施救简报第1期》；（5）2005年8月6日房县椰口乡“8·2”特大自然灾害事故处理领导小组《施救简报第2期》；（6）2005年8月7日房县椰口乡“8·2”特大自然灾害事故处理领导小组《施救简报第4期》；（7）2005年8月7日房县椰口乡“8·2”特大自然灾害事故处理领导小组《施救简报第6期》；（8）2005年8月5日中共房县县委办公室《内部明电》。

第四组证据：（1）电力开发公司《招标邀请函》；（2）电力开发公司依据湖北省水利电力勘测设计院《初设报告》编写的《柳园铺电站施工组织设计》；（3）电力开发公司与工程承包人房县水利水电工程开发公司关于厂区工程、压力管工程、前池隧洞开挖工程签订的《合同协议书》；（4）电力开发公司与工程承包人房县水利水电工程开发公司关于樟木沟支洞工程签订的《工程承包合同书》；（5）电力开发公司与工程承包人房县水利水电工程开发公司关于张家沟支洞工程签订的《工程承包合同书》；（6）电力开发公司与工程承包人房县水利水电工程开发公司关于胡家岩支洞工程签订的《工程承包合同书》；（7）电力开发公司与工程承包人房县水利水电工程开发公司关于大寨沟支洞工程签订的《工程承包合同书》。

第五组证据：（1）2003年2月18日房县柳园铺电站工程建设指挥部与

福建省隧道工程总公司签订的隧道工程《工程承包合同》；（2）2004年8月3日福建省隧道工程总公司《关于退出张家沟隧洞施工的请求》；（3）2005年2月2日房县柳园铺电站工程建设指挥部与福建省隧道工程总公司签订的解除工程施工合同的《回收协议书》；（4）2004年7月5日中国人民财产保险股份有限公司武汉市分公司《关于柳园铺水电站工程施工的整改通知》；（5）2004年7月20日房县柳园铺电站工程建设指挥部《房县柳园铺电站工程建设指挥部关于工程施工的整改情况的汇报》；（6）2006年3月8日宜昌市水利水电工程建设监理中心《关于张家沟隧洞的施工建议》。

第六组证据：（1）上海大洋保险公估有限公司查勘人员宋跷峰关于柳园铺电站工程的票据管理询问电站出纳方炜的《询问笔录》；（2）上海大洋保险公估有限公司查勘人员宋跷峰关于“8·14”洪水损失询问柳园铺电站工程厂区材料管理员陈绪求的《询问笔录》；（3）上海大洋保险公估有限公司查勘人员宗平关于“8·14”洪水损失询问柳园铺电站工程机械管理员李波军的《询问笔录》；（4）上海大洋保险公估有限公司《房县柳园铺电力开发有限责任公司张家沟隧道受损案现场查勘初报》。

经庭审质证，保险公司除了对电力开发公司提交的第一组证据的真实性没有异议外，对其他三组证据的真实性均不予认可。电力开发公司对保险公司提交的第一组证据中的特别约定清单不予认可；对第三组证据上打印部分的真实性不持异议，对手写部分不予认可；对证据11的真实性有异议；对其他证据的真实性不持异议，但对证明的目的有异议。经合议庭评议，对电力开发公司提交的第一组证据，对保险公司提交的电力开发公司没有异议的证据予以采信。

武汉市中级人民法院经审理查明：2005年7月5日，电力开发公司向保险公司出具工程保险延期报告，称余下五分之二工程未能在保险期间内完工，要求将2003年购买的建筑工程一切险延期投保。同月19日，还出具一份房县柳园铺电站土建工程剩余工程量清单，注明拦水坝、引水隧洞、压力前池、厂区工程的剩余工程量。保险公司经审批，于2005年7月21日向电力开发公司出具编号为PGGC200420198000000002建筑工程一切险保单，同意按余下 17251.16 万元工程承保，承保期间为 2005 年 7 月 22 日至 2006 年 12 月 31 日。同月 27 日，电力开发公司向保险公司支付 62254.8 元保险费。

2005 年 8 月 5 日，房县榔口乡“8 · 2”特大自然灾害事故处理领导小组出具情况汇报载明，由于在建的柳园铺电站存在安全隐患，已于 7 月 9 日被通知停工整改。8 月 2 日暴雨导致山洪暴发，该电站工程杨家沟工段钱招弟等 5 名民工在防汛过程中被卷入电站隧洞支洞中死亡，工程现场被冲毁，损失严重。8 月 14 日，再次发生洪灾，柳园铺电站的厂房及变电站正在河道内施工，洪水将施工工地内堆放的施工物资及设备、临时房屋全部冲走，并造成 3 人死亡。2005 年 8 月 20 日，上海大洋保险公估有限公司依据同月 17 日会同电力开发公司、保险公司双方的代理人共同对受灾现场进行勘察的情况作出柳园铺电站“8 · 14”洪水损失的初报。

2005 年 8 月和 9 月间，电力开发公司分两次向保险公司出具洪水损失统计及说明，要求保险公司支付保险赔偿金。

2006 年 3 月 8 日，宜昌市水利水电工程建设监理中心房县柳园铺水电站工程监理站，向房县柳园铺水电站工程建设指挥部提出《关于张家沟隧洞的施工建议》，要求张家沟下游向山里改线，废掉原打好的隧洞，由设计部门定点重新选择洞轴线。同日，柳园铺电站向保险公司汇报张家沟下游隧洞出现大面积塌方，无法继续施工。2006 年 3 月 17 日至 18 日，上海大洋保险公估有限公司会同保险公司客户服务中心的柯永及电力开发公司办公室主任雷某，张总工程师对张家沟塌方隧洞进行了查勘。查勘认为：“张家沟支洞进入主隧道之后，向下游 30 米隧道进行了混凝土砖衬砌，在衬砌的尽头产生了塌方。如果按照被保险人提出的隧道改道掘进，报废的隧道长度为 30 米，从收集到的施工记录、监理日志上可以看出，这次出险的隧道是在保险期间内掘进的，应在保险范围内，属于保险标的物。”2006 年 8 月，电力开发公司填写了非机动车辆保险索赔申请书。

在开庭审理后，武汉市中级人民法院依职权到中国保险监督管理委员会湖北监管局统计研究处法制科及财产保险监管处进行调查，对保险合同明细表上所列明的项目进行行业调查。保监会认为，保险合同后面所附的明细表是保险合同的有效组成部分，该明细表中列明的项目应和保险金额一一对应，不可能一个金额对应几项。本案涉及的编号为 0500000097 的保单中列明的 5 项中只有第一项下有细目说明，而其他 4 项项下没有细目说明，且没有对应的约定金额，其他 4 项不符合一般保险合同的投保、承保要求。在本案保险合同最后没有附详细安装项目清单、施工用机具、设备清单及专业费用。按照惯例，保险公司不会承保这样的项目，如果承保这几项，保险公司在签订保险合同的时候，不会这样只列明大项不列细目。对于清除残骸费用，一般保险公司是不会承保的，因这项费用无法估算，如果承保几千万元的工程，保险金额不会超过总保额的 5%。按行业惯例，保险项目、保险金额及免赔额都必须是一一对应的，如果没有对应项目，则不能确定投保。除非投保人与保险公司有另外的协议或约定，证明没有列明细目的大项在投保金额之列。

本案争议的焦点为：保险合同是否有效？赔偿的范围有哪些？电力开发公司索赔的依据哪些是有效的？

关于保险合同是否有效的问题。电力开发公司认为，保险合同是双方当事人自愿签订的，且该公司已经依据合同的约定缴纳了保险费，履行了合同约定义务，应为有效。保险公司认为电力开发公司缺乏投保建筑工程合法建设的主要法律文件，因此电力开发公司对投保的工程项目不具有法律上认可的保险利益，保险合同应为无效。如果投保工程属于合法工程，那么，安监部门因其施工不规范于 2005 年 7 月 9 日要求该工地停工整顿，电力开发公司签订保险合同时对停工未作明确说明，严重违反法定的诚实信用原则，根据法律和合同的约定，保险公司不应承担保险责任。

武汉市中级人民法院认为，2005 年 7 月 21 日电力开发公司与保险公司签订的保险合同合法有效。根据合议庭在庭审中的要求，电力开发公司于庭审后提供了 1994 年 8 月 13 日湖北省计划委员会出具的鄂计能源字（94）第 692 号《关于房县柳园铺水电站项目建议书的批复》。该文件明确答复郧阳地区计委：你委计字〔1994〕111 号文及省水利厅鄂水电〔1994〕327 号文收悉。经研究，现将房县柳园铺水电站项目建议书批复如下：

为了充分开发利用房县马栏河流域水利资源，缓解房县用电紧张的矛盾，发展房县经济，同意兴建房县柳园铺水电站。

在第二次开庭中，经双方质证对该文件的真实性不持异议。武汉市中级人民法院认为，依据湖北省计划委员会的该项文件，柳园铺水电站的兴建得到了政府的同意及支持，并办理了相关的报批手续，属合法的水利工程。2005年7月21日，电力开发公司与保险公司在双方自愿的基础上就工程未完工部分达成新的保险合同，电力开发公司随后按约缴纳保费，保险公司在收取保费后向电力开发公司开具了发票。保险合同已经开始履行，电力开发公司应享有相应的保险利益。2003年5月1日，柳园铺水电站开始建设时，电力开发公司即向保险公司购买了建筑工程一切险，期限直至2005年5月1日。因工程未能按期完工，2005年7月5日，电力开发公司要求保险公司续保。经保险公司审批，双方就未完工工程部分达成新的保险合同，并于同年7月21日签订了本案争议的保险合同。在保险公司对新保险合同进行审批的过程中，电力开发公司接到房县安监部门的通知，要求该工程停工整改存在的安全隐患。电力开发公司收到通知后于同年7月9日按要求停工进行整改。保险公司在审批与电力开发公司签订新保险合同过程中，电力开发公司已经按安监部门要求进行停工整改，并未故意隐瞒工程在施工过程中存在安全隐患的事实。保险公司在审批保险合同的过程中，并未要求电力开发公司对这一问题进行专门性说明，也未提出异议，对新的保险合同仍然予以批准。因此，保险公司以电力开发公司未对工程存在安全隐患停工整改进行说明为由，提出电力开发公司在签订保险合同的过程中有欺诈行为，保险合同无效的理由，法院不予支持。

关于保险合同的赔偿范围问题。电力开发公司认为依据保险合同约定及保单明细表中保险项目的约定，电力开发公司向保险公司投保的内容应包括保险单明细表中保险项目列明的所有5项，保险公司应在上列5项范围内承担总保险金额10838961.65万元的赔偿责任。保险公司认为，电力开发公司在施工过程中未严格按施工设计要求施工，造成工程存在严重安全隐患，且在明知洪水要来的情况下未做好防汛工作，其处置不当是工程损失的主要原因，应就此承担一定的责任。另外，保险单中列明的5项保险项目，并不都是保险范围，5项列明但并未一一对应列明投保金额及免赔额且无相关约定清单，故仅只应对第1项进行承保，其他4项并不在投保范围内。武汉市中级人民法院认为，依据2005年7月21日保险公司向电力开发公司出具的建筑工程一切险保险单约定："一、物质损失（一）责任范围 1. 在本保险期内，若本保险单明细表中分项列明的保险财产在列明的工地范围内，因本保险单除外责任以外的任何自然灾害或意外事故造成的物质损坏或灭失（以下简称损失），本公司按本保险单的规定负责赔偿。自然灾害：指地震、海啸、雷电、飓风、台风、龙卷风、风暴、暴雨、洪水、水灾、冻灾、冰雹、地崩、山崩、雪崩、火山爆发、地面下陷下沉及其他人力不可抗拒的破坏力强大的自然现象。"本案电力开发公司与保险公司发生争议的保险标的为约定中明确规定的自然灾害引起，工程遭损的直接原因为暴雨引起的山洪暴发，属保单约定的自然灾害，应为保险理赔范围。

对于保险单明细表中保险项目下约定："保险项目 1. 建筑工程（包括永久和临时工程及所用材料）（1）工程承包价；（2）工程所有人提供的材料或设备；2. 安装项目；3. 施工用机具及设备（详见所附清单）；4. 清除残骸费用；5. 专业费用。"在保险金额栏中仅第1项后面对应注明17251600元；免赔额栏中注明20000元，同样在第1项保险项目后注明。该保单的措辞，使本案争议的保单成为"一切险"保单，但这里所指的是普通商业保险意义上的"一切险"。将"一切险"理解为广义上的保障"一切"风险的保险，或者将其称为"全险"，是不恰当的。商业保险上的"一切险"，并不是指与建筑工程相关的一切损失的保险，仅仅是除去保单规定的除外责任之外，在保单约定的范围内的应赔项目的"一切险"。

根据财产保险惯例，保险合同所附的明细表是保险合同的有效组成部分，该明细表中列明的项目应和保险金额一一对应，不可能一个金额对应几项。本案涉及的编号为0500000097的保单中列明的5项中只有第1项项下有细目说明，而其他4项项下没有细目说明，且没有对应的约定金额，这不符合一般保险合同投保、承保的要求。按照惯例，保险公司在保险合同末尾应附详细安装项目清单、施工用机具及设备清单，并对专业费用进行明确约定，保险公司在签订保险合同时不会只列明大项而不列细目。经审理查明的事实是，电力开发公司在 2005 年 7 月 5 日向保险公司就余下五分之二的工程申请延期该工程保险。同月 19 日，电力开发公司还向保险公司提供了《房县柳园铺电站施工进度报告》及《房县柳园铺电站土建工程剩余工程量》两份说明，均明确记载剩余投保的工程量为 17251600 元，而对保险单明细表中规定的其他 4 个细目中的保险金额及费用没有任何请求及清单。保险公司同时提供该保险工程在上级公司审批过程中对柳园铺电站工程承保的意见，保险公司内部的审批表上签署的意见仅涉及了对工程物质险的意见，对工程的安装项目、施工用机具及设备、清除残骸费用、专业费用均无提及。对于第三者责任险，赔偿限额未在保单明细表中进行约定，仅约定免赔额为 10000 元，累计赔偿限额 2000000 元。同样，在柳园铺电站的申请续保的文件中亦无提及，也未见相关约定。鉴于此，法院认为电力开发公司与保险公司之间签订的编号为 0500000097 的保险明细单，是双方就电站工程未完工部分达成的新的保险合同，是就保险单明细表项下建筑工程部分达成的新协议，并不涉及其他列明的单项及第三者责任险。

关于电力开发公司索赔依据问题。电力开发公司认为，保险公司应依据 2005 年 8 月 2 日、14 日洪灾及 2006 年 3 月 8 日的隧洞塌方造成的所有相关损失进行赔付。电力开发公司提供了本公司工人对工地物料损失出具的证明及部分售出单位的收据，总计请求赔偿 10838961.65 元。保险公司认为，电力开发公司提供的索赔单据中，大部分没有提供正式税务收据，不符合索赔要求，大量单据不属于理赔范围，不能按电力开发公司提供的单据进行赔偿；即使对工程进行赔偿，金额也应以上海大洋保险公估有限公司的查勘初报为准。

武汉市中级人民法院认为，保险公司应向电力开发公司赔付的范围为两次洪灾受损的工程物质部分，且应属投保的未完工工程部分，不含有工程的安装项目、施工用机具及设备、清除残骸费用、专业费用。另外，由于该案所承保的标的为工程未完工部分，不应将已完工部分的损失一并要求赔偿。

在应予赔偿的损失部分中，对仅有工地工人证明，没有购物单据，且不能证明该物品确实用于工程的赔偿数额，应予剔除。据此，2005 年 8 月 2 日的洪灾造成的损失应在电力开发公司报损的直接经济损失 3121775.8 元中，剔除已完工工程受损部分 391112.8 元，清除残骸费用 1348080 元，施工设备及机具 476380 元，非工程原因造成的第三者损失 10000 元。事故中死亡人员因均为工程施工人员，不属于合同约定的第三者险的范围，亦应予剔除 550198 元，再剔除非保险标的的抢险费用 14000 元，保险单约定责任范围内应予赔付的金额为 332005 元。2005 年 8 月 14 日洪灾造成的损失 6589332 元中，剔除已完工工程受损部分 343300 元，清除残骸费用 1361982 元，施工设备及机具 2036049 元，生活用品等杂物损失 224350 元，事故中死亡人员的赔付 665817.5 元，工程报损过高（厂区回填土石方及生活区浆砌块石防洪堤、钢材及建材类）592093 元，保险单约定责任范围内应予赔付的金额为 1359741.7 元。2006 年 2 月 20 日，张家沟下游隧道的塌方引起的损失共报 1003427.15 元。按大洋保险公估公司现场查勘的情况计算，隧洞报废 30 米，损失 128227.2 元；后增加的工程量 53 米，因无三方共同查勘报告且有电力开发公司实际施工的施工日志，故按电力开发公司报损的 374453.65 元计，从中剔除清除残骸的费用 6860 元，增加工程量以 367593.65 元计。保险单约定责任范围内应予赔付的金额为 495820.85 元。两次洪灾与一次隧洞塌方共计应赔付金额为 2187567.55 元。

武汉市中级人民法院认为，电力开发公司与保险公司间签订的建筑工程一切险保单明细表是双方当事人的真实意思表示，符合法律规定，应为有效。电力开发公司依约支付了保险费，并在保险合同有效期间内发生保险事故，保险公司应在保险范围内予以赔偿。电力开发公司超出保险范围的赔偿请求，不予支持。

2008 年 1 月 24 日，武汉市中级人民法院依据《中华人民共和国民事诉讼法》第一百二十八条，《中华人民共和国保险法》第十三条第一款、第十四条、第二十八条第三款规定，作出（2007）武民商初字第 102 号民事判决如下：

1. 保险公司于本判决生效之日起 15 日内向电力开发公司支付保险赔偿金 2187567.55 元。

2. 驳回电力开发公司的其他诉讼请求。

被告如未按本判决指定的期间履行给付义务，应当依照《中华人民共和国民事诉讼法》第二百三十二条之规定，加倍支付迟延履行期间的债务利息。案件受理费 64205 元，由电力开发公司负担 38523 元，保险公司负担 25682 元。

## 编者评论

本案的焦点问题有三个：

一是保险合同是否合法有效。《保险法》规定，“财产保险的被保险人在保险事故发生时，对保险标的应当具有保险利益”，而保险利益是指保险事故发生时被保险人对保险财产享有的经济利益。如果被保险人缺乏保险利益，则保险合同无效，但保险合同无效并不等于被保险人缺乏保险利益。该案中，保险人以所承保的工程未获得主管部门批准而认定被保险人缺乏保险利益的说法是不正确的。

另外，《建筑工程一切险条款》对保险合同以及保险标的的合法性并未作明确的要求，故可以认为，只要建设工程项目不违法，所签订的保险合同就是有效的。国内大中型工程的建设一般都需要获得地方主管部门的批准，因此可以认定未获批的工程建设是不合法的，为该工程所出具的保险合同是无效的。但是，如果投保人事先告知保险人其所投保的工程建设尚未得到主管部门的批准，而保险公司也同意先出具保险单，这种情况下，保险人就不能以该工程不合法而认为保险合同无效。如果投保人在投保时未告知保险人工程建设未获批，而保险人在未经调查的情况下出具了保险单，一旦发生了保险事故，保险人就可能以被保险人在投保时未如实告知使得保险合同无效而拒绝赔偿。因此，尽管法律和保险条款都未明确规定未经主管部门批准的工程项目不合法，所出具的保险单无效，但为了避免出现理赔纠纷，投保人仍然应当将获批的工程作为建工险的投保标的。

本案工程在监管部门要求整改后是否合法？所签订的保险合同是否有效？从上述案情描述中可知，该工程之前是经过计委审批通过的，且之前已投保在同一保险公司，因为工程未完工，被保险人对原工程未完工部分提出了工程延期续保的要求，并得到了保险公司的审核通过。但是，在提出续保之前，监管部门已要求停工整改。停工整改不等于工程未审批同意，因此，保险人以此为由，提出保险合同无效是不成立的。

二是保险人的赔偿范围问题。该案中被保险人认为，依据保险合同及保单明细表中保险项目的约定，被保险人的投保内容应包括明细表中列明所有 5 项，包括工程项目及工程所有人提供的材料或设备、安装项目、施工用机具及设备、清除残骸费用、专业费用。与这些项目相关的损失保险人应当赔偿。法院经过向保险监管部门调查后认为，按照行业惯例，这些项目都要有对应的保险金额以及免赔额，而且保险合同也缺少详细安装项目清单、施工用机具及设备清单以及对专业费用的明确约定。该保险合同只有一个等于工程量总价值的保险金额，而且保险公司内部审批表上签署的意见也仅涉及工程项目的物质损失险，并不包括其他四个项目，因此法院只判保险公司赔偿被保险人工程项目的物质损失，对其他项目的损失无须负责。

三是有效索赔依据问题。由于被保险人对部分属于保险责任范围的损失项目只能提供自己的工人对工地物料损失出具的证明及部分售出单位的收据，大部分无法提供购物发票，故法院将其从赔偿金额中剔除。

本案的启示，一是工程项目在投保之前必须得到主管部门的批准，否则该工程的保险合同有可能被保险人或法院认定无效。作为保险人，必须在投保人提交投保书时确认所投保的工程项目是否得到主管部门的批准。二是工程险保险合同明细表中列出的每一个保险项目必须有对应的保险金额和免赔额，不能只有一个与工程项目造价相等的保险金额。如果只有一个保险金额，只能表明保险人只承保该工程项目的物质损失而不承保明细表中列出的其他项目。合同双方以及保险经纪人不能因为暂时无法确定其他各项的保险金额而仅用一个保险金额来涵盖所有的保险项目。对于被保险人而言，续保合同中的被保险财产金额以及第三者责任赔偿限额等需要明确约定，避免出险后得不到保障。

# 三十五 “领有公共运输行驶执照的车辆”免责条款是否仅指被保险人拥有的车辆

## 案情简介

上诉人（原审被告）：某保险分公司（以下简称保险公司）

被上诉人（原审原告）：某集团工程公司（以下简称工程公司）

原审第三人：湖南某高速公路公司（以下简称高速公路公司）

原告诉请：

2007 年 6 月 28 日，某高速公路公司与某保险公司签订了《建筑工程一切险》保险合同，保险项目为湖南省衡阳至邵阳高速公路项目第 BX2 保险合同段（K61+12.5~K130+570）建筑工程一切险及第三者责任险。

2007 年 7 月 7 日，保险公司出具保险单，该保单第 1 条注明，投保人为高速公路公司，第 2 条注明被保险人为投保人及与投保人签订施工合同的直接、间接承包商 / 任何指定分包商和与工程建设项目有关的相关利益方。保险期间自 2007 年 7 月 7 日起，至 2010 年 7 月 6 日止，特别约定保险期间为预定的建筑工期 +180 天。并约定第三者责任险每次事故赔偿限额 5000000 元，人身伤亡每人限额 200000 元，财产损失保险期间内累计赔偿限额 44000000 元，财产损失每次保险事故免赔 5000 元或者损失金额的 10%，两者以高者为准。

2009 年 2 月 23 日，某工程公司与高速公路公司签订《湖南省衡阳至邵阳高速公路路面工程施工合同协议书》，合同段为K102+900至K130+570。2010年12月4日8时许，案外人马某锋驾驶案外人张某荣所有的湘A28097/A2809重型半挂车沿沪昆高速公路由东向西行驶至1229KM+429M（一高架桥梁路段）处，遇雾未按规定降低行驶速度，加之中铁十五局第五工程公司施工人员封某阶在该地段施工作业时，未按照规定在施工作业地点来车方向安全距离处设置明显的安全警示标志，导致车辆失控追尾碰撞前方案外人章某宝驾驶的赣A56181/F3185号半挂车。两车追尾后，A28097/A2809重型半挂车碰撞中央隔离护栏，又将在此处高速公路路面捡拾锥形筒的施工人员封某阶撞至桥下，造成A28097/A2809重型半挂车及赣A56181/F3185号半挂车和公路受损，马某锋、王某序和封某阶受伤的交通事故。经湖南省公安厅高速公路管理支队认定：工程公司负此次事故的主要责任，马某锋负此次事故的次要责任，王某序及赣A56181/F3185号半挂车驾驶员不负事故责任。事后，马某锋、张某荣和王某序分别向邵阳市双清区人民法院提起诉讼，邵阳市双清区人民法院分别以（2011）双民初字第591号、第592号民事判决书，判决工程公司赔偿王某序各项损失30048元，赔偿马某锋各项损失18045.85元，赔偿张某荣车辆损失127788.5元。此后，工程公司向邵阳市双清区人民法院起诉保险公司赔偿其上述案件损失，并将高速公路公司列为案件第三人。

保险公司答辩认为：肇事车辆是公共运输行驶执照的车辆，并且工程公司也没有及时报险，故其不应承担赔偿责任。

## 一审审裁

邵阳市双清区人民法院审理认为，该案属保险合同纠纷。高速公路公司与保险公司签订保险合同中约定，被保险人为投保人及与投保人签订施工合同的直接、间接承包商/任何指定分包商和与工程建设项目有关的相关利益方。工程公司系35标段承包商，应认定为保险合同中的被保险人。2009年2月23日，高速公路公司将整个工程发包给各承包商。根据承包合同约定，在分包工程未竣工交付前，各承包商对其承包的标段承担安全责任，故高速公路公司在本案中不负赔偿责任。保险合同中关于第三者责任险范围的约定：在保险期间内，因发生与本保险单所承保工程直接相关的意外事故引起工地内及邻近区域的第三者人身伤亡或财产损失，依法由被保险人承担的经济赔偿责任，保险公司应按合同条款的约定负责赔偿损失。该案中，马某锋驾驶张某荣所有的湘 A28097A2809 号重型半挂车与章某宝驾驶的赣 A56181/F3185 号半挂车在工程公司承建的第 35 合同段内追尾，王某序、马某锋、张某荣受损，属于工程公司承包标段的第三者，因此保险公司应承担保险赔偿责任。保险公司以“肇事车辆是公共运输行驶执照的车辆”为由提出免责的抗辩主张不符合本案事实，不能成立。保险公司还以“工程公司没有及时报险”为由提出免除责任的抗辩，因不符合《保险法》的相关法律规定，亦不予支持。工程公司在本次保险事故中应承担案外人马某锋、张某荣、王某序各项损失 175882.35 元，在扣减保险合同约定的免赔额后，应由保险公司在第三者险责任范围内赔偿 163103.5 元。

2012 年 11 月 3 日，邵阳市双清区人民法院依照《中华人民共和国合同法》第三十九条、第四十条，《中华人民共和国保险法》第十七条、第三十条和《中华人民共和国民事诉讼法》第一百四十四条之规定，作出（2012）双民初字第 158 号民事判决：（1）被告保险公司赔偿中铁十五局第五工程公司损失 163103.5 元；（2）驳回工程公司其他诉讼请求。一审案件受理费 1900 元，由保险公司负担。

## 二审审裁

### 上诉人和被上诉人的辩诉

保险公司不服一审判决提起上诉，湖南省邵阳市中级人民法院于 2013 年 7 月 19 日予以受理。

保险公司上诉提出：

（1）保险事故是否发生在保险期内，一审未查证建筑工期开工通知书，认定事实不清。

（2）保险合同约定："在本保险期内，被保险人应采取一切合理的预防，谨慎选用施工人员，遵守一切与施工有关的法规和安全操作规程，由此产生的一切费用均由被保险人自行承担。"据此，因在该次事故中工程公司及施工人员封某阶在高速公路上实施作业时管理不善、措施不当，是事故发生的主要原因，负事故的主要责任，保险公司对该次事故不承担赔偿责任。

（3）原判认定涉事车辆不属于领取公共运输行驶执照的车辆，认定事实错误，依据保险合同约定，领有公共运输行驶执照的车辆、船舶、飞机造成的事故、保险人免予赔偿。请求撤销原判，驳回被上诉人工程公司的诉讼请求。

被上诉人工程公司答辩称，原判认定事实清楚，适用法律准确，请求驳回上诉、维持原判。并当庭提交了《湖南衡邵高速公路工程总体开工申请批复单》的复印件，拟证实工程公司在衡邵公路35标段的开工时间为2009年9月1日。

保险公司以该批复单复印件上加盖的原始公章模糊，对其真实性不予认可。

第三人高速公路公司未答辩。

对被上诉人工程公司当庭提供的证据经庭审质证，上诉人保险公司不予认可。湖南省邵阳市中级人民法院认为，尽管《湖南衡邵高速公路工程总体开工申请批复单》复印件上加盖的高速公路公司第四高级驻地办原始公章复印时模糊，但高速公路公司第四高级驻地办在复印件上加盖了新的公章，故对其真实性应予以认定，该开工申请批复单可作为认定本案事实的证据。

二审法院的意见和判决：

邵阳市中级人民法院二审查明的事实与一审判决认定的事实一致。

另外，邵阳市中级人民法院还查明：中铁十五局第五工程公司在衡邵公路35标段的开工时间为2009年9月1日。

邵阳市中级人民法院审理认为，本案系保险合同纠纷。双方当事人争执的焦点问题是：

（1）本案发生的保险事故是否在双方签订的保险期限内；

（2）工程公司管理不善，其施工人员封某阶措施不当是事故的主要原因，并负事故的主要责任是否可以免除保险公司的赔偿责任；

（3）涉事车辆是领取公共运输行驶执照的车辆，可否免除保险公司的赔偿责任。

第一个焦点问题。经查，高速公路公司与保险公司签订的保险合同约定的保险期间自 2007 年 7 月 7 日起，至 2010 年 7 月 6 日止，特别约定保险期间为预定的建筑工期再加 180 天，即保险有效期限至 2011 年 1 月 6 日止。该案保险事故发生的时间为 2010 年 12 月 4 日，故该次保险事故仍在保险期间内。保险公司提出“一审未查证建筑工期开工通知书，认定保险事故发生在保险期间内的事实不清”的上诉理由不予支持。

第二个焦点问题。保险公司提供的《建筑工程一切险及第三者责任险条款》被保险人的义务第三条约定：“在本保险期限内，被保险人应采取一切合理的预防措施，包括认真考虑并付诸实施本公司代表提出的合理的防损建议，谨慎选用施工人员，遵守一切与施工有关的法规和安全操作规程，由此产生的一切费用，均由被保险人承担。”该条款是约定被保险人有义务接受保险人提出的合理建议，谨慎施工，遵守有关安全规程，严防保险事故的发生，因此发生的一切费用均由被保险人承担。该条款仅仅对被保险人预防保险事故发生负有相应的义务进行了约定，并非免责条款。保险公司提出“本次保险事故工程公司负有主要责任，可免除保险人的赔偿责任”的上诉理由，既无合同约定又无法律依据，亦不予支持。原判并未认定肇事车辆不是领取公共运输行驶执照的车辆，仅仅对保险公司提出的“肇事车辆是领取了公共运输行驶执照的车辆，并据此可以免除赔偿责任”的抗辩理由不予支持。

第三个焦点问题。经查，《建筑工程一切险条款》第二十条第二项规定，“领有公共运输行驶执照的车辆、船舶、航空器造成的事故，造成的损失、费用保险人不负责赔偿”。对该条款存在两种不同解释。被上诉人工程公司认为，该条款中领有公共运输行驶执照的车辆、船舶、航空器仅指在被保险人所拥有的保险标的范围内的车辆、船舶、航空器，且必须是上述车辆、船舶、航空器单独造成的保险事故，被保险人负有的民事责任才免予赔偿。即使第三者领有公共运输行驶执照的车辆船舶、航空器在保险工程范围内造成保险事故，被保险人负有的民事责任，保险人仍应赔偿。上诉人保险公司认为，该条款中领有公共运输行驶执照的车辆、船舶、航空器没有限制所有人，只要领有公共运输行驶执照的车辆、船舶、航空器造成的保险事故均在免责范围内。依据《合同法》第四十一条“对格式条款有两种以上解释的，应当作出不利于提供格式条款一方的解释”的规定，《建筑工程一切险条款》系保险公司提供的格式合同，采信工程公司对该免责条款的理解。该次保险事故涉事车辆均属第三者拥有的车辆，且造成保险事故的原因不仅仅限于第三者所有的车辆具有过错，被保险人管理不善、施工措施不当是产生本次保险事故的主要原因，故本次保险事故不符合保险合同约定的免责范围。此外，保险公司提供的《建筑工程一切险条款》第三十一条明确约定：“对保险合同中免除保险人责任的条款，保险人在订立合同时应当在投保单、保险单或者批单上作出足以引起投保人注意的提示，并对该条款的内容以书面或者口头的形式向投保人作出说明；未作提示或者明确说明的，该条款不产生效力”。高速公路公司与保险公司签订的保险合同及所附《保险协议书》《建筑工程一切险保险单》《建筑工程一切险情况调查及投保单》《建筑工程一切险和第三者责任险明细表》上，均未明示免责条款，故《建筑工程一切险条款》第二十条第二项规定“领有公共运输行驶执照的车辆、船舶、航空器造成的事故、造成的损失、费用，保险人不负责赔偿”的条款并未生效。保险公司提出“事故车辆属于领取公共运输行驶执照的车辆，保险人免予赔偿”的上诉理由不成立，不予采纳。第三人高速公路公司经传票传唤，无正当理由拒不到庭参与诉讼，依法可缺席判决。综上所述，原判认定的事实清楚，适用法律准确，处理适当。

2013 年 8 月 14 日，邵阳市中级人民法院依照《中华人民共和国民事诉讼法》第一百四十四条、第一百七十条第一款第（一）项之规定，作出（2013）邵中民二终字第 99 号民事判决驳回上诉，维持原判。本案二审案件受理费 3562 元，由上诉人保险公司负担。

## 编者评论

该案涉及三个焦点问题。

一是保险事故是否发生在保险期间内。法院查实，该案的保险期间自2007年7月7日起，至2010年7月6日止，特别约定保险期间为预定的建筑工期再加180天，最终保险有效期限至2011年1月6日止，而该案的保险事故发生的时间为2010年12月4日，故属于保险期间内发生的保险事故。

二是保险人认为，保险合同约定，“在本保险期内，被保险人应采取一切合理的预防，谨慎选用施工人员，遵守一切与施工有关的法规和安全操作规程，由此产生的一切费用均由被保险人自行承担。”由于在该次事故中被保险人及其施工人员在高速公路上实施作业时管理不善、措施不当、是事故发生的主要原因，负事故的主要责任，保险人对该次事故不承担赔偿责任。法院认为，该条款是约定被保险人有义务接受保险人提出的合理建议，谨慎施工，遵守有关安全规程，严防保险事故的发生，它仅仅对被保险人预防保险事故发生负有相应的义务进行了约定，是保险单的条件条款而非免责条款。保险人以该条件条款为由约定拒绝承担赔偿责任，法院不予支持。

三是保险人认为，该次事故的肇事车辆属于《建筑工程一切险和第三者责任保险部分》中的“领有公共运输行驶执照的车辆、船舶、航空器造成的事故”责任免除中的领有公共运输行驶执照的车辆，由于有公共运输行驶执照的车辆没有限制所有人，保险人对该事故不予负责。被保险人认为，该条款中领有公共运输行驶执照的车辆仅指在被保险人所拥有的车辆。由于该肇事车辆为第三者的领有公共运输行驶执照的车辆，而且被保险人在该事故中负有民事责任，保险人仍应赔偿。法院认为，该免责条款是格式条款，但保险人在订立合同时未在投保单、保险单或者批单上作出足以引起投保人注意的提示，未对该条款的内容以书面或者口头形式向投保人作出说明。由于合同双方对该免责条款存在歧义，因此作有利于被保险人的解释，保险人免予赔偿的上诉理由不成立，不予采纳。但如果肇事车辆是被保险人所有，且该车辆应负法律责任，那么根据工程险条款中“领有公共运输行驶执照的车辆、船舶、航空器造成的事故”的免责条款约定，保险人的拒赔理由才能成立。

该案的启示，一是在保险条款中有两类限制保险人责任的条款：责任免除条款和条件条款。如果保险损失因责任免除事项造成，保险人不予赔偿；如果保险损失因条件条款约定的事件造成，保险人可以在保险赔偿金中扣除一定的金额，作为被保险人违反条件条款约定的惩罚，但不能拒绝赔偿。

二是“第三者责任部分”关于“领有公共运输行驶执照的车辆、船舶、航空器造成的事故”这一免责条款问题。保险业应当对此类交通工具是否仅指由被保险人拥有还是不限制由谁拥有作一说明，否则类似的纠纷还会不断发生，法院还会以保险人未在保险合同中突出显示或未向投保人明确说明，以及保险条款上的歧义作对被保险人有利的解释而判保险人败诉。

# 三十六 保险赔偿违约金起算点如何认定及违约金比例多少才合适

## 案情简介

原告：某桥梁工程公司（以下简称桥梁工程公司）

被告：某保险公司西安市分公司（以下简称西安市分公司）

被告：某保险公司陕西分公司（以下简称陕西省分公司）

被告：某保险公司西安市某支公司（以下简称西安市某支公司）

原告诉请：

原告桥梁工程公司诉称，2009年4月25日，被告某保险公司西安市分公司、陕西省分公司以及西安市某支公司以共保形式与原告签订保险合同一份。合同约定，西安市分公司为主承保公司，陕西省分公司和西安市某支公司为次承保公司。保险险种为建筑工程一切险，保险期间自2009年4月25日0时起，至2010年10月24日24时止，保险金额121923426元。合同还约定，有关保险事宜和发生保险索赔案件均由西安市分公司负责处理。赔偿金额确定后，被告应在25个工作日内支付赔款，逾期支付违约金，每超一日按应付款项的1‰支付。合同签订后，原告按约定向被告西安市分公司支付保险费547436.18元。在保险期间内，原告建设工地于2009年5月14日至2010年8月22日遭受洪水灾害8次，造成正在施工的桥梁、房屋、建筑材料等设施被洪水冲走。灾害发生后，原被告双方委托公估公司进行了定损评估，经评估保险公司的赔偿金额为7884244.31元。定损后，被告保险公司西安市分公司于2009年8月30日至2011年6月14日共向原告支付赔款4571760.09元，尚欠赔款3312484.22元未付。在诉讼期间，被告西安市分公司已将拖欠的赔款3312484.22元付清。现原告要求三被告共同支付违约金755246元，违约金自2011年3月7日起，计算至2011年10月20日止。之后的违约金按合同约定计算支付。

被告辩称：

被告西安市分公司承认原告所述基本属实，亦承认其违约，愿意承担违约责任。但辩称，违约时间应从其收到定损报告和理赔材料之日起计算，即从2011年3月31日开始计算违约金。并认为合同约定的违约金按1‰支付过高，应按银行同期贷款利率计算。

其他两被告未答辩。

## 一审审裁

经西安市碑林区人民法院审理查明，2009年4月25日，原告与被告某保险公司西安市分公司、陕西省分公司和西安市某支公司签订保险合同一份。合同约定，三被告以共保形式承担保险份额，西安市分公司为主承保，承保份额为80%，其他两被告各承保份额10%。保险险种为建筑工程一切险。保险标的为原告施工的十天高速A—CD52合同段项目工程（工程地址为安康市汉滨区）。保险金额为121923426元，保险期间自2009年4月25日0时起，至2010年10月24日24时止。合同还约定，如发生保险事故，原告应向主承保公司报案索赔，并由主承保公司负责理赔事宜。赔偿金额确定后，被告应在25个工作日内，向原告支付赔偿金。如被告未按约定时间结案赔款，则每超一日按应付款项的1‰支付违约金。合同签订后，原告已按约定向被告西安市分公司支付保险费547436.18元。在保险期内，原告投保的工地于2009年5月14日至2010年8月22日遭受特大暴雨和汉江洪水灾害8次，造成原告正在施工的桥梁、房屋、建筑材料等财产被洪水冲走。

灾害发生后，原被告双方委托西安某保险公估有限公司对 8 次灾害损失进行了评估，定损金额为 7884244.31 元。定损后，被告西安市分公司于 2011 年 2 月 23 日前收到有关部门的定损报告和理赔材料。按合同约定，被告西安市分公司收到理赔材料后，应于 2011 年 3 月 31 日前向原告支付赔偿金 7884244.31 元。截至 2011 年 6 月 14 日，被告西安市分公司向原告支付赔偿金 4571760.09 元，尚欠 3312484.22 元未付。在诉讼期间，被告西安市分公司于 2011 年 12 月 14 日将尚欠赔偿金 3312484.22 元向原告付清。

上述事实，有原告提交的保险合同、公估报告、付款凭证，有被告提交的支付凭证、共保协议及庭审笔录等证据在卷佐证。

碑林区人民法院认为，原告与被告签订的保险合同是在当事人自愿的基础上签订的，合同内容合法，属有效合同，受法律保护。原告在保险期间内，由于发生特大暴雨和洪水灾害，造成财产严重损失，属保险理赔范围。定损后，被告未按合同约定的期限向原告支付赔偿金，其行为确属违约，理应承担违约责任。现原告起诉三被告要求共同承担违约责任，支付违约金 755246 元，应予支持。被告承认其违约，并表示愿意承担违约责任，向原告支付违约金，但辩称，原告计算违约金的时间有误，导致违约金计算不准，违约金计算时间应自 2011 年 3 月 31 日开始计算至付款之日止，并认为合同约定的违约金按 1‰支付过高，要求按银行同期贷款利率计算违约金。对违约金的计算时间问题，原告同意被告意见，违约金计算时间自 2011 年 3 月 31 日起，计算至付款之日止，同时将违约金数额变更为 718782 元。原告对诉讼请求的变更，不违反法律规定，应予认可。关于违约金过高问题，被告要求按银行同期贷款利率计算违约金，其要求没有合同依据和法律依据。依法成立的合同，对当事人具有法律约束力，当事人应当按约履行自己的义务，不得擅自变更或者解除。因此，被告西安市分公司要求按银行同期贷款利率计算违约金，不予支持。被告陕西省分公司、西安市某支公司经法院传票传唤无正当理由拒不到庭。根据《中华人民共和国民事诉讼法》第一百三十条之规定，依法缺席判决。据此，碑林区人民法院依照《中华人民共和国民事诉讼法》第一百三十条，《中华人民共和国合同法》第八条、第一百零七条之规定作出（2012）碑民三初字第 00010 号民事判决：被告西安市分公司、陕西省分公司、西安市某支公司于本判决生效后 10 日内向原告桥梁工程公司支付违约金 718782 元。如果未按照该判决指定的期间履行金钱给付义务的，应当按照《中华人民共和国民事诉讼法》第二百二十九条的规定，加倍支付迟延履行期间的债务利息。诉讼费 39342 元由被告西安市分公司、陕西省分公司、西安市某支公司负担（此款原告已预付，被告在清付上述款项时将 39342 元支付原告）。

## 编者评论

该案有两个焦点问题：一是关于逾期支付赔款违约金何时开始计算。保险公司与被保险人在其订立的合同中明确规定，赔偿金额确定后，保险公司应在 25 个工作日内支付赔款，逾期支付赔偿金，则每超一日按应付款项的 1‰支付违约金。因此，在合同合法有效的情况下，应该按照合同约定的时间计算违约金。保险公司于 2011 年 2 月 23 日前已收到有关部门定损报告和理赔材料，按合同约定，应于 2011 年 3 月 31 日前向原告支付赔偿金。违约金的计算时间应该从 2011 年 3 月 31 日计算，故法院支持了保险公司的这一主张。

二是关于保险合同约定的 1‰违约金比例标准是否过高问题。《合同法》第一百一十四条规定：当事人可以约定一方违约时应当根据违约情况向对方支付一定数额的违约金，也可以约定因违约产生的损失赔偿额的计算方法。约定的违约金低于所造成的损失的，当事人可以请求人民法院或者仲裁机构予以增加；约定的违约金过分高于造成的损失的，当事人可以请求人民法院或者仲裁机构予以适当减少。

最高人民法院关于适应《中华人民共和国合同法》若干问题的解释（二）（法释〔2009〕5 号）第二十九条规定，当事人主张的违约金过高请求予以适当减少的，人民法院应当以实际损失为基础，兼顾合同的履行情况、当事人的过错程度以及预期利益等综合因素，根据公平原则和诚实信用原则予以衡量，并作出裁决。当事人约定的违约金超过造成损失的30%的，一般可以认定为《合同法》第一百一十四条第二款规定的“过分高于造成的损失。”

根据上述法律及司法解释规定，当事人可以在保险合同中约定一方违约向对方支付一定数额的违约金，对于存在违约金过高或过低情形的，当事人可以请求人民法院或者仲裁机构予以合理调整。

该案保险合同约定“如被告未按约定时间结案赔款，则每超一日按应付款项的1‰支付违约金”。原告主张718782元违约金，为预期赔款金额的21%，应不属于过高情形。

该案的启示是，保险人在与被保险人签订保险合同时，对保险公司逾期赔偿的违约金条款的制定应当十分谨慎。违约金定得过高，对保险人不利，因为如果赔偿金额大，违约金十分可观，而且由于内部管理等各种因素，保险人逾期支付赔款的可能性很大。如果实在需要制定违约金条款，比较合适的违约金比例应按照同期银行贷款利率计算。

本案对投保人的启示是，由于经常发生出险后保险人拖延赔偿的情况，因此在保险合同中应约定赔偿违约金，以有利于保护投保人的利益。

# 三十七 震动、移动或减弱支撑事故免责条款是否有效

## 案情简介

上诉人（一审原告）：宁波某置业有限公司（以下简称置业公司）

被上诉人（一审被告）：某财产保险股份有限公司宁波中心支公司（以下简称宁波中支公司）

2010年10月19日，置业公司为位于鄞州区3号地块住宅项目向宁波中支公司投保了建筑工程物质损失险和第三者责任险，其中物质损失部分总保险金额为74320000元，每次事故绝对免赔额为100000元或损失金额的10%，两者以高者为准；第三者责任险部分的累计赔偿限额为10000000元；每次事故赔偿限额为2000000元，每次事故绝对免赔额为20000元或损失金额的10%，两者以高者为准；保险期间自2010年10月21日0时起，至2012年3月14日24时止。经置业公司盖章后提交给宁波中支公司的投保单投保人声明处表述了“贵公司已向本人交付《建筑工程一切险条款》，并详细介绍了条款内容，特别是对保险合同中免除保险人责任的条款和投保人、被保险人义务的内容作了明确说明，本人已知悉其含义，同意投保并以此投保单作为订立保险合同的依据”。在投保单所附的经宁波中支公司统一印制的《建筑工程一切险条款》第二部分第三者责任保险部分，第二十条第一项以黑体字规定了“由于震动、移动或减弱支撑而造成的任何财产、土地、建

筑物的损失及由此造成的任何人身伤害和物质损失”保险人不负责赔偿。第三部分通用条款第二十八条第四项以黑体字规定了“被保险人及其代表的故意行为或重大过失行为”，保险人不负责赔偿。后来，置业公司向宁波中支公司支付了保险费59456元。

2011年3月2日，置业公司投保的工程在施工过程中发生基坑坍塌事故，造成位于鄞横线5K+700处近100米路段整体沉陷。双方共同委托的一家保险公估公司（以下简称“公估公司”）分析基坑坍塌事故原因为支护桩未按照设计要求施工，造成围护桩端无嵌固，产生支护桩踢脚；承包方施工时取消了2米宽的卸载平台，增加了围护桩后的荷载，并且把地面截水沟设置在坡底，与设计意图不符；坑内挖土方案未经专家论证等。2011年4月26日，宁波中支公司以2011年3月2日发生的基坑围护结构倒塌并导致第三者道路受损事故为保单除外责任为由，向置业公司发出《事故拒赔通知书》。为修复损毁路段，置业公司与宁波市鄞州区路通公路养护中心，于2011年4月30日签订《横溪镇人民路路面下沉抢修加固工程施工合同书》，并由宁波市鄞州区交通局、宁波市鄞州区横溪镇人民政府作为监管单位在该合同书上盖章。2011年7月4日，置业公司向宁波市鄞州区路通公路养护中心支付该加固工程费958790元。

原告诉请：

2011年7月26日，置业公司向宁波市江东区人民法院起诉称：2010年10月19日，置业公司为自行开发的坐落于鄞州区3号地块住宅项目向宁波中支公司投保了建筑工程物质损失险和第三者责任险，其中物质损失的保险金额为74320000元，第三者责任险的每次赔偿限额为2000000元。保险单载明保险期间为2010年10月21日0时到2012年3月14日24时止。为此，置业公司向宁波中支公司支付了保险费59456元。

2011年3月2日，置业公司投保的工程在施工过程中发生基坑坍塌事故，造成工程物质损失和相邻路面、绿化、电信管线等损失。但是，宁波中支公司接到置业公司通知进行查勘后却于2011年4月26日发出《事故拒赔通知书》，拒绝赔偿。原告认为，其因基坑坍塌事故造成的相邻道路抢修加固工程设计费损失 15000 元、加固工程款损失 828790 元、工程监理费损失 15000 元、信管线损失 100000 元，合计 958790 元，均属于保险合同承保的第三者责任险赔偿范围，遂请求一审法院判令：宁波中支公司支付置业公司第三者责任保险赔偿金 958790 元。

被告辩称：

宁波中支公司在一审中提出，置业公司、宁波中支公司签订的建筑工程一切险保险合同中“责任免除”部分，以及投保人、被保险人违反法定、约定的义务时，保险人“有权拒绝赔偿或自书面通知之日起解除保险合同”的约定，均是保险合同中免责条款。就上述条款，宁波中支公司已用加粗黑体字向置业公司提示，并且做了明确说明。置业公司收到保险单和保险条款后，对免责条款应当知悉，通过宁波中支公司在保险单中的“明示告知”以及置业公司在投保单中“对责任免除和被保险人义务条款明确无误”的盖章，表明宁波中支公司就责任免除部分尽到了明确说明义务，免责条款发生法律效力。保险事故发生后，双方共同委托了第三方保险公估公司鉴定。经过现场调查、资料收集以及根据双方提供的原始资料，公估公司对宁波鄞州横溪镇 3 号地块住宅项目基坑坍塌事故作了初步分析，因分析结论对置业公司不利，置业公司不予认可并拒绝签字。该分析结论充分说明基坑坍塌事故的发生是由于未按照设计图纸施工、挖土方案未经专家论证造成，故本次事故为保单除外责任，宁波中支公司不承担保险责任。因置业公司主张的第三者责任险赔偿金，属于保险合同中约定的责任免除范围，且置业公司提交的损失证据均系其与案外人签订的协议，不具有证明力，置业公司主张的损失没有事实依据，请求法院驳回置业公司的诉讼请求。

## 一审审裁

宁波市江东区人民法院审理认为：置业公司向宁波中支公司投保了建筑工程一切险并支付了相应保费，保险法律关系成立，双方均应按保险合同的约定全面履行各自义务。宁波中支公司对人民路道路塌陷损失属于第三者财产损失范围并无异议，但认为该损失属于保险条款约定的除外责任而拒绝理赔。根据《保险法》的规定，宁波中支公司对免责条款应向置业公司履行明确说明义务，否则该免责条款不产生法律效力。即宁波中支公司对免责条款除提示投保人注意外，还应当对有关免责条款的概念、内容及法律后果等，以书面或口头形式向投保人作出解释，以使投保人明了该条款的真实含义和法律后果。宁波中支公司在保单首页以重要提示方式提请置业公司注意免责条款，且置业公司已在投保单的投保人声明处盖章，应视为宁波中支公司已尽到告知义务，该投保人声明中的“本人已知晓其含义”应为宁波中支公司已对免责条款的概念、内容及法律后果向置业公司进行了解释，故宁波中支公司已就免责条款尽到了明确说明义务。而宁波市鄞州区横溪镇人民路道路塌陷系因道路下部支撑结构的土体向基坑内移动，导致道路下方土体支撑减弱所造成，符合建筑工程一切险条款第二十条第一项的宁波中支公司免责情形，故置业公司诉请，没有事实与法律依据，不予支持。

2012年4月19日，宁波市江东区人民法院依照《中华人民共和国合同法》第六十条第一款，《中华人民共和国保险法》第十四条、第十七条，《最高人民法院关于民事诉讼证据的若干规定》第二条的规定，作出（2011）甬东商初字第1242号民事判决：驳回置业公司的诉讼请求。案件受理费13388元，由置业公司负担。

## 二审审裁

置业公司不服一审判决，遂向浙江省宁波市中级人民法院提起上诉。

上诉人诉称及所提供的证据：

1.“投保人声明”中并无对免责条款的具体解释内容，不能证明宁波中支公司已履行免责条款的明确说明义务。

（1）从“投保人声明”位置而言，恰好是在投保单最后，与“投保人签章”处十分接近。置业公司投保时必须在投保人签章处签名盖章，这是履行正常的投保手续，并不是对“投保人声明”内容的确认。

（2）对保险人的免责条款明确说明义务，《浙江省高级人民法院关于审理财产保险合同纠纷案件若干问题的指导意见》第十条规定，“对全部免责条款及对条款的说明内容集中单独印刷，并对此附有‘投保人声明’或附有单独制作的‘投保人声明’”，才可认定保险人已履行明确说明义务。本案中的“投保人声明”既没有附在集中单独印刷的全部免责条款及对条款的说明内容之后，也不是单独制作，宁波中支公司应该承担由此引起的不利法律后果。

（3）“投保人声明”虽然记载了保险人对免除保险人责任的条款内容做了说明，“本人已知悉其含义”，但是声明中并没有记载对条款作出解释的具体内容，也就是保险人不能证明其向投保人到底是怎么解释的。

（4）一审判决所引用的免责条款是《建筑工程一切险》的第二十条第一项和第二十八条第四项，该条款本身存在歧义。

①第二十条第一项条款并没有说明造成损失的“震动、移动或减弱支撑”，是否是投保人的原因造成的。作为投保人有足够的理由相信该项规定的“震动、移动或减弱支撑”，只有是投保人自身造成的，保险人才免责。“保险责任”第十八条规定，“在保险期间内，因发生与本保险合同所承保工程直接相关的意外事故引起工地内及邻近区域的第三者人身伤亡、疾病或财产损失，依法应由被保险人承担的经济赔偿责任，保险人按照本保险合同约定负责赔偿”。所谓的“意外事故”，自然是投保人（被保险人）不可预料的以及无法控制的事故，是投保人意料之外的事故。那么本案所发生的保险事故，连宁波中支公司也认定是工程承建商奉化市某建设有限公司（以下简称“奉化建设公司”）造成的。也就是说，是不受置业公司意志控制的第三方造成的，自然属于《建筑工程一切险》第十八条规定的“意外事故”，因而在“保险人按照本保险合同约定负责赔偿”的范围内。

②《建筑工程一切险》第二十八条第四项是指，“被保险人及其代表的故意行为或重大过失”保险人免责。工程承建商奉化建设公司不是被保险人，因置业公司没有出具委托书，也不是置业公司的代表。

一审判决据此认定宁波中支公司免责，实属错误。

2. 以工程施工原因造成的事故作为宁波中支公司免责事由、有悖于置业公司的投保本意。置业公司在投保建筑工程一切险之前就已经将工程发包给奉化建设公司，置业公司自身没有承建工程，不可能产生工程事故。置业公司投保的目的就在于奉化建设公司在工程建设过程中发生事故时能够及时从宁波中支公司获得理赔，避免向奉化建设公司索赔的麻烦。宁波中支公司作为专业保险机构，也是在审查了置业公司与奉化建设公司的承包合同之后才接受保险的，应该明知置业公司投保的意图，对工程发生事故时先行理赔，然后按照《保险法》第六十条进行追偿有足够的预见。请求二审法院查清事实，依法改判。

宁波中支公司对于置业公司答辩称：置业公司在“投保人声明”栏后盖章，是对投保人声明内容的确认。宁波中支公司已经就免责条款的含义和法律后果向置业公司进行告知。本案损失属于保险人免责范围。一审判决认定事实清楚，适用法律正确，判决依法公正。请求驳回上诉，维持原判。

二审中，置业公司提供以下证据：

（1）置业公司代表人胡某某与本案所涉保险业务介绍人任某的谈话录音一份，拟证明在投保过程中，宁波中支公司工作人员并没有与胡某某碰过面，投保单上的“胡某某”也非其本人所签，不可能存在宁波中支公司的工作人员向置业公司代表人进行明确说明的事实。

（2）建筑工程施工人员团体意外伤害保险保险单（正本）一份，拟证明任某在经手本案所涉的保险业务之前已知道建筑工程是由奉化建设公司承包的事实。

（3）2012 年 7 月 12 日电话通话单一份，拟证明当日任某与胡某某通过话。

宁波中支公司质证认为，任某是宁波中支公司的业务员，但是录音中的声音是不是任某的无法确认。从录音内容并不能推断出宁波中支公司的业务员与胡某某未见过面。况且，该录音也存在套话的嫌疑，无法证明置业公司欲证明的事实。

法院经审查认为，宁波中支公司的业务人员与置业公司代表人胡某某是否见面，与宁波中支公司是否履行免责条款的明确说明义务无必然联系。任某为本案所涉业务介绍人，其是否知晓工程承包事实与本案的处理也无直接关联性，宁波市中级人民法院对置业公司提供的证据不予认定。

宁波中支公司的证据和置业公司的质证：

宁波中支公司提供了 2010 年 10 月 26 日第六次工地例会会议纪要和会议签到单复印件、3 号地块地下室基坑支护工程——钻孔桩记录复印件一份，拟证明实际施工过程中桩基不符合设计的事实存在，况且该情况建设单位以及监理单位都明知，其对事故的发生存在过错。

置业公司质证认为，对上述证据的真实性有异议。参加工地例会的是奉化建设公司的人员，即使上述证据是真实的，也不能认定置业公司对事故有责任。法院经审查认为，宁波中支公司提供的证据为复印件，置业公司对其真实性未予确认，法院不予认定。

宁波市中级人民法院经审理认定的事实与一审法院认定的事实一致。

宁波市中级人民法院认为，置业公司与宁波中支公司签订的建筑工程一切险保险合同是双方当事人真实意思表示，合法有效，受法律保护。本案的争议焦点是：

（1）保险合同的免责条款是否对置业公司发生法律效力。

（2）宁波中支公司是否应对本案所涉的事故承担保险责任。

对保险合同中免除保险人责任的条款，保险人在订立合同时应当在投保单、保险单或者其他保险凭证上作出足以引起投保人注意的提示，并对该条款的内容以书面或口头形式向投保人作出明确说明，未作提示或者明确说明的，该条款不产生效力。即保险人对保险合同的免责条款有明确说明义务。“明确说明”不仅要使免责条款首先存在于有效的保险合同中，而且还必须同时符合两个条件：

（1）在保险单上提示投保人注意。

（2）对有关免责条款的概念、内容及其法律后果等，以书面或口头形式向投保人或其代理人作出解释，以使投保人明了该条款的真实含义和法律后果。合同当事人对保险人就保险合同的免责条款是否明确说明发生争议的，保险人应当负有证明责任，即保险人必须提供其对免责条款内容作出明确解释的相关证据，否则该免责条款不产生效力。

本案中，宁波中支公司提供的保险条款中的免责条款已用加粗黑体字印刷，但投保单中的“投保人声明”和“重要提示”栏内并没有对免责条款内容作出解释的相关内容，只能认定为保险人在保险单、保险合同上已提示投保人注意，符合明确说明的第一个条件，据此并不足以证明保险人已对免责条款履行了明确说明义务。故本案所涉的保险合同免责条款对置业公司不产生相应的法律效力。

本案所涉事故的发生原因为支护桩未按照设计要求施工，造成围护桩端无嵌固，产生支护桩踢脚；承包方施工时取消了 2 米宽的卸载平台，增加了围护桩后的荷载，并且把地面截水沟设置在坡底，与设计意图不符；坑内挖土方案未经专家论证等，双方当事人对此均无异议。经二审法院审查，置业公司对于施工单位在实际施工过程中未按设计要求施工的情况为明知，并认为只要建设设计单位认可变更设计图纸，其也认可。但设计单位并未改变工程设计图纸。宁波市中级人民法院认为当事人行使权利、履行义务应当遵循诚实信用原则。投保人、被保险人即使在投保之后，也应当履行应尽的注意义务。如果投保人、被保险人投保之后完全放任保险事故的发生，对于应尽的注意义务视而不见，则会增加保险人的风险，与法律上的公平原则不符，也与社会公共利益不合。置业公司作为专业经营房产的企业，在明知施工单位未按图施工，桩基存在重大缺陷的情况下，未向保险人履行保险标的危险增加的通知义务，也未采取其他措施，而是放任事故的发生。本案所涉事故就其而言并非自然灾害或意外事故，由此造成的损失，不属保险责任范围，保险人可不负赔偿责任。综上所述，一审判决认定案件事实清楚，对保险人是否履行保险合同免责条款的明确说明义务认定有误，但本案的实体处理结果并无不当。

2012 年 9 月 7 日，宁波市中级人民法院依照《中华人民共和国合同法》第六条，《中华人民共和国保险法》第十七条、第五十二条第二款，《中华人民共和国民事诉讼法》第一百五十八条之规定，作出（2012）浙甬商终字第

492 号判决：

驳回上诉，维持原判。

二审案件受理费 13388 元，由上诉人置业公司负担。

## 编者评论

本案的焦点问题有两个。

第一，保险合同的免责条款是否对被保险人具有法律效力。

该案所承保的住宅项目在施工过程中发生基坑坍塌事故，造成路段整体沉陷，而该事故是因支护桩未按照设计要求施工造成，由建工险第三者责任条款中的“由于震动、移动或减弱支撑而造成的任何财产、土地、建筑物的损失及由此造成的任何人身伤害和物质损失”责任免除条款所除外。

被保险人认为，根据《浙江省高级人民法院关于审理财产保险合同纠纷案件若干问题的指导意见》第十条规定，“对全部免责条款及对条款的说明内容集中单独印刷，并对此附有“‘投保人声明’或附有单独制作的‘投保人声明’”，才可认定保险人已履行明确说明义务。该案中的“投保人声明”既没有附在集中单独印刷的全部免责条款及对条款的说明内容之后，也不是单独制作。据此，被保险人认为，保险人未尽其对免责条款的明确说明的义务。

保险人认为，他们已经将责任免除条款用加粗黑体字向被保险人提示，并且做了明确说明。被保险人收到保险单和保险条款后，对免责条款应当知悉，通过保险人在保险单中的“明示告知”以及被保险人在投保单中“对责任免除和被保险人义务条款明确无误”的盖章，表明保险人已经尽到了明确说明义务，免责条款具有法律效力。

但法院认为，保险人提供的保险单中的免责条款已用加粗黑体字印刷，但投保单中的“投保人声明”“重要提示”栏内并没有对免责条款内容作出解释的相关内容，只能认定保险人在保险单、保险合同上已提示投保人注意，符合明确说明的第一个条件，据此并不足以证明保险人已对免责条款履行了明确说明义务。故该案所涉的保险合同免责条款对置业公司不产生相应的法律效力。

第二，保险人是否应该对本案所涉的事故承担保险责任。

法院认为，本案所涉事故的发生原因是因为该工程未按照设计要求施工，而被保险人对于施工单位在实际施工过程中未按设计要求施工的情况为明知，并认为只要建设设计单位认可变更设计图纸，被保险人就认可，但设计单位并未改变工程设计图纸。法院认为，被保险人在投保之后应当履行应尽的注意义务。如果投保之后完全放任保险事故的发生，对于应尽的注意义务视而不见，则会增加保险人的风险，与法律上的公平原则不符，也与社会公共利益不合。被保险人作为专业经营房产的企业，在明知施工单位未按图施工，桩基存在重大缺陷的情况下，未向保险人履行保险标的危险增加的通知义务，也未采取其他措施，而是放任事故的发生，由此造成的损失，不属保险责任范围，保险人可不负赔偿责任。

本案的启示是，保险人对责任免除以及其他相关条款除了在投保书、保险单或其他保险凭证上用黑体字突出显示之外，还要就这些条款向投保人明确说明。至于如何理解“明确说明”，最高人民法院研究室《关于对〈保险法〉第十七条规定的“明确说明”应如何理解的问题的答复》中表示，“明确说明”是指保险人在与投保人签订保险合同之前或者签订保险合同之时，对于保险合同中所约定的免责条款，除了在保险单上提示投保人注意外，还应当对有关免责条款的概念、内容及其法律后果等，以书面或者口头形式向投保人或其代理人作出解释，以使投保人明了该条款的真实含义和法律后果。

保险合同为格式合同，不能仅根据投保人在投保人声明栏处签字或盖章认定保险人履行了明确说明义务。保险人需要在事实上按照上述法律、司法解释的相关规定向投保人进行了切实的提示和说明之后，才能认定其履行了明确说明义务。

# 三十八 如何计算建工险项下因不同原因造成苗木损失的赔偿金额

## 案情简介

原告：湖州某园林绿化公司（以下简称园林绿化公司）

被告：某保险支公司（以下简称保险公司）

原告园林绿化公司诉称：

2007 年 2 月 20 日，原告与被告保险公司签订建筑工程一切险保险合同。合同约定被保险人为原告园林绿化公司，承保内容为杭州湾跨海大桥北岸连接线项目绿化工程 K24+000~K36+0 地段内的绿化工程施工，包括步云服务区绿化施工及主线中央分隔带和边坡绿化（不含步云枢纽），承保险别为建筑工程一切险，其中工程物质损失险保险金额为 3127589 元，第三者责任险保险金额为 255000 元。保险期间自 2007 年 2 月 20 日至 2009 年 11 月 20 日，合同同时约定对于原因明确的损失可预付报损的 30%~50% 赔款，并于 7 个工作日内赔付。2008 年 2 月 2 日，原告所承建的绿化工程地段因全国百年不遇的雪灾、冻灾，使工程绿化带内苗木坏死，造成工程物质损失 650752.72 元。原告即时向被告报险恳请定损理赔，但被告查勘后未依约赔付，也未就理赔事宜组织原告进行协商。经原告多次催请，被告仍然未对事故处理做出回复。原告认为，双方合同依法成立，本起事故在被告的理赔范围内，原告请求赔偿的金额在双方约定的保险金额内，且双方约定了理赔时限，被告无理由拖延理赔已构成违约，应承担赔偿责任。

2008 年 5 月 4 日，原告诉至嘉兴市秀洲区人民法院。原告请求判令被告支付保险赔偿金 650752.72 元，并赔偿自起诉日起，至实际履行日止，每日万分之五的损失。在诉讼中，原告将诉讼请求变更为：请求判令被告赔偿保险金 709249 元，并赔偿从起诉日起，至实际履行日止，按每日万分之二点一计算的损失。

被告保险公司答辩称：

1. 涉案事故不属于保险责任范围

保险合同（保单号为 1168222012007000009）约定保险期间自 2007 年 2 月 20 日，至 2009 年 11 月 20 日（含 24 个月保证期）。绿化工程于 2007 年 2 月 20 日开始施工，根据被告 2007 年 1 月 5 日签署的投标书表明，施工期为 10 个月，该绿化工程的施工期应于 2007 年 11 月 19 日终止，施工期终止后为保证期。从上述财产保险合同的约定可看出，保证期为 2007 年 11 月 20 日至 2009 年 11 月 20 日。原告称 2008 年 2 月 2 日其承建的绿化工程地段因雪灾、冻灾使工程绿化带内苗木坏死，造成工程物质损失 650752.72 元，根据《建筑工程一切险条款》第十条第二款“保证期物质损失保险”的规定：“保证期的保险期限应与工程合同中规定的保证期一致，从工程所有人对部分或全部工程签发完工验收证书或验收合格，或工程所有人实际占有或使用或接收该部分或全部工程时起算，以先发生者为准。但在任何情况下，保证期的保险期限不得超出本保险合同中列明的保证期保险期限。在此期间，保险人仅对被保险的工程承包人为履行工程合同进行维修保养所造成的保险标的的直接物质损失负责赔偿。”而根据本案事实，上述事故发生在保证期内，原告诉称保险标的是因为雪灾、冻灾遭受损失，该损失不是原告为履行工程合同进行维修保养对保险标的造成的直接物质损失，所以不属于保险条款约定的责任范围。

2. 原告索赔金额不符合事实

在坚持涉案事故不属于保险责任范围的基础上，被告认为原告提出的索赔金额 650752.72 元没有法律和事实依据。理由为：

（1）事故发生后，原告的代表与被告委托的上海天衡保险公估公司（以下简称天衡公估公司）对事故现场进行了查勘，对保险标的的损失情况进行了共同清点。公估报告认为，本次事故部分保险标的的损失是由于冻灾造成的，并据此核定损失金额为78296.77元。被告认为，公估报告客观真实、有事实依据，上述核损金额也是合理的。

（2）浙江省科技咨询中心受委托对该案损失进行了鉴定。鉴定人员在查勘事故现场的基础上，依据受损苗木的正常成活率、正常适应的温度范围及最低耐寒温度等相关材料出具了鉴定书。鉴定书认为：

① 苗木死亡由各种因素综合作用造成，包括自然灾害因素、苗木质量因素、种植与养护管理因素等。

② 冻灾作为造成部分苗木死亡的原因之一，对不同品种、不同耐寒温度、不同种植养护环境下的苗木有不同程度的影响，其作用力各不相同。被告认为上述鉴定意见有一定的合理性，同时认为，在苗木最低耐寒温度与事故当时气温相差很大的情况下，冰冻对苗木死亡的作用比率很小，甚至没有。在此情况下，苗木死亡的主要原因应归结为苗木质量、种植及养护管理不当等因素。据此，被告认为该案保险标的的实际损失应当综合考虑现场查勘情况、公估报告及鉴定书等进行合理的核定。

## 原被告举证、质证及一审审裁

在审理中，当事人进行了举证和质证。原告园林绿化公司提交的证据有：

1. 2007年2月20日，原告园林绿化公司（工程承包商）与嘉兴市杭州湾大桥投资开发有限责任公司（工程所有人，以下简称“杭州湾大桥公司”）共同作为投保人与被告签订的建筑工程一切险保险合同1份。该合同约定：两投保人为保险合同的被保险人，承保内容为杭州湾跨海大桥北岸连接线项目K24+000~K36+000地段内的绿化工程施工，包括步云服务区绿化施工及主线中央分隔带和边坡绿化（不含步云枢纽），承保险别为建筑工程一切险，其中工程物质损失险保险金额3127589元（特种风险，即地震海啸每次事故免赔额为20000元，或事故损失的10%，以高者为准；其他风险的免赔额为8000元；第三者责任险保险金额为25000元。保险期间自2007年2月20日至2009年11月20日（含24个月保证期）。合同之“预付赔款”条款约定：对于原因明确，损失较大，难以立即确定的案件，保险人根据被保险人的需要，预付报损的30%~50%，并于5个工作日内赔付。在庭审中，原被告一致陈述，工程物质损失险保险金额系根据原告提供的投标书确认，保险费用系由原告交纳，原告据此证明原被告签订了保险合同。被告对证据无异议，法院予以确认。

2. 2007年1月5日，原告投标杭州湾跨海大桥北岸连接线项目绿化工程（第9号施工合同段）的投标书1份（附工程量清单、单价分析表、主要材料单价表等），投标总价为3456106元，其中绿化及环境保护费用金额3108589元（包括金柱、水杉苗木的费用2408835元及路基下边坡、步云服务区回填土的费用699154元），原告用以证明投保标的物的内容及约定保险金额的依据。被告质证后无异议，法院予以确认。

3. 2008年4月28日，被告委托天衡公估公司对与保险合同项下原告的财产损失进行公估的委托书，同年4月29日该公估公司对杭州湾跨海大桥北岸连接线K4+00~K36+000地段内，包括步云枢纽匝道树木损失进行公估的现场查勘记录各1份，现场查勘记录记载受损树木的品种与数量。被告质证后无异议，法院予以确认。

4. 原告制作的“9合同段苗木索赔工程量汇总”1份，原告根据证据3之“公估现场查勘记录”确认的受损树木的品种和数量、证据2之“工程量清单”确定的单价，据以计算出索赔金额为709249元。被告质证后认为，该清单由原告单方制作，对其形式和内容均有异议。

秀洲区人民法院认为，尽管证据之受损苗木的品种数量、单价有相关证据证实，但保险赔偿金额之确定尚受制于受损原因等因素，原告自行认定以上损失均属保险赔偿范围于法无据，不予确认。

5. 2008年5月12日，周某祥致被告及天衡公估公司浙江分部的国内快递详单各 1 份及所寄邮件（分别为“关于早日协商保险金的联系函”和“关于早日出具保险公估报告的函”），用以证明在公估公司查勘后，原告主动与被告及公估公司联系，请求早日赔付及早日出具公估报告。被告质证后无异议，法院予以确认。

6. 中国移动通信客户详单 2 份，用以证明原告员工蓝某、余某姣多次向被告报案，联系索赔事宜。被告质证后认为该证据和本案没有关联性。法院认为，该证据能证明发生损害后原告向被告报险的事实，予以确认。

7. 2008 年 12 月 15 日，江苏交通工程咨询监理有限公司（杭州湾跨海大桥北岸连接线绿化工程 K24+000~K36+000 第 9 合同段监理单位）出具的证明 1 份，主要内容为：原告施工至 2008 年雪灾前该工程段内无死亡苗木，该地段施工情况良好。被告质证认为，监理公司应当提供监理日志而不是以“证明”的形式来证明案件事实，单纯的“证明”不符合工程上的程序，而且监理公司也没有资格证明“在雪灾发生之前工程段内无死亡苗木”，对证据的真实性有异议。秀洲区人民法院认为，监理是监理单位受建设单位的委托对建设工程质量、造价、进度等进行控制和管理的行为，监理单位直接出具证明以证实与监理无关的案件事实没有法律依据。况且，作为证人证言，证人应当出庭接受询问，故此，对该证据不予采信。

8. 杭州湾跨海大桥北岸连接线项目绿化工程合同协议书及质量责任合同各 1 份，原告用以证明该工程是重点工程，相关要求很严格，原告种植的苗木质量应该没有瑕疵。被告质证认为，协议书于 3 月 22 日签订，按进度 12 月 22 日即应完工，也即完工是在下雪之前。另外，如果工程没有验收，就不能说是合格，实际施工的质量不能体现。秀洲区人民法院认为，重点工程之质量要求固然相对较高，但其与实际的工程质量之间并不具有必然的因果关系，此种推论缺乏必要的基础，法院对该证据不予采信。

被告保险公司提交的证据有：

1. 签发日期为 2007 年 5 月 9 日的建筑工程一切险保险单 1 份（保险单号为 116822012007000009，记载投保人为原告园林绿化公司，被保险人为杭州湾大桥公司（工程所有人）与原告（工程承包人），被告用以证明原告被告之间存在保险合同关系。原告质证后无异议，法院予以确认。

2.《建筑工程一切险条款》1份，用以证明保险责任及保险期间。原告质证后认为，保险条款应以原告提交的保险合同所附者为准。秀洲区人民法院认为，被告提交的该份证据与作为保险合同附件的建筑工程一切险条款不一致（该条款第十条第二款记载了被告答辩中所称的“保证期的保险期间应与工程合同中规定的保证期一致，从工程所有人对部分或全部工程签发完工验收证书或验收合格，或工程所有人实际占有或使用或接收该部分或全部工程时起算，以先发生者为准，但在任何情况下，保证期的保险期限不得超出本保险合同中列明的保证期保险期限。在此期间，保险人仅对被保险的工程承包人为履行工程合同进行维修保养所造成的保险标的的直接物质损失负责赔偿”的内容，而原被告保险合同所附条款并未记载上述内容，应以作为合同附件的条款确定当事人的权利义务，对该证据不予确认。

3. 用以证明2007年12月至2008年2月气候状况的证据。

（1）2008年5月28日，嘉兴市气象局出具的《2007年12月至2008年2月嘉兴气候分析》1份（附2008年1月、2月实况资料及与最近十年的资料比较），其中记载：气温前高后低，整个冬季变化幅度大，其中12月气温明显偏高，1月和2月气温显著偏低，与近十年同期平均气温比分别偏低了1.1℃和3.5℃，特别是1月下旬到2月上旬平均气温不到1.0℃，气温持续偏低，阴雨相伴，日照持续偏少。1月中旬至2月上旬连续降雪，2月1日至2日的暴雪强度大、范围广，最大积雪达19厘米，为历史罕见。

（2）2008年5月28日，嘉兴市气象局出具的《2007年12月至2008年2月平湖气候分析》1份（附2008年1月、2月实况资料及与最近十年的资料比较），其中记载：气温前高后低，整个冬季变化幅度大，其中12月气温明显偏高，1月和2月气温显著偏低，与近十年同期平均气温相比，分别偏低了0.9℃和3.4℃，气温持续偏低，阴雨相伴，日照持续偏少。1月中旬至2月上旬连续降雪，2月1日至2日的暴雪强度大、范围广，最大积雪达18厘米，为历史罕见。被告认为气候对苗木的存活有影响，但不属于自然灾害，而是自然气候。原告质证后认为，2008年年底连续降雪，造成气温比往年偏低，2月1日还有暴雪，这种严重的雪灾、冻灾属于合同约定的自然灾害。秀洲区人民法院认为，该证据系气象部门出具，原告对此无异议，其真实性和合法性应当予以确认；自然气候恶劣造成保险标的物损害时，即构成自然灾害，属该案之保险原因，对其关联性予以确认。

4. 2008年5月31日，浙江林学院花卉蔬景研究所出具的苗本鉴定书（由被告委托鉴定），记载：苗木成活率与多种因素有关，气候、土壤、栽培管理技术、养护质量、苗木质量等均对苗木成活率有较大影响，其中养护质量、苗木质量和土壤盐碱度等因素的影响极大。另外，气候长期持续低温、冰冻等对部分品种的苗本成活率也会造成一定影响。鉴定书列举了苗木习性调查表，对各种苗木的适宜生长温度、最低耐寒温度、秋夏季的移栽成活率做了描述。原告质证认为，对证据的关联性、合法性、真实性有异议。本案保险合同并未规定何时种植苗本，原告种植苗木不是为了得到保险赔偿，而是正常的管理、种植苗本；苗木习性调查表中列举的苗木品种在投保时已经明确告知被告，被告若认为以上苗本不适合承保，应当在订立合同时拒保，或在承保时即扣除被告所认为的死亡率，并应当相应扣除保险费，减少保险金额。秀洲区人民法院认为，该鉴定由被告单方委托作成，而经原告申请，法院委托浙江省科技咨询中心进行的司法鉴定报告认为，对于自然生长，或已移栽多年已达稳定生长状态的绿化苗木，其适应范围及最低耐寒温度可参考林学院专家组提供的苗木鉴定书，而对于刚种植或者移栽时间不长的苗木，由于其根系受到过损伤，新根系正在形成过程中，对于低温、冰雪的抵抗力下降，故还应考虑低温对根系形成、生长的影响。显而易见，被告承保之苗木为新栽苗木，对此原被告均明知，故不适用于上述鉴定结论之最低耐寒温度，对该证据不予确认。

5. 2008年5月30日，天衡公估公司核损报告1份（由被告委托核损），其"事故原因分析"部分认为：影响苗木移栽成活的包括苗本质量、土壤、气候、栽培、管理、养护在内的多种因素，雪灾和冻灾属于气候因素，其中雪灾造成的损失多为积雪重压，保险标的无法承受正常的载荷而损坏，而苗木移植前均经过修剪，树冠较小或基本没有，无法堆积大量的积雪。从现场看，死亡的苗木未见有倒伏或压折迹象，死亡的表象均为未发芽或枯干，可以排除雪灾是造成苗木死亡的原因。根据浙江林学院对苗木习性的鉴定，除夹竹桃和含笑球的最低耐寒温度与当年嘉兴地区低气温相近外，其余品种的耐寒温度均低于今年的最低气温，故可以基本排除冻灾是造成苗木死亡的原因。据此，本次事故香樟、夹竹桃、云南黄馨、金叶女贞、金桂五种苗木的核损金额为78282.81元，其余苗木的损失均不属保险责任。原告质证认为，该核损报告由被告单方委托，对其证明对象及与本案的关联性有异议；受损苗木的数量应该依照原告提交的现场查勘记录单记载的为准，因为现场查勘记录中有公估公司员工及原告方员工的签名，对于核损报告提出的价格及成活率、损失金额不予认可，该认定没有任何事实及法律依据。秀洲区人民法院认为，该报告排除冻灾是造成苗木死亡原因的证据主要来自浙江林学院对苗木习性的鉴定，而后者之不当之处已如上述，对该证据不予确认。

6. 被告致原告的“建工险理赔资料清单”1份，被告要求原告提供出险经过报告书及索赔申请书，2008年1月及2月嘉兴地区详细低温气象证明等材料，“以便于我司进行相关理赔工作”。原告认可于5月19日收到了上述清单，但认为当时已提起诉讼，理赔资料清单要求的很多内容原告也无法提供。秀洲区人民法院认为，该证据具有真实性，但与本案待证事实并无关联，不予确认。

经原告申请，秀洲区人民法院于2008年7月22日委托浙江省科技咨询中心对本案受损苗木的正常成活率，正常生长适应的温度范围及最低耐寒温度，死亡原因，价格及死亡清理费，补种苗木的原材料费用，挖掘、装卸、种植、养护、运输等直接和间接费用进行司法鉴定。2008年11月20日，鉴定机构出具了浙江省科技咨询中心（2008）鉴字第13号司法鉴定书，主要内容为：

（1）苗木死亡原因判定标准

栽种苗木死亡由各因素综合造成。没有灾害时，种植穴填客土、整地、苗木采购栽植、养护管理整个施工过程中，操作是否到位，对绿化成活起重要作用。有灾害影响时，会加剧操作不到位产生的不良后果，灾害严重时，成为苗木死亡的主要因素。同时，同一灾害对不同绿化情况的影响程度也不一样。重要原因，表示苗木死亡原因中该因素起到 50%~80% 的作用；较重要原因，表示苗木死亡原因中该因素起到 20%~50% 的作用；次要原因，表示苗木死亡原因中的作用不到 20%。

（2）各种苗木的正常成活率最低耐寒温度及雪灾冰冻的影响

① 苗木正常死亡率分三级，一级的成活率为 95% 以上，二级为 90%~94%，三级为 85%~89%。

② 受损苗木正常适应温度及最低耐寒温度。对自然生长的树木或移栽多年，已达稳定生长状态的绿化苗木，其适应温度及最低耐寒温度可参考浙江林学院专家组提供的苗木鉴定书。刚种植的苗木或移栽时间不长的苗木，其根系不发达，对低温、冰雪的抵抗力下降，不能完全用正常耐寒温度来衡量苗木的成活率，还应考虑低温对根系形成、生长的影响。

③ 受损苗木死亡原因。A. 路基下边坡：雪灾冰冻是导致木芙蓉、夹竹桃、云南黄馨三个树种死亡的重要原因，是导致香樟死亡较重要原因，是导致水杉、紫叶李等苗木死亡的次要原因，种植或者养护不善或者苗木质量等方面是重要原因。B. 中央分隔带：冰冻是导致矮麦冬死亡的重要原因，是导致金叶女贞死亡的较重要原因，是导致蜀桧、紫薇、海桐球、红花继木等树种死亡的次要原因。C. 步云服务区：冰冻是导致金桂、金合欢、金叶女贞、含笑球等花木死亡的较重要原因，是导致其他苗木死亡的次要原因。

④ 受损苗木价格。该工程投保的是一切险，单价已在合同中规定，即采用签订合同时的投标价，核损时可以扣除未发生的养护费等。

（3）特别说明。鉴定结论根据委托人提供的资料、现场调查及专家经验为依据做出。由于原告未提供相关工程绿化技术资料，该案的技术鉴定工作难以更细致地开展。

原告质证后认为：

①鉴定书第 2 页倒数第 5 段记载“灾害严重时，成为种植苗木死亡的主要因素”，第 3 页第一段“该灾害性天气对苗木成活会产生程度不同的影响。在雪灾、低温、冰冻的影响不是苗木死亡的主要原因时，次要影响仍然

存在”。第4页第二段“根系不发达，对低温、冰雪的抵抗力下降。因此，对于新施工种植的苗木来说，不能完全用正常苗木耐寒温度来衡量苗木的成活，还应考虑低温对根系形成、根系生长的影响”。由此证明雪灾、低温、冰冻等灾害天气与苗木的死亡存在因果关系。原告认为造成本案苗木死亡的原因是百年难遇的严重雪灾灾害天气，这是众所周知的客观事实，这种天气不仅是气温的变化，还包括日照的减少，对于新移栽苗木的影响应当是主要的也是直接的，原告的观点得到了鉴定书的肯定。

② 对于鉴定书第4页“受损苗木的死亡原因”及以下的分析有异议。原告认为这只能说明雪灾、低温、冰冻灾害天气与苗木死亡存在因果关系，但这种因果关系的划分是不科学的，也与鉴定结论第2页中认为的“灾害严重时，成为种植苗木死亡的主要因素”相矛盾，整个鉴定结论前后不一致。事实上，这种对原因力大小进行的划分很难说是准确的，因为事故发生时那些苗木至少是存活的，如果当时没有雪灾、低温冰冻灾害天气及日光减少，它们就不会死亡。原告没有预期雪灾灾害的可能，也就不可能在事故前对于苗木的生长情况进行切实充分的分析，而且该鉴定书对于其他原因采用列举的方式“或什么、或什么”，表明鉴定人员并不能科学而明确地给出苗木死亡原因。鉴定结论关于原因力的分析没有任何依据支持，最多只是种猜测，不足以采信，何况这种划分与保险责任的承担无关。

③ 对鉴定书第4项“受损苗木价格”中，“核损时可以扣除未发生养护费”存在异议。苗木在死亡前即会发生养护费用，苗木死亡对原告造成的损失是必须再种植新的苗木，并对新的苗木进行养护和管理，此种费用都是这次事故的损失。根据保险合同，保险金额以投标的苗木价值确定，其中包括苗木养护费用。所以认为苗木死亡应扣除养护费用的观点不正确，至少不适用于本起保险合同纠纷。法院委托鉴定机构对苗木死亡原因做鉴定，但鉴定机构只对次要原因做了鉴定，鉴定报告的某些表述也不明确。例如，第4页受损苗木的死亡原因，对水杉等的分析，“种植、或者养护管理不善，或者苗木的质量等方面是重要原因”。鉴定部门没有确认何种原因造成苗木死亡，而用了“或者、或者”的表述，鉴定机构没有任何依据或证据来支持这种说法。

被告质证认为：

1. 鉴定书没有根据施工日志对施工的时间段、施工过程以及种植、养护进行说明。鉴定书中提到了施工日志，但被告并未看到施工日志。

2. 鉴定书对受损苗木的价格及其相关费用、利润等未做出鉴定。

3. 鉴定书对受损苗木死亡原因的判定标准未结合苗木的正常成活率、苗木适应的温度范围及最低耐寒温度等因素做出客观、准确的判断。

4. 鉴定人现场查勘时，原来属于双方已确认死亡的苗木又活过来了，这在鉴定书中没有任何说明。

秀洲区人民法院认为，对苗木正常成活率、苗木正常生长适应的温度范围及最低耐寒温度、苗木死亡原因的鉴定，属于专家意见的范畴，鉴定人只能根据其专业知识和经验给出一个大致的范围，苛求此种鉴定如数理分析般达到十分精确的程度不合常情，鉴定报告就上述事项提出的意见并无不当，应当确认；苗木价格的确定本属于法律判断范畴，鉴定报告认为应以合同价确定及扣除合理的后期养护费用的意见于法有据，法院予以采信。

根据以上确认的证据及当事人陈述，秀洲区人民法院认定案件事实如下：

2007 年 2 月 20 日，原被告签订建筑工程一切险保险合同（保险单号为 116222012007000009），合同约定被保险人作为工程承包商的原告及作为工程所有人的杭州湾大桥公司，承保内容为杭州湾跨海大桥北岸连接线项目绿化工程 K24+000~K36+000 地段内的绿化工程施工，包括步云服务区绿化施工及主线中央分隔带和边坡绿化（不含步云枢纽），承保险别为建筑工程一切险，其中工程物质损失险保险金额为 3127589 元（该保险金额系根据原告提供的投标书确定；原告的投标总价 3456106 元，其中绿化及环境保护费用金额为 3108589 元，包括金桂、水杉等苗木的费用 2408835 元及路基下边坡、步云服务区回填土的费用 699754 元。特种风险，即地震、海啸每次事故免赔额为 20000 元，或事故损失的 10%，以高者为准，其他风险的免赔额为 8000 元；第三者责任险保险金额为 255000 元，保险期间自 2007 年 2 月 20 日至 2009 年 11 月 20 日（含 24 个月保证期）。合同之“预付赔款”条款约定：对于原因明确，损失较大且难以立即确定的案件，保险人根据被保险人的需要，预付报损的30%~50%，并于5个工作日内赔付。订约后，原告交纳了保险费用。

2008年1月、2月，保险标的所在地气温显著偏低，特别是1月下旬到2月上旬，平均气温不到1.0℃，阴雨相伴，日照持续偏少。1月中旬至2月上旬连续降雪，2月1日至2日最大积雪达10多厘米。2月初，原告以因受雪灾冻灾天气影响，原告投保的苗木遭受损害为由，向被告提出保险理赔。2008年4月28日，被告委托天衡公估公司对苗木损失进行核定，次日，公估公司会同原告方工作人员对受损苗木的品种和数量进行了清点。2008年5月12日，原告致函被告及天衡公估公司浙江分部，请求早日赔付及出具公估报告。2008年5月30日，天衡公估公司出具公估核损报告，核定本次事故中香樟、夹竹桃、云南黄馨、金叶女贞、金桂五种苗木的损失金额为78282.81元，其余苗木的损失均不属保险责任。原告对公估结论有异议，向本院申请司法鉴定。2008年7月22日，法院委托浙江省科技中心对该案受损苗木的正常成活率、正常生长适应的温度范围及最低耐寒温度、死亡原因、价格及死亡清理费、补种苗木的原材料费用，挖掘、装卸、种植、养护、运输等直接和间接费用进行鉴定。2008年11月20日，鉴定机构出具浙江省科技咨询中心〔2008〕鉴字第13号司法鉴定书，主要内容为：

1. 苗木死亡原因判定标准。栽种苗木死亡由各因素综合造成。没有灾害时，种植穴填客土、整地、苗木采购、栽植和养护管理等环节在整个施工过程中操作是否到位，对绿化成活起重要作用。有灾害影响时，会加剧操作不到位产生的不良后果，灾害严重时，成为苗木死亡的主要因素。同时，同一灾害对不同绿化情况的影响程度也不一样。重要原因，表示苗木死亡原因中该因素起到50%~80%的作用；较重要原因，表示苗木死亡原因中该因素起到20%~50%的作用；次要原因，表示苗木死亡原因中的作用不到20%。

2. 各种苗木的正常成活率、最低耐寒温度及雪灾冰冻的影响：

（1）苗木正常死亡率分三级，一级的成活率为95%以上，二级为90%~94%，三级为85%~89%（具体指向的树种在计算损失时说明）。

（2）受损苗木正常适应温度及最低耐寒温度。对自然生长的树木或已移栽多年，已达稳定生长状态的绿化苗木其适应温度及最低耐寒温度，可参考林学院专家组提供的苗木鉴定书。刚种植的苗木或移栽时间不长的苗木，其根系不发达，对低温、冰雪的抵抗力下降，不能完全用正常耐寒温度来衡量苗木的成活率，还应考虑低温对根系形成、根系生长的影响。

（3）受损苗木死亡原因。

① 路基下边坡：雪灾冰冻是造成木芙蓉、夹竹桃、云南黄馨三个树种死亡的重要原因；是造成香樟死亡的较重要原因；是造成水杉、紫叶李等苗木死亡的次要原因；种植或者养护不善或者苗木质量等方面是重要原因。

② 中央分隔带：雪灾冰冻是造成矮麦冬死亡的重要原因，是造成金叶女贞死亡的较重要原因，是造成蜀桧、紫薇、海桐球、红花继木等树种死亡的次要原因。

③ 步云服务区：雪灾冰冻是造成香樟、金桂、金合欢、金叶女贞、含笑球等苗木死亡的较重要原因，是造成其他苗木死亡的次要原因。

（4）受损苗木价格。工程投保一切险，单价已在合同中规定，即采用签订合同时的投标价，核损时可以扣除未发生的养护费等。

秀洲区人民法院认为，本案之争焦点有以下数项，应当予以说明。

（1）原告的诉讼主体问题。本案保险合同之被保险人记载为园林绿化公司（工程承包人）与杭州湾大桥公司（工程所有人）。鉴于保险事故发生于原告承包栽种苗木的期限内，原告对在此期间的保险标的具有独立的保险利益，有权主张保险金赔偿请求权，即原告主体适格。

（2）是否为足额保险问题。本案保险金额为 3127589 元，而原告向杭州湾大桥公司发出的投标价为 3456106 元，其中包括不可预见费 314191 元及不可能如苗木般发生“死亡”等损害的回填种植土部分 699754 元等，即对应于苗木的保险价值并未超过保险金额，保险事故发生后，被告应当足额进行赔偿。

（3）保险事故原因问题。保险人应当对保险事故所致保险标的物质损害承担赔偿责任，对保险事故外原因造成的损失，保险人并无赔偿责任。该案中，保险合同约定的保险责任原因为自然灾害或意外事故，故原告应对自然灾害（本案中无意外事故）之原因所致损失负责。根据浙江省科技咨询中心出具的鉴定书，造成苗木死亡的原因，除自然灾害外，尚有苗木质量、种植与养护管理等多种因素，自然灾害对不同苗木死亡所起的作用也不同，有重要原因、较重要原因和次要原因之分，法院酌定其比率分别为 70%、40% 和 15%，即对于重要原因者，保险人承担 70% 的赔偿责任，较重要原因和次要原因分别承担 40% 和 15% 的赔偿责任。

（4）苗木的正常成活率问题。鉴定书还提及苗木的正常成活率，对此，法院认为，即使在忽略灾害性因素的情况下，移栽的苗木也不可能完全成活，此种判断符合常情，而对于正常的死亡部分，因其非属于保险事故，因而保险公司可免除赔偿责任。但是，苗木正常死亡与前述苗木因质量、种植与养护管理等因素造成的死亡不同，前者与行为人的注意及勤勉程度无关，因而作为专业的保险公司可通过事先的统计和估算将其剔除出保险金额，如果保险人在承保保险标的时未将正常死亡所属的苗木剔除出保险金额，出险后也不应享受按比例扣减的待遇，否则即会出现在承保时计入保险金额，并据以计收保险费，而出险后又免除赔偿责任的不公平结果，因而保险人的责任不能豁免。

（5）苗木价格的确定问题。考察原告投标书之“单价分析表”，苗木的综合单价由材料费、挖掘装卸费、运费、种植养护费用、税金及利润这六部分组成。其中材料费、挖掘装卸费、运费、税金均系原告实际支出的费用（直接损失），利润为原被告订约时均已明知、原告通过履行承包合同预期可以获取但因为保险事故的发生而未能获取的利益（间接损失），以上部分均系原告因保险事故所受损失，被告应当予以赔偿。种植养护费用包括种植和养护两部分，其中的种植费用原告已经支出，构成直接损失，被告应当赔偿，但养护作业未因种植之完成即告结束，它还将延伸到之后的一段时间。保险事故造成苗木死亡后，原告无须再花钱花力养护苗木，从而节省了支出，而支出的减少构成利益，根据损益相抵原则，被告对相应期间的养护费用不应予以赔偿。投标书确定的养护费用比例为综合单价的 6.25%，保险事故发生于 2008 年 2 月，考虑种植与养护的成本比例及养护时间，之后的养护费用酌定为 2%。此外，投标书虽未载入保险合同，但基于保险标的确定性的要求，它应成为确定保险标的品种、数量及金额的依据。对于投标书范围外原告自行种植的苗木损害，被告不负赔偿责任。也即被告应当赔偿的保险金为双方确认的苗木数量 ×（投标书确定的单价 – 相应的养护费用）× 保险事故致保险标的损失的原因力比 – 合同约定的免赔额 8000 元。原告主张违约责任，但是本案原被告对于保险责任原因的确定有重大分歧，并不符合保险合同关于原因明确先行预付的约定，对于原告的此项请求本院不予支持。

按照上述（3），法院酌定的苗木因雪灾冰冻造成的损失比例，即重要原因者，保险人承担 70% 的赔偿责任，较重要原因和次要原因分别承担 40% 和 15% 的赔偿责任。经对不同区域不同苗木受损数量的计算，在扣除 2% 的养护费后，保险人应承担的赔偿金额为 318890.26 元。

该案经过三次公开开庭审理后，2009 年 7 月 24 日，嘉兴市秀洲区人民法院依照《中华人民共和国保险法》第二条、第十二条、第十四条、第二十四条、第四十条第三款，《中华人民共和国民事诉讼法》第一百二十八条之规定，作出了（2008）秀洲民二初字第 367 号判决：

（1）被告保险公司于本判决生效后 10 日内赔偿原告湖州园林绿化有限公司保险金 318890.26 元。

（2）驳回原告湖州园林绿化有限公司的其他诉讼请求。如果未按本判决指定的期间履行赔偿义务，应当依照《中华人民共和国民事诉讼法》第二十九条之规定，加倍支付迟延履行期间的债务利息。该案受理费 10893 元，由原告湖州园林绿化有限公司负担 4930 元，被告保险公司承担 5963 元，在该判决生效后 7 日内交纳。

## 编者评论

本案有以下两个焦点问题：一是保险事故也就是苗木死亡的原因问题。

按照法院委托的鉴定机构对受损苗木的正常成活率、正常适用的温度范围以及最低耐寒温度作出的鉴定书，法庭认为，苗木死亡的原因除自然灾害外，尚有苗木质量、种植与养护管理等多种因素。自然灾害对不同苗木死亡所起的作用也不同，有重要原因，较重要原因和次重要原因之分，法院定其比率分别为70%、40%和15%。另外，法庭还对苗木种植后的养护费酌定为2%，该费用由于苗木死亡后不会发生，因此应在保险赔偿金中予以扣除。根据以上分析，保险人的赔偿金额应按照以下方式计算：

苗木数量×（投标书确定的单价－相应的养护费用）×保险事故致保险标的损失的原因力比－合同约定的免赔额8000元

尽管保险人和被保险人都对该计算方式表示疑义，但是，在该案定损金额无法达到十分精确的情况下，该计算方式还是比较合理和可行的。

二是保证期间的保险责任的问题。建安工险的三个保证期扩展条款的保险责任如下所示：（1）《有限责任保证期扩展条款》扩展承保在列明的保证期内，被保险的承包人因履行工程合同进行维修保养而造成保险工程的损失。（2）《扩展责任保证期条款》扩展承保被保险的承包人因履行工程合同进行维修保养而造成保险工程的损失，以及因受损部分完工证书签发前的建造期内的施工原因引起，在保证期内发生的保险工程的损失。（3）《保证期特别扩展条款》扩展承保保证期内由于安装错误、设计错误、原材料或铸件缺陷以及工艺不善引起的被保险财产的损失，但对被保险人在损失发生前即已发现错误并应予以矫正的费用除外。该扩展条款既不承保直接或间接由于火灾、爆炸以及任何人力不可抗拒的自然灾害造成的损失，也不承保任何第三者责任。上述三个扩展条款都未提及承保自然灾害造成的损失。

该案保险人在法庭抗辩时认为，保险人在保证期内仅负责赔偿被保险的工程承包人为履行工程合同进行维修保养所造成的保险标的的直接物质损失。但是由于保险人向法庭提供的保险单上并没有该扩展条款的具体内容，法庭对保证期扩展条款的限定条件并不认可。从法庭对该案件的处理方式上可以看出，法庭认为保证期不但扩展建设期的保险期间，也扩展承保建设期内所承保的自然灾害风险。

该案的启示是，建工险项下承保绿化苗木时，一旦由于自然灾害如暴雨、洪水、冰冻、雪灾等造成苗木死亡时，不能简单地认为保险公司应当赔偿苗木的投标价值，还要考虑造成苗木死亡的各种因素，比如，苗木本身固有的死亡率以及其他非因自然灾害造成的损失，并在保险赔款中扣除这些非保险责任因素部分。因此，在投保时合同双方应当具体约定赔偿条件，以避免在发生损失时对如何赔偿产生纠纷。

另外，如果建工险扩展承保保证期内绿化苗木的损失时，应当对保证期条款的保险责任表述予以修改，使之适用于苗木在保证期内可能因自然灾害遭受的损失，不会因为标准保证期扩展条款不承保自然灾害损失而出现保险责任纠纷。